إهــداء

أهدي هذا الكتاب:

إلى بلدي سوريا، التي تُركت وحيدة تواجه قوى الشرِّ بيدين عاريتين...

إلى أولئك الأطفال الذين وُلدوا وماتوا، ولم يعرفوا في حياتهم إلّا الحرب...

إلى الذين حُوصروا في الغوطة الشرقية، وصمدوا خمس سنوات عجاف في وجه الموت...

إلى أولئك الناجين والناجيات، الباحثين والباحثات عن حياة بلا قتل ولا جوع ولا ظلم...

وأنا أكتب هذه الكلمات، تتدفّق إلينا صور وأسماء لضحايا جدد، أطفال ونساء ورجال يُقتلون تحت ركام البيوت والمنازل في إدلب، حيث ما تزال آلة القتل السوريّة الروسية تفتك بهم ليل نهار.

ولكننا سنظلّ، على الرغم من أن كثيراً من السوريين فقدوا إيمانهم بالإنسانية، على يقينٍ بأن المجرمين سيُحاسَبون يوماً ما، وبأن السلام سيتحقق في سوريا، وبأنها ستكون كما أردناها حرّة عزيزة كريمة .

بسّام خبيه
25 كانون الأول 2019

This book is:

For my country, Syria, which has been left alone to face
evil powers with unarmed hands.
For the children who were born and died
witnessing only the war.

For the people under siege who have lived for five years
fighting daily for a mouthful of food.
For the survivors who are dreaming of a better life,
one without killing, starving, and injustice.

While I am writing these words, violence, famine, and exposure are
killing children, men, and women in Idlib, in the north of Syria. Syrian
and Russian airstrikes are decimating houses and neighborhoods; the
war is destroying lives. Though many Syrians have lost their faith in
humanity, we know that the world will hold the criminals accountable
someday, and that Syria will achieve peace.

Bassam Khabieh
December 25, 2019

أطفال سوريا

—

شهود الحرب

قصص وصور
بسّام خبيه

تقديم ولقاء صحفي: عليا مالك

WITNESSES
TO WAR
—
THE
CHILDREN
OF SYRIA

**Stories and Photographs
by Bassam Khabieh**

Introduction and Interview by Alia Malek

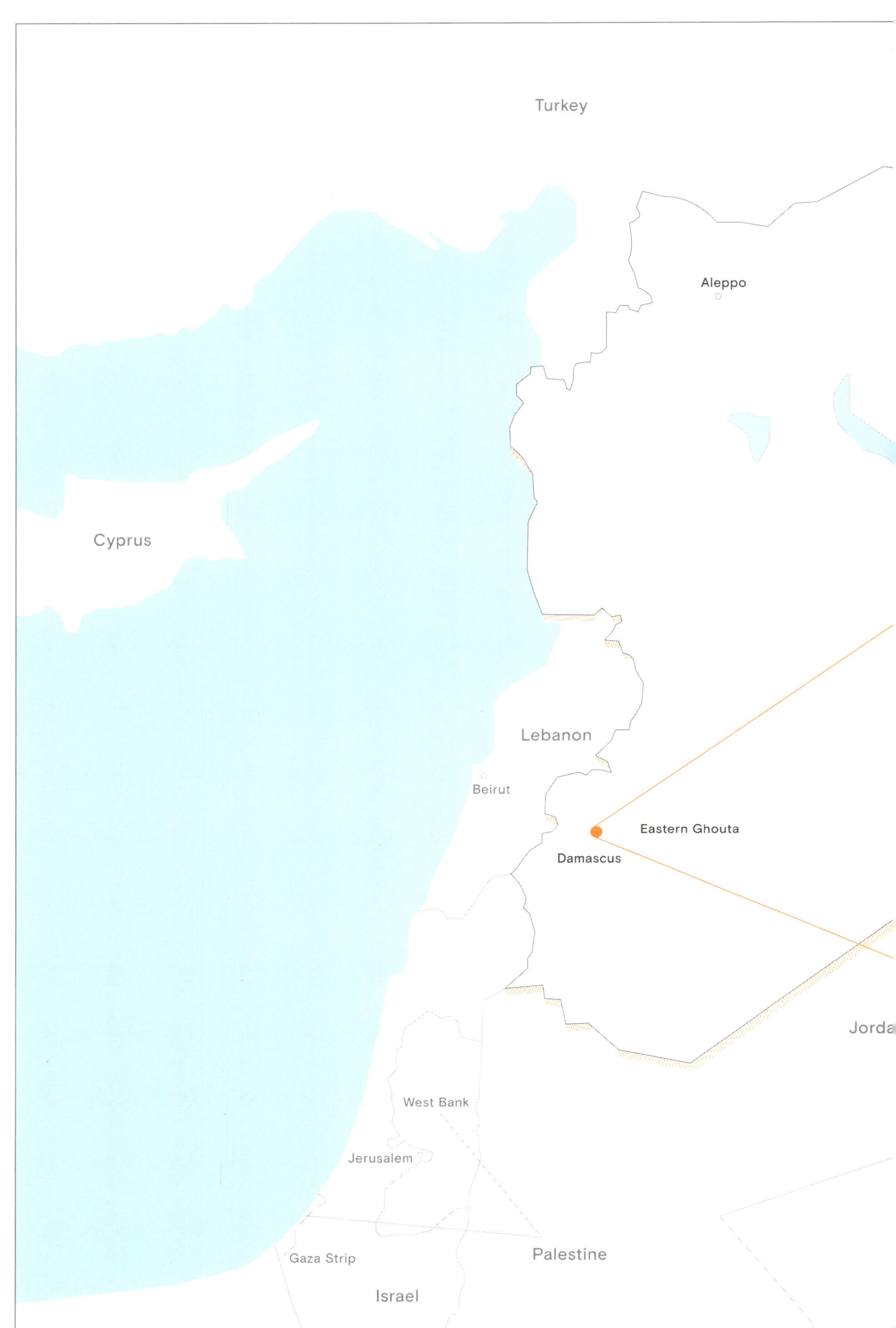

Turkey
Aleppo
Cyprus
Lebanon
Beirut
Eastern Ghouta
Damascus
Jorda
West Bank
Jerusalem
Gaza Strip
Palestine
Israel

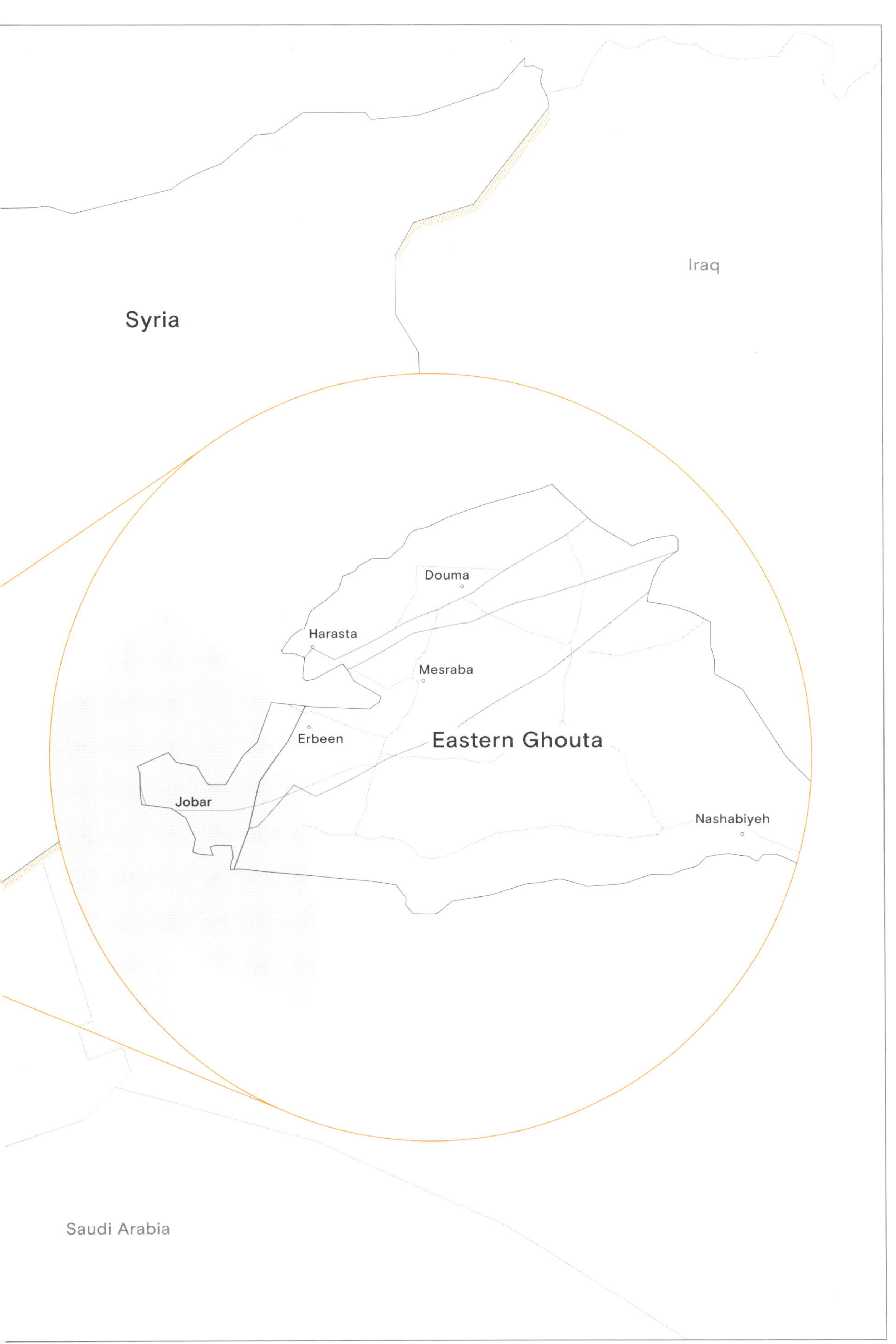

Syria
Iraq
Douma
Harasta
Mesraba
Erbeen
Eastern Ghouta
Jobar
Nashabiyeh
Saudi Arabia

مسألة توثيق
2019-2014

أكثر من 5,427 طفل قتلوا خلال الحرب.
أكثر من 3,000 طفل أصيبوا بإصابات بالغة الخطورة.
أكثر من 3,800 طفل جُندوا في ساحات القتال.
أكثر من خمسة ملايين طفل هجّروا قسرياً من منازلهم.

أبصر هذا الكتاب النور، لأن بسام، مثل كثيرين في سوريا، كان عالقاً في جحيمٍ يفوق الوصف. أصبح التصوير الفوتوغرافي، الذي كان مجرد شغفٍ وهوايةٍ بالنسبة إليه، وسيلةً لتسجيل ما كان يحدث في البلاد. عندما بدأ بسام عمله في توثيق الأحداث بالصور، نشر قصصه على وسائل التواصل الاجتماعي، ثم عمل مع وكالة رويترز للأنباء، وقد جذب هذا الأمر انتباه العديد من الناشطين إلى عمله في مجال الإعلام. في ذلك الوقت، تم ضمّ جزء من أعماله في معرض عن أطفال سوريا، وهو معرض متجول للتصوير الفوتوغرافي، أشرفت عليه الناشطة في حقوق الإنسان ليزلي توماس.

بعد هذا المعرض، ظلت ليزلي على تواصل مع بسام، تتابع تطورات الأوضاع الإنسانية في سوريا، وكان يحدّثها عن ظروف الحياة في منطقة الحرب المحاصرة التي كان يعيش فيها، عن حفلات الزفاف هناك، عن الأولاد والأسرة، وبالطبع عن القصف والدمار. فيما بعد، انضمت إيمي ينكين إلى هذا المشروع، حيث ناقشت -مع بسام وليزلي- ضرورة إنشاء وثيقة تبقى شاهداً دائماً على الجرائم المرتكبة بحق الأطفال في سوريا. دائماً ما يخشى محرّرو الصور على حياة زملائهم الذين يعملون في مناطق الحروب والنزاعات، حيث تكون السماء فوق رؤوسهم مصدراً للموت. هذا القلق دائم ومستمر، لكن مع خوفنا على بسّام، كان هناك أيضاً إدراكٌ متنامٍ بأنّ هناك جيلاً كاملاً من أطفال سوريا قد ضاع. الرابط المشترك الذي يجمع بين كلّ هذه الصور التي التقطها بسّام هو إظهارها لمدى تأثير هذه الحرب الوحشيّة على الأطفال الذين وُلدوا ونشؤوا في خضمّ كلّ هذا العنف والحرمان القاسي. أطفالٌ يحاولون العيش بكلّ براءةٍ، كما يفعل الآخرون، حيث يمكنهم الذهاب إلى المدرسة، واللعب مع الأصدقاء، والعودة إلى المنزل والعائلة.

في الأعوام الماضية، بعد أن أصبح جليّاً للجميع أن العالم بات يعرف حقيقة ما يجري في سوريا، وأن الإعلام والصور وحدهما لن يكونا كافيين لإنهاء كل هذا الرعب؛ بدأت النقاشات تتحول إلى التركيز على الأدلّة، وعلى حقيقة أن مأساة أطفال سوريا الذين كانوا بمثابة بيادق في حرب الوكالة التي تجري على أرضها، إضافة إلى أهوال إدلب وحلب وحمص والغوطة الشرقية، لم تكن كافية لتشكيل صدمة كافية للعالم ليقوم بفعل شيء لإيقافها، ولذلك لا يجب علينا أن ننسى أبداً أنه سيأتي يومٌ تحتاج فيه آلياتُ تحقيق العدالة إلى أدلّة، وأن الآلاف من الصور التي التقطها بسام -على مدى سنوات عديدة- هي جزءٌ من تلك "الأدلّة". وعلى الرغم من أن كثيراً من الناس لم يكونوا يعتقدون أن يد العدالة ستنال الضالعين في جرائم الحرب والإبادة الجماعية التي حدثت في الماضي، فقد جرت محاكمات نورنبرغ ومحاكمات جمهورية يوغوسلافيا السابقة ورواندا. ويمكن أن يحدث الأمر نفسه في سوريا، بل يجب أن يحدث ذلك.

ولهذا السبب، قمنا بالعمل على هذا الكتاب. نحن نعلم جميعاً أن عملية تحقيق العدالة أمرٌ عسيرٌ وبطيءٌ، وأنها لن تكون شاملةً لكل الجرائم والانتهاكات التي ارتُكبت بحق الشعب السوري، وأنها لن تعيد الأرواح التي أزهقت، ولن تساعد -كما يجب- في رأب الصدع وشفاء الجروح ومحو الذكريات المؤلمة، التي ربما خلفتها وفاة طفل. ومع ذلك، يجب أن نمضي قدماً وأن نقول للمجرم: "إن ما قمتَ به كان خطأً جسمياً، ويجب أن تُحاسب".

لذلك، فإن هذا الكتاب سيكون دليلاً على ما حدث. إنه قصة أطفال الحرب، التي تصوّر مرحهم وفرحهم وخوفهم وآلامهم، وقصة ذويهم الذين فعلوا ما بوسعهم لإبقائهم على قيد الحياة، ولتوفير الغذاء والدواء والمأوى والملجأ، ولو أن الفرصة سنحت لهم، لكانوا معهم يطفئون شمعات أعياد ميلادهم، إنها قصة أولئك الآباء الذين ظلوا يؤمنون بحق أبنائهم في الحياة، حتى عندما كانت السماء تمطر جحيماً.

المحرّرتان المشاركتان
ليزلي توماس وإيمي ينكين

**A Matter of Record
(2014 – 2019)**

Over 5,427 children killed

Over 3,000 children severely injured

**More than 3,800
children recruited and used in combat**

Over 5 million children displaced

This book came to life because Bassam Khabieh, like so many in Syria, was trapped in a hell that defied description. Photography, his passion and hobby, became the vehicle to describe what was happening to his country as he picked up a camera and began to document the human side of the conflict in photos. He started by posting them on social media, and then sent them to a news agency. That brought attention and media clients, and eventually, an invitation to exhibit in *The Children of Syria*, a touring photography exhibition curated by Leslie Thomas.

A professional relationship became a personal one, and an endless messaging thread was born, full of weddings and births and family news—and, it being Syria, bombings and deaths as well. Amy Yenkin joined the project, and she, Bassam, and Leslie discussed creating a permanent record of his work.

All photo editors fear for the lives of their colleagues working in regions of conflict. In this war, where the sky is deadly, that worry is constant. But what was greater even than our fear for Bassam was the emerging realization that Syria was losing an entire generation of children. The common thread in these images is the impact of this horrific war on human beings born and raised in the midst of violence and arbitrary deprivation, who are trying to live as other children do: going to school, playing with friends.

Over the years, as the conflict crossed line after line and it became clear that the world knew and yet did nothing, our conversations have turned to evidence. Because, even if the children of Syria were pawns in a proxy war and the indescribable horrors of Aleppo and Homs and Eastern Ghouta were not enough to shock the world into action, we mustn't ever forget, as one day a justice mechanism would need evidence. The thousands of images Bassam made over many years are exactly that—evidence. While justice was unimaginable during earlier periods of genocide and war, the Nuremberg, former Yugoslavia, and Rwanda trials did eventually take place. The same thing could and must happen in Syria.

It is for that reason that we created this book. We know that justice is too slow, that it is never comprehensive, and that it does not bring back the lives that have been lost or heal the endless wounds left by the death of a child. Yet we must continue to say, "This was not right and you must be held accountable." For justice, we need evidence. This book is evidence.

It is also the story of the children—their joy and delight, their fear and anguish. And it is the story of the parents who did everything to keep them alive, to provide food and medicine and shelter—and birthday parties—and who believed in play, even when the sky was raining hell.

Leslie Thomas and Amy Yenkin
Co-Editors

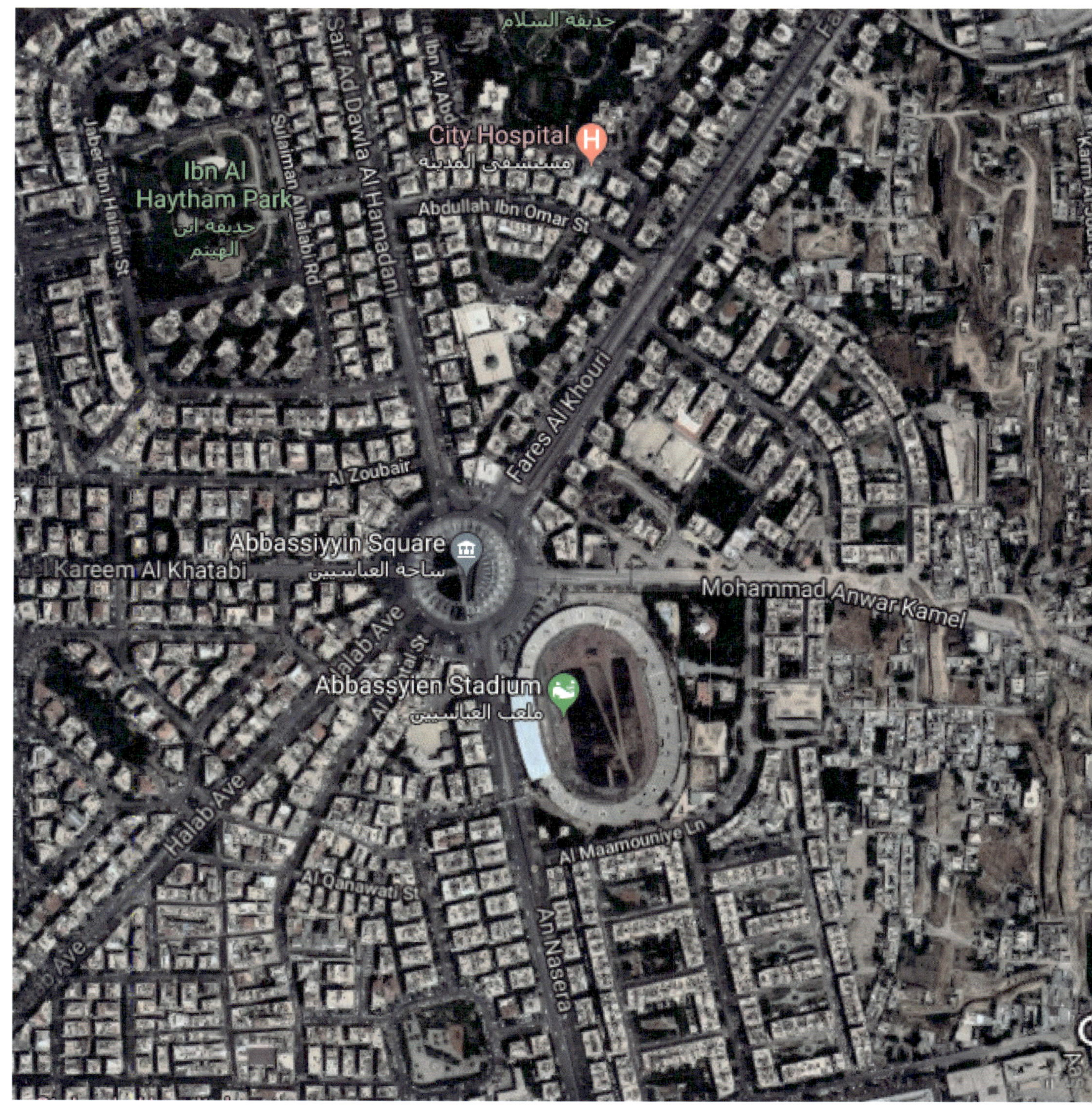

2019   2019

Jobar, Damascus: A screenshot from Google Maps shows the damaged streets and buildings the Syrian Army left in its wake as it fought to establish control of the Jobar neighborhood. The devastation in Eastern Ghouta is in contrast to Damascus, which the conflict left largely unimpacted.

جوبر : لقطة حديثة من خرائط جوجل تُظهر الشوارع والمباني المدمرة التي تسبب بها الجيش السوري أثناء قتاله للسيطرة على حي جوبر. تُظهر اللقطة الفرق الواضح بين الدمار الذي حل بالغوطة الشرقية مقارنةً بدمشق التي لم تتضرر معظم أحيائها.

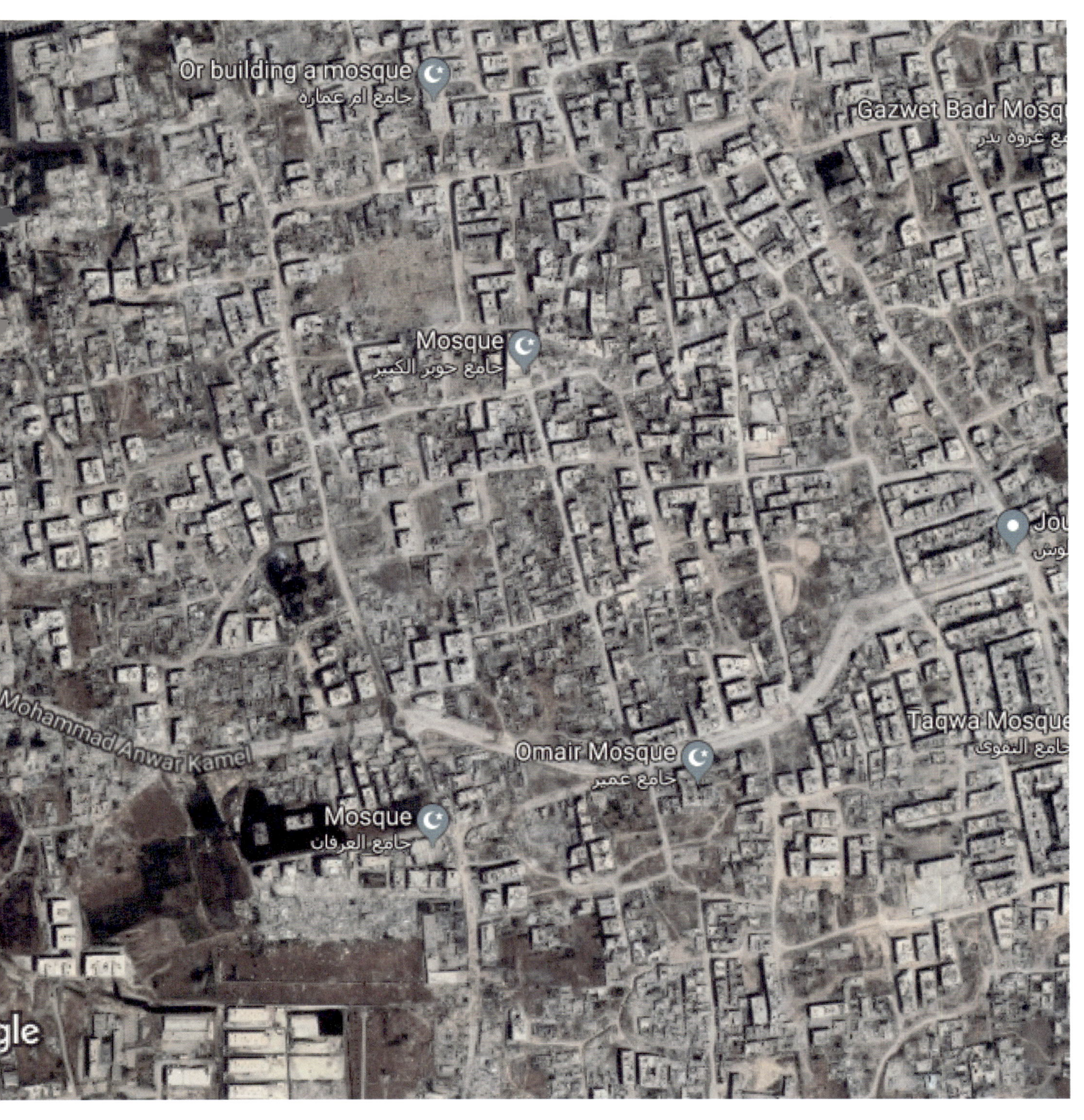

Or building a mosque
جامع ام عماره
Gazwet Badr Mosq
جامع عروة بدر
Mosque
جامع حوير الكبير
Jou
لوش
Mohammad Anwar Kamel
Taqwa Mosque
جامع التقوى
Omair Mosque
جامع عمير
Mosque
جامع العرفان
gle

1

—

12 أيار
2012

في ذلك اليوم، تجمَّع الناس في مقبرة برزة بدمشق، لأداء صلاة الجنازة على الضحايا الذين قُتلوا أثناء مشاركتهم في المظاهرات ضدّ الحكومة السورية، وكانت تلك الصورة من أوائل الصور التي التقطتها وانتشرت على نطاق واسع.

استخدمت حينها اسماً وهمياً، لأنّني كنت أعرف أشخاصاً نشروا صوراً وأخباراً عن الاحتجاجات على منصات التواصل الاجتماعي، بأسمائهم الحقيقية، ثم غُيِّبوا بعد ذلك في المعتقلات. كان حملُ الكاميرا في دمشق أمراً خطيراً، رجّا كان مثلَ حمل السّلاح بالنسبة إلى الحكومة، وبما أنّني كنت حينها مضطراً إلى حماية هويات الأشخاص الذين ظهروا في الصورة، قمت بالتقاطها بهذه الطريقة.

في تلك الفترة كنت أعيش في دمشق، أذهب إلى الكلية وأعمل في مجال تكنولوجيا المعلومات في الوقت نفسه، حضرت العديد من المظاهرات وجنازات التشييع في العاصمة، لكني عندما أعود إلى الجامعة أو العمل، كنت أسمع قصصاً مختلفة من زملاء لي مؤيدين للنظام السوري. كانوا يقولون مثلاً: "جاءت عصابة مسلحة وقتلت الناس". لم يرغبوا في تصديق أنَّ القاتل هو من الجيش وقوات الأمن السورية. أدركتُ أنّني بحاجة إلى التقاط الصور ونقل الأخبار لإظهار الحقيقة، لم تكن هناك عصابات، وإنّما كان النظام وحده هو من يتلاعب بالناس والحقائق.

ولكن، حتى مع تصاعد التغطية الإعلاميّة من قبل الصحفيّين المحليين، ظلَّ هناك أناس غير راغبين في تصديق أنّ هناك ثورة تحدث. كان لصورتي هذه، وللصور الأخرى التي التقطتها في البدايات، أثرٌ إيجابي عند أُسر وأصدقاء الضحايا، لذا قرّرت فيما بعد تكريس المزيد من الوقت لالتقاط الصور.

1

—

**May 12
2012**

This image of people gathering in a cemetery to pray for martyrs killed protesting the government was my first widely published photograph.

I used a fake name because I knew people who posted pictures on Facebook and then disappeared. Carrying a camera in Damascus was as dangerous as carrying a gun, as far as the government was concerned. And I had to protect the identities of the people in the photo, which is why I shot the image this way.

At the time, I was living in Damascus, going to college and working in information technology. I attended many protests and funerals, but when I went back to college, I was hearing a different story from people who supported the Syrian government. They said things like, "An armed gang came and killed people." They did not want to believe it was the Syrian army and security forces. I realized that I needed to take pictures to show the truth. These were not gangs and this was not terrorism. This was the Syrian regime.

Even after this picture and many others came out, there were people who still did not want to believe a revolution was happening. But my picture had an impact on the families and friends of people who died. I decided then to devote more time to taking pictures.

12 أيار 2012

برزة، دمشق: تجمّع لمعزّين في مقبرة للصلاة على أشخاص قُتلوا في مظاهرات مناوئة للحكومة السورية.

May 12, 2012

Barzah, Damascus: Mourners gather in a cemetery to pray for those killed in protests against the Syrian government.

وعندما فشلت قوّات النظام في استعادة الغوطة الشرقية، قررت في أواخر عام 2013 حصار المنطقة حصارًا قاسيًا، من دون أن تُميّز بين المقاتلين المسلّحين والمدنيين العزّل الذين تحملوا أعباءً كبيرة، إذ لم يكتف النظام بقطع الكهرباء والمياه والأغذية عن المنطقة، بل قام أيضًا بقصف المحاصيل الزراعية وحرقها، وقد أدّى ذلك إلى كارثة إنسانيّة في منطقة تبعد أقلّ من 15 كيلومترًا عن العاصمة دمشق. وكذلك استهدف منازل المدنيّين في مدن الغوطة بلا هوادة، واستخدم ضدّهم الأسلحة الكيمياوية، وما زال النظام يحاول الإفلات من العقاب بشكل سافر.

في ربيع عام 2018، بعد خمس سنوات متواصلة من الحصار المضني، أدّت العمليات العسكرية الأخيرة على الغوطة الشرقية إلى إلحاق دمار كبير وواسع في مدنها، واستخدم النظام السوري السلاح الكيمياوي مرّة أخرى، وتقلّصت المساحات التي كانت تسيطر عليها فصائل المعارضة في المنطقة، وجرت مفاوضات بين الطرفين أفضت إلى الاتفاق على إخراج المقاتلين وعائلاتهم إلى الشّمال السوري، كما شملت عملية الإخراج أيضاً معارضين مدنيين وناشطين وصحفيين وأطباء وعاملين في منظّمات المجتمع المدني.

بسّام، الذي قام بتغطية الأخبار طوال تلك السنوات مع وكالة (رويترز)، متحدّيًا بذلك حملة النظام الدّعائية في روايته للأحداث، اختار المغادرة أيضًا، لكيلا يكون عرضةً للاعتقال.

تقول الأمم المتّحدة: إنّ كلًا من النظام السوري وقوات المعارضة المختلفة ارتكبوا جرائم حرب وانتهاكات في منطقة الغوطة الشرقية. ولكن، في الوقت الراهن، يبدو أنّ محاسبة أيّ من مرتكبي الجرائم، وتحقيق العدالة للضحايا، أمرٌ بالغ التّعقيد، وكذلك تبدو العودة إلى الوطن -بالنّسبة إلى بسام وملايين السوريّين الآخرين- أمرًا بعيد المنال.

عليا مالك

الغوطة هي تلك المنطقة الخضراء المحيطة بالعاصمة دمشق أقدم مدينة مأهولة في العالم على مرِّ التّاريخ، حيث تمتد حضارة تعود إلى ما قبل العصور القديمة، لذا تَفخر الغوطة دائمًا بتاريخها القديم. وقد ورد في دليل عن دمشق وغوطتها (كتبه سوريٌّ باللغة الإنكليزية عام 1950) أنّها "الواحة الفريدة الواقعة على أطراف الصحراء السورية، إنّ موقع الغوطة يدفع المرء إلى الاعتقاد بأنها المقصودة بـ (جنّة عَدَن)، ألم يُروَ أن النبي محمّد (صلى الله عليه وسلم) وقف على أطراف الغوطة ورفض أن يدخلها، واعتذر -كما ورد- لأنّه لم يُرِد أن يستشعر إحدى متعِ الجنة على الأرض".

في العصور الحديثة، بقيت الغوطة ذلك الملجأ الذي يلوذ به سكان دمشق هربًا من أجواء المدينة، إلى بساتين الزيتون والجوز والمشمش والخوخ، حيث أنهارها الفياضة المتموجة، وحدائقها البديعة. لاحقاً، أدى النمو الحضري في الغوطة إلى استخدام كثير من الأراضي الزراعية لأغراض الصناعة والإسكان، وأصبحت الغوطة مقصد كثير من الناس، للإقامة والسكن، بعيدًا من العاصمة دمشق الأكثر غلاءً، وكذلك قصدها أناسٌ من مناطق أخرى في سوريا فرص العمل فيها أقل وفرة منها في دمشق ومحيطها.

في بداية عام 2011، كانت حالة الإحباط تتنامى في أرجاء الوطن العربي كافة، بسبب الأنظمة الاستبدادية القابعة في الحكم منذ مدة طويلة، والانقسام الطبقي، الاجتماعي والاقتصادي على حد سواء، وكان ذلك سبباً رئيساً لتطور الأمر سريعاً إلى موجة احتجاجات عارمة ضد تلك الحكومات، عُرِفت باسم "الربيع العربي". وكذلك في سوريا، حيث ورث الدكتاتور بشار الأسد السلطة عن والده حافظ الأسد الذي استحوذ على السلطة في عام 1970، وبقيت البلاد حتى عام 2011 تحت حكم الأب والابن مدة أربعين عاماً، غاب فيها الإعلام الحرّ عقوداً طويلة، وكان النظام الحاكم فيها يعمد إلى إسكات الناس وإخفائهم لمجرّد التّلميح بأيّ انتقاد، وكان أعوانه يغتنون بينما عامة الناس يعيشون في ضائقة، لذا تظاهر الناس وطالبوا بالإصلاح.

ولكن ردّة فعل النظام كانت سريعة، إذ ازداد حجم التضييق والترهيب على الناس بشكل وحشي، وتجاهل دعواتِ السوريين للإصلاح وإشراك المزيد من الناس في الحكم، معتبرًا إيّاهم مجرد مجموعات مسلحة إرهابية ممولة من الخارج تهدف إلى زعزعة الاستقرار في سوريا. وبذل النظام كلّ ما في وسعه لإثبات صحة هذه الرواية، وكان يعلم أنّ المجتمع الدولي ربّما سيستجيب لدعوات السوريين إلى مساءلته، بسبب الانتهاكات التي قد يرتكبها خلال مواجهته للثّورة، ولكنه، في ظل الغموض الأخلاقي للحرب المستعرة على الأراضي السورية، وجد فرصةً كبيرةً للاستمرار في الحكم.

من أجل ذلك، قام النظام السوري باعتقال وإخفاء الآلاف من المثقّفين والناشطين داخل سجونه ومعتقلاته السرّية، بينما أطلق سراح المجرمين، إضافة إلى المئات من الجهاديّين القدامى الذين كان بعضهم على صلة بتنظيم القاعدة في العراق. كما قام النظام أيضاً بمنع الصحفيين الأجانب من دخول البلاد، واستهدف الصحفيين المحليّين الذين كانوا يحاولون تغطية أحداث الثورة السورية. كان النظام يعلم أن الصحافة الحرّة سوف تقوّض روايته التي كان ينسجها عما كان يجري من أحداث وانتهاكات. في ذلك الوقت، حمل بعض السوريون السلاح ضدّ قوات النّظام، وقامت بعض الدّول بتمويل المقاتلين، سواء من طرف النظام أو من طرف المعارضة، وتحوّلت الثّورة السلمية في سوريا إلى حرب أهليّة، ولاحقاً إلى حرب بالوكالة بين القوى الإقليميّة والدولية على التراب السوري.

لم تكن المجموعات المسلّحة التي سيطرت على الغوطة الشرقية مُتناغمةً فيما بينها، بل كانت تمثّل فصائل ومجموعات مختلفة الأفكار والمنهج والأهداف، وقد أدى ذلك إلى حالة فوضى واقتتال استمرت شهورًا طويلة وقاسية. كان من بين تلك المجموعات: الجيش السوري الحر، ومقاتلون إسلاميون، مثل جيش الإسلام وجبهة النصرة وداعش. (لكن يجب التنبيه إلى أنّ وجود داعش في الغوطة الشرقية كان محدوداً وقصير الأمد، لأنّ الجميع اتفق على ضرورة قتالهم وطردهم من المنطقة).

INTRODUCTION

The Ghouta is a region east of Damascus, said to be the oldest continuously inhabited city in the world, in a land that has been populated since antiquity. As such, the Ghouta itself also boasts a long history. A guidebook to Damascus, written in English by a Syrian in the 1950s, says this of the once oasis at the edge of the Syrian Desert: "The location of Ghouta...leads one to the belief that it is meant when the 'Garden of Eden' is mentioned. Was it not told about the Prophet Mohammad that he stopped on the outskirts of the Ghouta refusing to enter it and apologised that he did not want to anticipate in this earth some of the joys of the Paradise."

In more contemporary times, it remained a place where Damascenes escaped the city for the Ghouta's lovely orchards of olive, walnut, apricot, and plum trees, its rippling streams, and its idyllic gardens. However, agricultural use of the land gave way to housing and industry, thanks to urban growth. People moved to the Ghouta both from Damascus, which is more costly, and from other regions in Syria, where economic opportunities had dwindled.

In early 2011, growing frustration across the Arab world with long-ruling authoritarian regimes and increasing socioeconomic stratification erupted into protests against these governments. In Syria, the dictator Bashar al-Assad had inherited power from his father, Hafez al-Assad, who had seized power in 1970. By 2011, the regime had been in power for over 40 years. Under both father and son, there was no free press; people could be disappeared for a hint of criticism of the regime; and cronies of the regime got richer while many Syrians struggled. With the Arab world seemingly ripe for long-awaited change, people in Syria called for reforms.

The regime reacted swiftly, violently clamping down on its own citizens and dismissing Syrians' calls for involvement in their rule as nothing more than an armed, foreign-funded terrorist insurgency meant to destabilize Syria. And the regime did what it could to validate this narrative, knowing that in the face of a peaceful uprising, other Syrians and the international community might call for its accountability, but that in the moral murkiness of a civil war, the existing government could continue to thrive.

To this end, the regime arrested civil society activists and ordinary civilians, disappearing thousands into its prisons while releasing hardened criminals, many of them veterans of extremist campaigns in Iraq. It also forbade foreign journalists to enter Syria and targeted locals and foreigners who tried to engage in journalism, knowing that their accounts could undermine its version of events. Meanwhile, some Syrians took up arms against the regime, while other countries funded fighters both for and against it, as Syria's peaceful popular movement turned into both a civil and a proxy war.

The armed groups who controlled Eastern Ghouta were not monolithic and represented different factions that also fought each other. They included the Free Syrian Army (FSA), as well as Islamist fighters like Jaish al-Islam, Jabhat al-Nusra, and even the Islamic State of Iraq and Syria (though the presence of ISIS in Eastern Ghouta was short-lived, as the other rebels pushed the group out of the area).

When the regime couldn't retake Eastern Ghouta, it began a brutal siege in 2013, which treated armed fighters and civilians as one and the same. The latter bore the brunt of the onslaught. The regime cut them off from electricity, water, and food—even shelling their crops—triggering an eventual humanitarian crisis, all just 15 km from the capital. It also relentlessly bombarded Ghouta's civilians and used chemical weapons against them, with staggering impunity.

In 2018, after five years of siege, a final offensive that left much of Eastern Ghouta in rubble, and yet another chemical attack, the Syrian army regained control of the area and negotiated the evacuations of fighters and their families to the north. These evacuations also included the civilian opposition, such as activists, journalists, doctors, and NGO workers.

Bassam Khabieh, who had documented these years for the Reuters news agency, subverting the regime's propaganda campaign, chose to leave as well; otherwise the Syrian regime would have arrested him.

The United Nations (UN) found that both the regime and the different armed opposition groups committed war crimes in Eastern Ghouta. But for now, establishing any accountability for the perpetrators and obtaining justice for the victims remains a distant goal. And return home-for Bassam and millions of other Syrians-seems even more distant.

Alia Malek

November 2, 2014   **2 تشرين الثاني 2014**

Eastern Ghouta: A motorcyclist rides at night. The region has had no electricity for two years.

الغوطة الشرقية: رجل يركب دراجة نارية ليلاً، في ظل انقطاع الكهرباء المستمر عن المنطقة على مرّ السنتين الماضيتين.

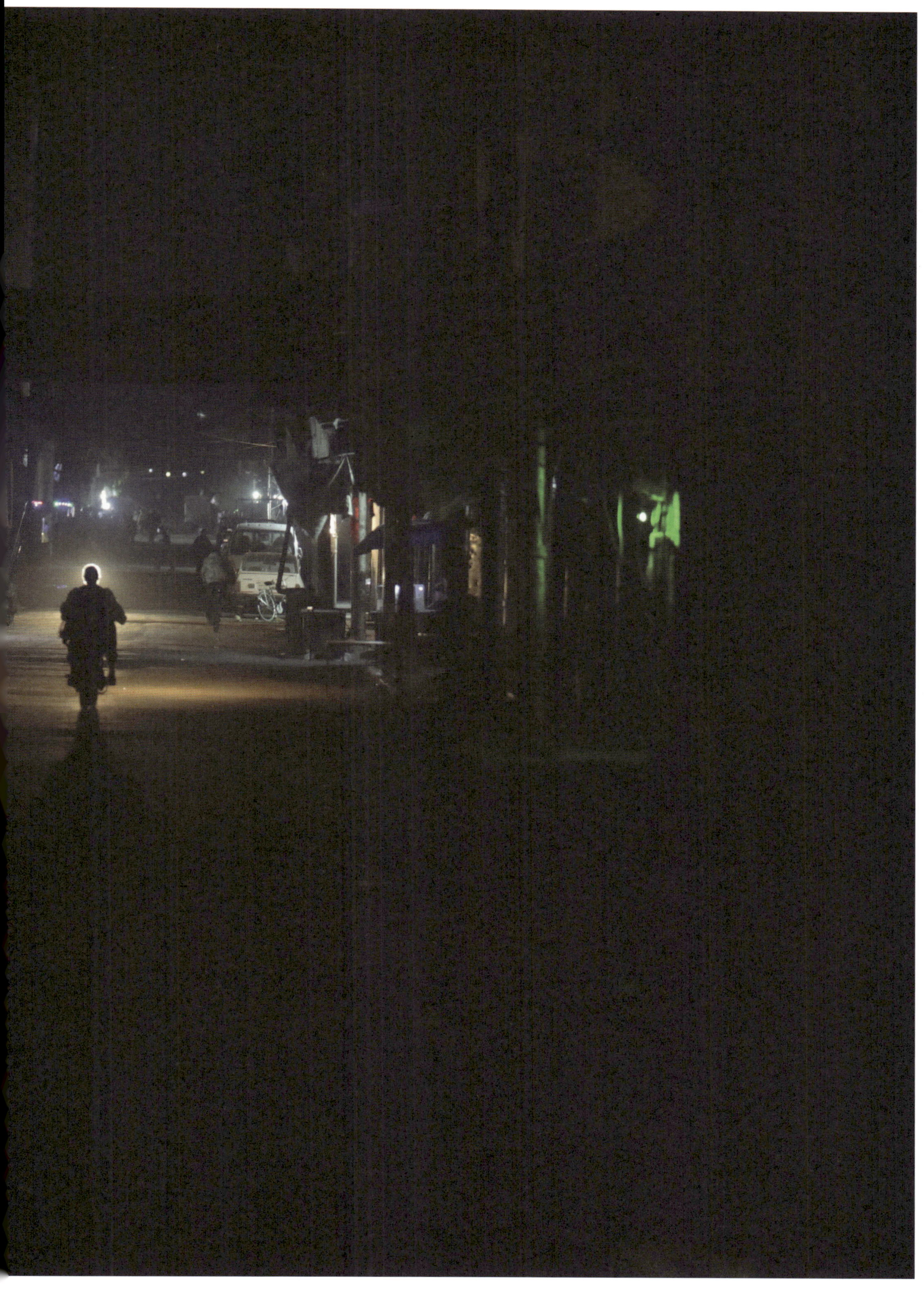

من خلال أربع جهات أمنية مختلفة تُعرف باسم "المخابرات" التي كان لديها في العاصمة دمشق وحدها ما لا يقل عن اثنين وعشرين فرعاً. قبل عام 2011، كان عدد الموظفين العاملين بدوام كامل في المخابرات تقريباً 65000 موظف، بمعدل موظف واحد لكل 153 مواطن، أضف إلى ذلك مئات الآلاف من الموظفين غير المتفرغين أو غير الرسميين).

بالنسبة إلي، عشت 24 عاماً من حياتي في حالة حذر وخوف من القيام بأي شيء يعارض الحكومة، حتى في أثناء الأحاديث، كنت قد سمعت كثيراً من القصص عن أشخاص اختفوا في معتقلات غامضة، لأنهم تحدثوا بالسوء عن عائلة الأسد، وقصصاً عن أشخاص أُجبروا على العيش في المنفى سنين طويلة، بسبب أفكارهم السياسية المناوئة للنظام السوري.

مع كل هذا الخوف، كيف كنت ترى حياتك؟ هل تخيلت العيش يوماً خارج سوريا؟
لا، لم أفكر يوماً في مغادرة البلاد، أنا أحبّ بلدي، كان حلمي هو تغيير هذا الوضع في سوريا، وكنت دائماً أريد أن أكون جزءاً من هذا التغيير.

كانت حياتي قبل ذلك تسير على نحو لا بأس به، كنت في طريقي إلى التخرج من الجامعة، وحصلت على عمل جيد، كنت أحدث نفسي دوماً بأن أفضل شيء يمكن أن أفعله لبلدي في ذلك الوقت هو أن أكون متقناً لعملي، وعندما بدأت الاحتجاجات في سوريا عام 2011، كان عليّ أن أجتاز فقط امتحانين كي أتخرّج، ولكنني لم أستطع.

لماذا لم تستطع أن تتابع دراستك حتى التخرج؟
حاولت جاهداً البقاء في الجامعة، من أجل إتمام امتحاناتي، ولكني -مع الأسف- لم أستطع ذلك، حيث أصبح الذهاب إلى الحرم الجامعي مخاطرة كبيرة.

هل يمكن أن توضح؟
في العاصمة دمشق، كانت قوات النظام تحتجز المواطنين الذين ينحدرون من "مدن معارضة" (ملاحظة من الصحَفية: أي الأماكن التي فقد النظام فيها سيطرته) مثل مدينتي دوما. لقد ألقوا القبض على العديد من أصدقائي، بسبب انتمائهم إلى مناطق خارجة عن سيطرة الحكومة السورية.

في الجامعة، شاركت مع عدد من زملائي في احتجاج صغير، حيث وقفنا في الحرم الجامعي، وقرأنا سورة الفاتحة للضحايا (ضحايا قمع الاحتجاجات)، بعد ذلك قام النظام باعتقال ثلاثة من زملائي الذين شاركوا في الاحتجاج. لاحقاً قُتل أحدهم في المعتقل تحت التعذيب، وبقي الثاني رهن الاحتجاز لأكثر من ثلاث سنوات، وما يزال مصير الثالث مجهولاً. كانت خياراتي محدودةً، إما أن أذهب إلى الجامعة لمتابعة دراستي وامتحاناتي وأعرض نفسي للخطر، وإما أن أعود إلى مدينتي دوما، لذا اخترت الانسحاب من الجامعة والاستقالة من وظيفتي، وأخبرت أصدقائي هناك أنني أريد أن أكون بالقرب من عائلتي.

ماذا فعلت في دوما عندما عدت؟
كان لدي أنا وأصدقائي خطة لإنشاء أكاديمية لعلوم الحاسوب، تستقبل خريجي المدارس الثانوية في الغوطة الشرقية. لكن الأمر لم يكن سهلاً، بسبب نقص الموارد والكوادر، فقد كنا نعيش في منطقة حرب محاصرة. لكني واظبت في تلك الفترة على المشاركة في الاحتجاجات والمظاهرات والتقاط الصور في دوما.

لماذا أحببت المشاركة في الاحتجاجات؟
لأنني أدركت مدى قوتنا، عندما كنّا جميعاً في الشارع، كنّا صوتاً واحداً ويداً واحدة، وكان لدينا هدف واحد، ولم يكن هناك أي خوف. لم يتراجع الناس، على الرغم من أنهم علموا أن النظام سيستمر في إطلاق النار على المحتجين، كنا نستشعر مدى خوف النظام من الحراك السلمي الذي بدأه السوريون ضده.

من كان يشارك في تلك المظاهرات؟
أهالي دوما، أهالي الغوطة الشرقية.

هل كان هناك نساء؟
بالطبع، كان هناك نساء شاركن في معظم المظاهرات التي حضرتها.

لماذا بدأت بالتقاط الصور؟
لأن منطقة الغوطة الشرقية التي كنت أعيش فيها كانت محاصرة، ولم يتمكن كثير من المصورين والصحفيين المحليين والأجانب من الوصول إلى المنطقة لنقل الأخبار، ولذلك بدأتُ التقاط الصور ونقل القصص ونشرها على وسائل التواصل الاجتماعي. في البداية، كنت أنقل الأخبار باستخدام اسم مستعار، ثم قررت أن أستخدم اسمي الحقيقي.

أدناه نص الحوار الذي أجرته عليا مالك، مع بسام خبيه، في خريف عام 2018، عن حياته وعن تجربته مع التصوير الفوتوغرافي:

ما الشعور الذي ينتابك عندما تحمل الكاميرا؟
الحزن.

هل بإمكانك أن توضح أكثر؟
في كل مرة أحمل فيها الكاميرا، أتذكر ما يحدث في بلدي.
بعض الناس يعتقد أني كنت موظفاً، لكني لم أصبح مصوراً لأني أريد وظيفة، بل لم أكن أبحث عن عمل في ذلك الحين. في سوريا لا توجد صحافة حرة، وفي عام 2011 قامت الحكومة السورية بفرض مزيد من القيود على الصحفيين المحليين والأجانب الذين حاولوا تغطية أحداث الثورة السورية، حيث لم يسمحوا للصحفيين والمصورين بالعمل إلا تحت إشراف الحكومة، لإجبارهم على تغطية الأحداث، وفقاً لرواية النظام. الصحفيون الأجانب الذين جاؤوا إلى سوريا كانوا قد دخلوها سراً مخاطرين بحياتهم. وقد اختُطف العديد منهم، وقُتل آخرون، ونظراً لعدم وجود أي جهة أخرى تقوم بهذه المهمة، فقد تولينا أنا وزملائي السوريين القيام بها، وأظن أننا قمنا بعمل جيد. لقد أحببت التصوير وما زلت أحبه، لكن علاقتي به معقدة، ربما لكوني تعلّمته إبان الحرب، حيث ترافق فن التصوير عندي مع الحرب.

كيف كانت حياتك قبل 2011؟
في عام 2011، كنت في الرابعة والعشرين من عمري، وكنت أعيش مع أصدقائي. عام 2008 انتقلت من دوما في الغوطة الشرقية، إلى دمشق، لدراسة تكنولوجيا المعلومات، وقد حصلت على شهادة تقانة المعلومات من معهد هندسة الكمبيوتر في جامعة دمشق، حيث تخرجت بترتيب عال، وأتاح لي ذلك الأمر متابعة الدراسة في كلية الهندسة المعلوماتية، لكن، كان علي أن أعمل أثناء الدراسة، لأن أبي كان قد توفي منذ عام 1994، وكان علي أن أعيل نفسي وعائلتي، وللقيام بذلك حصلت على وظيفة جيدة في شركة اتصالات، لذا كنت مشغولاً طوال الوقت، كنت أعمل في الفترة المسائية، من منتصف الليل حتى الساعة 8 صباحاً، وفي الصباح، كنت أذهب إلى الجامعة، من الساعة 8 صباحاً حتى الساعة 5 مساء.

ما علاقتك بالتصوير الفوتوغرافي إذاً؟
أثناء عملي، كنت أمضي نحو عشر ساعات أمام شاشة الحاسوب، أراقب عمل المخدمات والأرقام، لذا وجدت طريقة ذكية لكسر الرتابة، من خلال متابعتي لأخبار التصوير الفوتوغرافي، كنت كلما أردت أن أريح نظري وأصفي ذهني، أتصفح مواقع صور الأخبار، لاحقاً بدأت أحفظ الصور على القرص الصلب الخاص بي: صور من حرب غزة، ومن أولمبياد لندن، وغيرها من الأحداث. في غضون خمس سنوات، أصبح لدي أكثر من 10,000 صورة في أرشيفي.

لماذا؟

لقد شعرت بأهمية الصورة، لكونها تحمل المعلومات والأخبار وتوثق اللحظة، في آن معاً. بالنسبة إلي كانت أفضل طريقة أتذكر بها الأحداث والوقائع، وكان للصور تأثير لا يُمحى من ذهني، كنت لا أنسى أي صورة أتصفحها.

كيف كانت رؤيتك للوضع في سوريا قبل اندلاع الاحتجاجات الأولى في عام 2011؟
في ذلك الوقت، كنت أتنقل بين الريف والمدينة، ولاحظت حينذاك وجود فجوة بين الجانبين، حيث لم تكن هناك فرص متساوية لجميع السوريين، ولم يكن هناك عدالة في توزيع الثروات، كان واضحاً أن رجال السلطة ينهبون أموال الشعب. في الجامعة كان الفرق واضحاً بين الطلاب العاديين، والطلاب أبناء المسؤولين الذين كانت لديهم امتيازات تتيح لهم فعل ما يحلو لهم، يمكنهم التلاعب بدرجاتهم واجتياز اختباراتهم بسهولة، كما يمكنهم التجول بسياراتهم الفارهة في حرم الجامعة!
ذلك الفرق كشف لي أمراً واحداً: أن أولئك الذين يديرون دفة الحكم والمقربين منهم كانوا ينتفعون من ثروات البلاد، ويستحوذون على جميع الفرص والأعمال، نهبوا أموال الدولة، وتركوا عامة الناس يعانون تحصيل لقمة العيش، كانت ثروات البلاد بيد فئة قليلة من رجال النظام.

كيف كانت الحياة في دوما؟
دوما، كغيرها من المدن السورية، كان فيها عدد من فروع الأمن التي تتحكم في حياة الناس وأفكارهم ومشاريعهم (ملاحظة من الصحفية: على مدار عقود من الزمن قام النظام السوري بخلق نظام مراقبة السوريين

ترك منازلهم؟ ولكن، بعد أن سيطر النظام السوري على معظم مدن الغوطة الشرقية عام 2018، كان من المستحيل أن تستمر رغبتي في البقاء، فقد كنت على قائمة المطلوبين من قبل قوات النظام، بسبب عملي الصحفي، وكان النظام حينذاك على وشك استعادة السيطرة على مدينة دوما.

كيف كان الوضع حينما حان وقت الرحيل؟
قبل 10 أيام من مغادرتنا للمدينة، كنا على دراية أننا سوف نرحل لا محالة، حيث تم التوصل إلى اتفاق بين النظام السوري والمقاتلين الذين كانوا يسيطرون على المدينة، ونصّ الاتفاق على إخلاء المنطقة من جميع أشكال المعارضة المسلحة والمدنية، ثم حان وقت الرحيل. كان يوماً عصيباً، في صباح ذلك اليوم استيقظت باكراً، كانت أسماؤنا مدرجةً على قائمة الإخراج، وعلمنا أن حافلات التهجير كانت قادمة لتقلّنا إلى المعبر الوحيد المؤدي إلى مناطق النظام، انتهيت من حزم أمتعتي وودعت عائلتي، كان الجميع يبكون، عندما ودعتهم لم أكن أعلم متى سأراهم مرة أخرى، ولم أعرف ما الذي يخبّئه المستقبل لنا.
ما أحزنني أيضاً أنني لم أستطع أن أودع البساتين التي أحب، هناك حيث تقع المزارع والمحاصيل التي اعتدنا رعايتها وزيارتها باستمرار، إذ إن قوات النظام كانت قد سيطرت عليها في وقت سابق. تذكرت آخر لحظات قضيتها هناك قبل أن يتم الاستيلاء عليها. كنت في السابق أتردد باستمرار إلى مزرعة لأحد أصدقائي، أزوره هو ووالده حيث كانا يعملان معاً في زراعتها والعناية بها، اعتدنا جميعاً أن نلتقي هناك. توفي والد صديقي وهو يعمل في أرضه، في هجوم صاروخي شنته قوات النظام على المنطقة، بعد هجمة السلاح الكيمياوي في الغوطة الشرقية في عام 2013، وكنت قد زرت تلك المزرعة أنا وصديقي قبل أيام من سيطرة النظام عليها، وسقينا حقول القمح المزروع حديثاً، ولم نكن نعلم أننا لن نراها إلى الأبد.

هل شعرت بأن صُورك قد أحدثت فرقاً؟
مع مرور الوقت، أصبحت صوري تصل إلى جمهور واسع، إذ انتشرت كثير من القصص التي قمت بالتقاطها في معظم الوسائل العربية والعالمية. ولكني شعرت بعد حين بأن نشر الصور وحده، وإن كان في صحف كبيرة كصحيفة النيويورك تايمز، لم يكن يُحدث تغييراً على أرض الواقع. لكن ما نشهده اليوم من تحقيق للعدالة، في جرائم وانتهاكات حصلت في حروب سابقة، جعلني أعتقد أن الصور التي التقطتها -وإن لم يكن هناك عدالة ومساءلة في الوقت الحالي- ربما تكون جزءاً من الأدلة التي ستُستخدم في محاكمة المسؤولين عن كل هذه الجرائم مستقبلاً.

بعد مغادرتك سوريا لم تعد تلتقط الصور كل يوم كما كنت تفعل في سوريا، ما السبب؟
بعد كل ما مررت به، لم يعد بإمكاني الاستمرار في التقاط الصور بشكل اعتيادي، فأنا لست آلة. أعتقد أن عليّ أن أتوقف قليلاً لألتقط أنفاسي، وأفكر في الأشخاص الذين قمت بنقل صورهم وقصصهم للعالم، وأعتقد أيضاً أن عليّ احترام أرواح ضحايا الحرب الذين صادفتهم خلال رحلتي الطويلة، أحتاج إلى الوقت حتى أستوعب كل ما عملت عليه طوال السنوات الماضية. لا أريد أن أختبئ خلف الكاميرا، وأن أقوم فقط بالتقاط الصور. الأمر مختلفٌ خارج سوريا عمّا كان عليه في الداخل. مع كل صورة كنت ألتقطها كانت هناك روحٌ تخفق، لا أستطيع أن أنسى كل هذا، وأنتقل -على سبيل المثال- إلى العمل في تصوير الإعلانات. خلال السنوات الماضية، فقدت كثيراً من الناس الذين أحبهم، أخاف أن أنساهم، إن نسيانهم -بالنسبة إليّ- يعد مشكلة كبيرة.

ما الذي تتمناه لبلدك سوريا ولأطفالها الحاضرين في صورك؟
خلال السنوات الماضية التي مرت على البلاد، كان هناك كثيرون ممن انتهزوا الفرصة لتحقيق أهدافهم ومشاريعهم الخاصة، لقد وفّرت الفوضى لهم الغطاء، تلك الفوضى التي استفاد منها النظام السوري أيضاً، وقام بتحويل الحراك السلمي للثورة السورية إلى صراع مسلح، تحول لاحقاً إلى حرب شعواء بين الدول، وقودها الشعب السوري. لقد عانينا الضياع في خضم كل هذا، كثيرون لم يعد بإمكانهم سوى التفكير بنجاتهم الفردية.

أما الآن، فجلّ ما أتمناه حقاً هو تحقيق العدالة، سيواجه الشعب السوري قريباً معضلة تحقيق العدالة أو تحقيق السلام، نعلم جيداً أن فرص نجاح السلام ستكون ضئيلة، إذا لم يكن هناك عدالة. هناك ملايين السوريين الذين تعرضوا للأذى، ملايين المُهجرين قسرياً، مئات الآلاف من المغيبين والمفقودين في سجون النظام. أفكر دائماً في أطفالنا كيف لهم أن يعتادوا وجود كل هذا الإجرام في حياتهم. لذا علينا أن نعمل جاهدين حتى نتمكن يوماً ما من محاسبة المجرمين، ومن تحقيق العدالة، وإعادة بناء مجتمعنا المتفكك، وبناء مجتمع يسوده العدل، ويتساوى فيه الجميع.

لماذا قررت استخدام اسمك الحقيقي؟ ألم يكن ذلك خطراً؟
كان النظام السوري يدعي أن كل الأخبار والصور الواردة من المناطق المعارِضة مزيفة ومفبركة، بينما كانت القصص والصور التي ننشرها تُظهر حجم الانتهاكات بحق المدنيين، وتنقل روايةً مخالفةً لِما كان النظام ينقله، إذ كان يدعي أن تلك الصور زيّفها أشخاص يستخدمون أسماءً منتحلة. وكنت أعتقد أن استخدام أسماء منتحلة لتوثيق جرائم حقيقية، ربما يُضعف أهمية عملنا، بشكل أو بآخر، لذلك قررت أن أعمل باسمي الحقيقي، كي أُثبت أن النظام غير صادق، وكنت على يقين بأن الناس، في دمشق وفي أماكن أخرى بسوريا، عندما يرون اسمي تحت الصور التي أنشرها، سيعرفون أنني شخص حقيقي، وربما يعرفونه، وأن هذه الجرائم الموثقة إنما هي جرائم حقيقية.

من هو الجمهور الذي كنت تستهدفه؟
أكثر ما كان يثير حفيظتي هو أن السوريين لم يكونوا يعرفون حقيقة ما كان يحدث حولهم في المدن القريبة الثائرة، أو أن كثيراً منهم لم يرغبوا أصلاً في معرفة ما يحدث حقاً. في البداية، كانت صوري موجهة إلى جمهور السوريين، أردتهم أن يعرفوا أن هذا ما كان يحصل بالفعل في بلدهم، من خلال حساباتي على شبكة التواصل الاجتماعي، كنت أستطيع الوصول إلى جمهور جيد: 5,000 من الأصدقاء و4,000 من المتابعين، كان معظمهم من السوريين. ولكن حين بدأت العمل مع وكالة (رويترز)، بدأت صوري تظهر في كل مكان، أصبح الأمر أشبه بحوار مع العالم بأسره.

ما شعورك عندما التقطت هذه الصور الأولى من الاحتجاجات؟
في البداية، كان هناك أمل كبير في أن التغيير قادم، ولكن مع مرور الوقت، تحولت الثورة السلمية إلى حرب شعواء، وبدأت مظاهر الحراك السلمي تتلاشى شيئاً فشيئاً، وحلّت صورُ المعارك وخطوط الجبهات والقصف والموت والأشلاء.. محل صور المظاهرات في الشوارع. لقد تغير كل شيء.

على الرغم من أن الاحتجاجات بدأت سلميّة، فقد تمكّن مقاتلو المعارضة المسلحة، في أواخر عام 2012، من إخراج النظام من الغوطة الشرقية، وقد شكّل هؤلاء المقاتلون فصائل مختلفة، وكان من بينها فصائل إسلامية متطرّفة حاولت فرض أيديولوجية متشدّدة. كيف كانت رؤيتك لتلك الفصائل؟
كما قلتِ، الأشخاص الذين حملوا السلاح فعلوا ذلك لأسباب عديدة ومختلفة. بالنسبة إلى البعض كان الهدف الرئيسي هو إسقاط النظام، والحفاظ على حياة السوريين وسلامتهم، وإعادة بناء سوريا واحدة تجمعهم. وبالنسبة إلى الآخرين (بما في ذلك بعض السوريين والمقاتلين الأجانب) فقد كان الهدف هو استبدال النظام بنوع جديد من الاستبداد، باستخدام أيديولوجيات متطرفة تبرّر قمع وقتل السوريين مرة أخرى. في نهاية المطاف، مهما كانت أسباب اختيارهم العنف، فقد كان ذلك يصبّ في مصلحة النظام. ومع اعتناق بعض المعارضين لهذه الأيديولوجيات المتطرفة، ووعدهم بفرضها في سوريا وخارجها، كان هناك سوريون ومراقبون خارجيون، على حد سواء، يمكن أن يصدقوا رواية النظام عن انغماسه في "حرب على الإرهاب". بالنسبة إليّ، شخصياً، رأيت كيف جعل النظام عامة الناس تعاني على مرّ السنوات السابقة، ولن يكون من السهل على السوريين الخروج من دائرة العنف التي اجتاحت البلاد، وكنتُ أتساءل دائمًا: كيف كانت ستسير الأمور إذا لم يكن هناك حمل للسلاح.

ما أنواع الصور التي كنت تقوم بالتقاطها في تلك السنوات؟
يمكن أن أصنّف الصور التي قمت بالتقاطها في ثلاث فئات رئيسية: صور الحياة اليومية تحت الحصار، صور القصف والضربات الجوية، وأحياناً صور من المعارك العسكرية.

ما المواضيع التي كنت تميل إلى تغطيتها أكثر من غيرها؟
كنت دائماً ما أفضل تغطية قصص الحياة اليومية، حيث يمكنني العمل من دون خوف وتوتر. كنت أخرج كل يوم، وأتجول في شوارع مدينتي دوما، والعديد من مدن الغوطة الشرقية، لم أكن أشعر بالملل أو اليأس، مع أن الدمار كان هائلاً. كانت مدينتي دوما جميلة قبل أن تتلقى كل هذا القصف والخراب، عندما كنت أجول في شوارعها، كنت أستذكر جمالها، وأحلم كيف أننا سنعيد بناءها يوماً ما. أما في أثناء تغطية القصف، فكان عليّ دائماً أن أبذل جهداً أكبر، وأن أفكر في أفضل طريقة تجنب إحداث أي أذى للضحايا الذين كنت أنقل قصصهم.

لماذا غادرت في النهاية؟
طوال تلك السنوات، حاولت دائماً عدم المغادرة، كنت أعلم أن بإمكاني أن أُحدث فرقاً، ما دمت هناك. سنحت لي فرص كثيرة للمغادرة، لكنني لم أجد الأمر سهلاً. وعلى الرغم من أن كثيراً من أصدقائي في الخارج كانوا ينصحونني بالرحيل، كنت أقول في نفسي: إذا غادرنا جميعاً، فمن سيبقى مع أولئك الذين لا يستطيعون

In Conversation

—

**Alia Malek and Bassam Khabieh
Fall 2018**

Alia Malek: What do you feel when you hold a camera?

Bassam Khabieh: Sadness.

AM: Can you explain?

BK: Each time I carry a camera, I remember what's happening in my country.

I didn't become a photographer because I wanted work—I wasn't looking for work. In Syria, the press is not free, and after 2011, the Syrian government put even more limits and constraints on foreign journalists trying to cover the war. They only let journalists and photographers work under government supervision, this way forcing them to cover the government narrative. Or foreign journalists came in secret and at great risk. Some were kidnapped, others killed.

As no one was doing it, we [Bassam and his Syrian colleagues] did it, and we did it well. But I wasn't looking for work as a photographer.

I loved it and love it, but my relationship with it is complicated. I learned it with war. Photography came with war.

AM: So who were you before 2011?

BK: In 2011, I was 24 and living with friends. I had moved to Damascus in 2008 from Douma, Eastern Ghouta, to attend university for information technology. I already had a diploma degree in computer engineering from a computer science institute, where I graduated with the highest grades.

But I had to work while studying because my father had died in 1994, and I had to support myself while also sending money to my family. To do so, I got a great job at a telecommunications company.

So I was busy all the time. I worked the night shift from 12 a.m. to 8 a.m., and in the morning I went to university from 8 a.m. to 5 p.m.

AM: What was your relationship to photography then?

BK: With my work, I would spend almost 10 hours behind a screen watching processes and numbers, so I found a clever way to escape by following the photography news.

When I wanted to relax my eyes and clear my head, I'd look at picture sites; later, I started to save the pictures to my hard drive, from the Gaza War to the London Olympics. In five years, I had more than 10,000 pictures in my archive.

AM: Why?

BK: I felt the importance of pictures; they carry information, news, history, and are the best reminder of what happened at a specific time. Pictures hold information, and its effects stay in my mind; I would not forget any pictures I had seen.

AM: How did you see things in the country before the first protests broke out in 2011?

BK: In that time, I was moving between the countryside, the periphery, and the city, and I would notice a gap between them. There were no equal opportunities between Syrian people in general; there was no justice. You could feel there were powerful people stealing from other people.

At university, you could see the difference between the children of ordinary people, and those of officers and state officials. They had the privilege to do whatever they wanted to do: they could get their grades raised, pass their exams easily, have luxury cars! Why?

This woke me up to the fact that those who run the country and those close to them were personally benefiting from Syria. They took all the important opportunities in the country; they made all the money for their own benefit—whereas the other 90 percent fought to survive. Even if anyone wanted to open their own projects, they had to pay money to those who control everything in Syria.

I began to ask myself why. We shouldn't be like this, I thought.

Growing up in Douma, I could feel something was wrong, but I really learned it in the city.

AM: And what was it like in Douma?

BK: In Douma, like in other Syrian cities, there are many security branches everywhere that control everything in the city. [AM note: Four different security bodies, known collectively as the *mukhabarat*, with at least 22 branches in the capital alone, have for decades carried out the regime's surveillance of Syrians. Before 2011, it was estimated that the *mukhabarat* had 65,000 full-time employees—or 1 for every 153 adult citizens—along with hundreds of thousands of part-time or unofficial employees.]

For me, I lived 24 years of my life in fear of doing anything against the government, even by talking. I had heard hundreds of stories about people who disappeared because they said something bad about the Assad family, or people who were forced to live in exile outside of Syria because of their political thoughts.

AM: Despite this fear, how did you see your life? Did you imagine yourself living outside of Syria?

BK: No, I love my country; my dream was to change this situation in Syria. But I definitely wanted always to be part of it.

I was on a good path; I had experience and education. I felt that if I learned and became an expert in my field, this would be the best thing I could do for my country and myself. When the protests started in 2011, I only had two more exams to graduate.

AM: But you weren't able to graduate?

BK: I tried to stay in university, but unfortunately I could not finish because it became too risky to go to campus and continue my exams.

AM: Can you explain?

BK: In Damascus, the regime was detaining people who belonged to "opposition cities" [AM note: places where the regime had lost control]. Like Douma. They arrested many of my friends because of where they came from. Of course, the regime knew I was from Douma.

Also, several dozen of us made a small protest; we stood on the university campus and read the Fatiha [AM note: the opening chapter of the Quran] for those who died. For this, the regime took three of my friends who were seen as organizers of the protest: one was eventually killed in detention; one remained in detention for three years; and the other remains disappeared.

So I could have gone to the university to take my exams and disappear or go home to Douma. I chose to withdraw from university and resign from my job, telling them I wanted to be near my family.

AM: What did you do in Douma when you went back?

BK: My friends and I had a plan to start a computer science academy for high school graduates. But it was eventually too complicated because of resource shortages related to the fact that we were in a war zone.

I also kept attending the protests in Douma. I always liked being at them. And I liked to take pictures there.

AM: Why did you love being at the protests?

BK: Because I realized how strong we were when we'd be all together in the street. We were all one voice, one hand. We had one goal, and no one had any fear—people weren't backing down just because the regime would shoot at protestors.

I could see how afraid the regime was of this peaceful movement of Syrians.

AM: Who attended?

BK: The people of Douma, the people of Eastern Ghouta.

AM: Were there any women?

BK: Of course there were women, in the majority of protests I attended.

AM: Why did you start taking pictures?

BK: As a local resident of Eastern Ghouta, I felt that, since no professional photographers could get in, I could be a photographer and could cover these stories. So I started taking pictures and publishing them on social media, at first under a pen name, and then I published under my real name.

AM: Why use your real name? Wasn't that dangerous?

BK: Because the Syrian regime said that everything was staged and fake. That these stories, pictures, and videos showing a narrative counter to what the regime claimed was happening were made by fake people using fake names. I thought that if we used fake names to document real crimes, this would undermine our work.

Thus I decided to work under my real name to prove that the Syrian regime is wrong.

I knew that when many people in Damascus and in other places around Syria would see my name under my pictures, they would know that it's a real person, someone we know, that these are real crimes.

AM: So who was your intended audience?

BK: What upset me was that Syrians didn't know what was happening, or many Syrians didn't want to know. Initially, I wanted to make them know what was really happening in their own country. My network was Syrian, with 5,000 friends and 4,000 followers, so mostly Syrians.

Then once I began working with Reuters and my pictures were published everywhere, it was a conversation with the whole world.

AM: What did you feel when you took these first pictures of protest?

BK: There was a hope at first, but then the revolution became a massive war, and the peaceful movement started to disappear. First I was taking pictures of demonstrations in the streets. After that, it became front lines and tanks and soldiers, and I was taking pictures of shelling, airstrikes, and death. Everything changed.

AM: Even though the protests started out as peaceful, in late 2012, armed opposition fighters succeeded in ousting the regime from Eastern Ghouta. They represented different factions, including more extremist Islamist ones that tried to enforce a severe ideology on the people. How did you view them?

BK: As you said, the people who took up arms did so for many different reasons. For some, their goal was defeating the Assad regime, preserving Syrian lives and well-being, and rebuilding Syria for all Syrians. For others—some Syrians and foreign fighters included—the goal was replacing the regime with a new kind of tyranny, using extremist ideologies to justify the continued oppression and killing of Syrians.

Ultimately, whatever the reasons for their choosing violence, it all suited the regime. With some opponents embracing these hideous ideologies and promising to impose them in Syria and beyond, there were both Syrians and outsiders who could believe the regime's narrative that they were engaged in a "war on terrorism."

Personally, I saw how they made people suffer, and it will not be easy for Syrians to break this cycle of violence that has engulfed the country. I always wonder how things would have turned out if taking up arms could have been avoided.

AM: In those years, what kinds of pictures would you take?

BK: They fell into three broad categories: daily life under siege, airstrikes, and sometimes military battles.

AM: What did you like best?

BK: Daily life was my favorite. I would work relaxed, not with fear. In crisis moments, I'd always have to think how not to harm victims in those photos.

Every day I would go out and be in the streets, and wander them—I wasn't bored. I loved walking in all the streets, even as they were destroyed. Before the war, Douma was beautiful, and I used to walk remembering it, how it was, and dreaming of how we would rebuild.

AM: Why did you leave in the end?

BK: In these eight years I tried to not leave. I knew that as long as I'm on the ground, I felt like it could change.

And there were many chances to leave, but I didn't find it easy. People said to me,

"Leave, leave," but I felt that if all of us who can leave, leave, who will stay with the people who can't leave?

But finally, it was impossible for me to stay: I was wanted because of my work. And the regime was about to retake Douma.

AM: What was it like when the day to leave arrived?

BK: I knew about 10 days before I actually left that I would be leaving. An agreement had been struck between the regime and the fighters who held Douma.

Then the day came that we would leave; it was a day that was very hard. That morning, I woke up to the news that my name was on an evacuation list and that the buses were coming.

I finished packing, said goodbye to my family. They were crying. When I said goodbye, I did not know when I would see them again and did not know what would happen in the future.

I couldn't say goodbye to the land—all of the orchards and crops are outside the town—because the regime had already taken it.

But before the regime came in, I did visit the farming plot of my best friend. I'd often visit when he and his father were planting. Our other friends used to hang out there all together. His father died as he was working in the field, after a chemical attack, from rounds dropped from a plane. So I became very attached to this land.

Before the regime took it, I went and watered the newly planted wheat.

AM: Did you feel your photographs made a difference?

BK: At first, I felt like the work was reaching big venues; my photographs were being widely distributed. But even if they ran in the *New York Times*, it didn't change anything.

But we're seeing today that after decades, people are getting justice for past war crimes from other conflicts. So even if there's no justice or accountability now, maybe my photos that today were used as journalism can in the future be used as evidence in trials.

AM: When you left Syria, you did not take pictures every day as you had done in Syria—why?

BK: I'm not like a machine and couldn't just keep taking pictures. I needed to respect what I did, respect all the people whose stories I told. There had to be a pause, a break, a stop with the breath. I needed to process what I had produced.

I didn't want to hide behind the camera, just "click, click, click." The click I took inside Syria was not the same as the click outside; with each click there I was capturing a soul. I couldn't turn around and then do ads.

Maybe because I lost close friends, I need to not forget them, to keep remembering them. If we forget, that's a calamity.

AM: What are your hopes for Syria and the children in your photos?

BK: There are many groups that had their own projects and goals, and they seized the opportunity to achieve it during the chaos that happened when the Syrian regime turned the revolution into a massive war against the people. People were lost in the middle of this chaos, and could only think of their individual and family survival. They could no longer think about revolution and change.

I want justice. We are between peace and justice—if there's no justice, there won't be peace. As long as there are millions harmed, millions displaced, people who were disappeared in prison—how are you going to tell them to live in peace and make do with the criminals? What is in my heart is to hold all the criminals to account, to achieve justice, and to build a country for everyone, with equal opportunities.

من العمر ثلاثة أعوام، الذي غرق أثناء عبور عائلته من تركيا إلى اليونان] على انتباه وسائل الإعلام العالمية. قبل ذلك كانت عائلة آلان تحاول الوصول إلى أفراد من عائلتهم في كندا.

النقاشات المؤيدة والمناهضة للاجئين تتصاعد في جميع أنحاء العالم.

روسيا تبدأ تقديم الدعم العسكري المباشر للحكومة السورية، ومن ضمن ذلك الدعم الجوي الكبير وتوفير المستشارين العسكريين. وتستهدف الضربات الروسية فصائل المعارضة. وفيما يستمر الجدل حول العدد الدقيق للوفيات الناتجة عن القصف الروسي، فإن القصف أدى إلى مقتل آلاف المدنيين، في جميع أنحاء سوريا.

2016

شباط/ فبراير

سريان الوقف المؤقت للأعمال القتالية، والسماح لمنظمات الإغاثة بالوصول إلى المناطق الواقعة تحت الحصار وتقديم المساعدة للمدنيين.

أيلول/ سبتمبر

تعرّض قافلة مساعدات ومستودع للهلال الأحمر العربي السوري للقصف، من دون أن تتبنى أي جهة مسؤوليتها عن الهجوم. وتدفع هذه الضربة الأمم المتحدة إلى وقف عمليات المساعدات في سوريا.

كانون الأول/ ديسمبر

بعد حملة قصف عنيفة، تسيطر القوات الحكومية على معظم أحياء حلب، بعد ما يقرب من أربع سنوات من سيطرة قوات المعارضة.

2017

4 نيسان/ أبريل

مقتل عشرات المدنيين في هجوم يشتبه أن يكون قد نُفذ باستخدام الأسلحة الكيمياوية على بلدة خان شيخون التي تسيطر عليها قوات المعارضة. وزارة الدفاع الروسية تدّعي أنّ الغاز انتشر، عندما قصفت القوات السورية مستودعًا للذخيرة الكيمياوية يديره إرهابيون. فيما أكد ناشطون أنّ عملية القصف كانت هجمة مقصودة بالأسلحة الكيمياوية، قامت بها قوات نظام الأسد.

ردّاً على هذه الهجوم، تشن الولايات المتحدة ضربة عسكرية على قاعدة جوية للحكومة السورية. فيما يجد تقرير لاحق للأمم المتحدة أن الحكومة السورية هي المسؤولة عن الهجوم.

أيار/ مايو

تدمير عدد من الأنفاق التي تربط الغوطة الشرقية بأحياء دمشق [القابون وبرزة] من قبل القوات الحكومية السورية.

تشرين الأول/ أكتوبر

"قوات سوريا الديمقراطية"، بدعم من التحالف الدولي، تعلن سيطرتها على الرقة التي كانت (داعش) قد أعلنتها عاصمة لدولتها.

2018

شباط/ فبراير - نيسان/ أبريل

قوات الحكومة السورية، مدعومة بطائرات مقاتلة وقوات روسية، تقوم بتشديد الحصار المفروض على الغوطة الشرقية، بالتزامن مع هجوم عسكري مكثف على مدن دوما وحمورية وكفربطنا وعين ترما وجوبر وزملكا وعربين وسقبا وحرستا. ومقتل ما لا يقل عن 1500 شخص، وجرح أكثر من 5000 آخرين، مع استمرار حرمان مئات الآلاف من السكان من المساعدات الإنسانية الأساسية.

آذار/ مارس

نظام الأسد يسيطر على معظم مدن الغوطة الشرقية، ويتفرق شمل عدد كبير من العائلات، خلال عمليات التهجير الجماعي للمقاتلين والمدنيين المعارضين، حيث اتجهوا شمالاً إلى إدلب وريف حلب، آخر معاقل المعارضة في سوريا.

7 نيسان/ أبريل

مقتل العشرات في هجوم بالأسلحة الكيمياوية على دوما، آخر جيوب المعارضة في الغوطة الشرقية، وتعثر المفاوضات لإجلاء المدنيين والمقاتلين.

نيسان/ أبريل

الولايات المتحدة وفرنسا والمملكة المتحدة يقومون بشن غارات جوية على سوريا، ردّاً على هجوم الأسلحة الكيمياوية في الغوطة الشرقية.

آب/ أغسطس

تقارير تفيد بأن "جبهة النصرة"، وهي منظمة جهادية مناهضة للحكومة، استولت على إدلب.

أيلول/ سبتمبر

نزوح أكثر من 30 ألف مدني من محافظة إدلب، وسط شائعات بأن القوات السورية والروسية تقومان بالتخطيط لشن هجوم عنيف على المنطقة. المفاوضات الدولية تنجح في النهاية بمنع الهجوم.

2019

آذار/ مارس - نيسان/ أبريل

مصادر عدة تصرّح بأنّ "خلافة داعش" قد انهارت، فيما يواصل الآلاف من مؤيدي (داعش) القتال في سوريا.

أيار/مايو

الحكومة السورية، بدعم من الجيش الروسي، تشن هجوماً على شمال غرب سوريا، في محافظة إدلب، لمواجهة الهجمات التي يزعمون أنها تأتي من داخل المنطقة العازلة، التي تم الاتفاق على أن تكون منزوعة السلاح.

تشرين الأول/ أكتوبر

تعلن الحكومة الأمريكية أنها ستسحب قواتها من سوريا. وبعد الإعلان الأمريكي، تقوم تركيا بشن عملية عسكرية على شمال شرق سوريا. وردّاً على ذلك، تقوم القوات الكردية بالتحالف مع قوات الحكومة السورية والقوات الروسية.

مقتل أبو بكر البغدادي، زعيم تنظيم داعش، أثناء محاصرته من قبل القوات الخاصة الأمريكية، حيث قام بتفجير سترة ناسفة كان يرتديها، وأدى ذلك إلى مقتله مع اثنين من أطفاله.

2020

كانون الثاني/ يناير

طائرات أمريكية بدون طيار تستهدف موكباً يقلّ قائد الحرس الثوري الايراني قاسم سليماني، وتقتله بعد وصول طائراته من دمشق إلى بغداد. عُرف سليماني بقيامه بدور رئيسي في دعم النظام السوري عسكرياً.

آذار/ مارس

أعلنت سوريا عن أول حالة إصابة بفيروس كورونا، في وقت كان فيه نصف المستشفيات والمراكز الصحية في البلاد خارجاً عن الخدمة.

تموز/ يوليو

وصل عدد الإصابات، في المناطق التي يسيطر عليها النظام، إلى أكثر من 458 حالة و22 حالة وفاة، ويُعتقد أن أرقام الإصابات أعلى في الواقع، وذلك بسبب محدودية إجراءات الاختبارات، وصعوبة التحقق من الأرقام التي تنشرها وسائل إعلام النظام.

وفي محافظة إدلب، التي تعد أحد آخر معاقل قوات المعارضة في شمال غربي سوريا، تم تأكيد أول حالة إصابة بفيروس كورونا في التاسع من شهر تموز/ يوليو، وقد أثار ذلك مخاوف من حدوث تفش كبير في مخيمات اللاجئين الذين يعيشون في تلك المنطقة.

استمرار العنف والقمع في سوريا، واستمرار نزوح ولجوء مئات الآلاف من المدنيين داخل البلاد وخارجها، في جميع أنحاء العالم.

*بيانات الخط الزمني: مستقاة من معلومات أولية من داخل سوريا، ومن تقارير مؤسسات إعلامية عالمية.

حكمَ بشار الأسد سوريا منذ تموز/ يوليو 2000، خلفاً لوالده حافظ الأسد الذي حكم سوريا ثلاثين عاماً، من سنة 1970 إلى سنة 2000.

2011

شباط/ فبراير

بعد أن أطاحت الاحتجاجات المطالبة بالديمقراطية في الوطن العربي، التي أصبحت تُعرف فيما بعد بالربيع العربي، برئيسَي تونس ومصر؛ قام نايف أبازيد، وهو تلميذ يبلغ من العمر 14 عاماً، من مدينة درعا السورية، بكتابة شعار على أحد جدران مدرسته: "إجاك الدور يا دكتور"، ويعني أنه حان موعد الإطاحة ببشار الأسد، ورداً على ذلك، قامت قوات الأمن السورية باعتقال وتعذيب أبازيد و22 تلميذاً من زملائه.

آذار/ مارس

بدأت موجة من الاحتجاجات تجتاح المدن السورية ضد الحكومة التي يقودها الرئيس بشار الأسد.

نيسان/ أبريل

رفع الرئيس السوري حالة الطوارئ عن البلاد، التي استمرت 48 عاماً، وأصدر مرسوماً ينصّ على أنّ الدستور السوري يضمن الحق في التظاهر السلمي. وفي الوقت نفسه، كانت القوات الحكومية تقوم باعتقال المدنيين وبقتلهم خلال المظاهرات. أحد هؤلاء المدنيين كان الطفل حمزة الخطيب، البالغ من العمر 13 عاماً، وقد تعرض للضرب والتعذيب، وتم إخصاؤه وقتله، وأثار ذلك الأمر الغضبَ في جميع أنحاء البلاد.

أيار/ مايو – آب/ أغسطس

قامت الولايات المتحدة والعديد من الدول الأوروبية بفرض عقوبات على النظام السوري، وعلى عدد من المسؤولين السوريين المتورطين في حملة العنف الممارس على المتظاهرين السوريين.

تشرين الأول/ أكتوبر

تأسيس المجلس الوطني السوري من قبل جماعات سياسية معارضة لنظام الأسد. روسيا والصين تستخدمان حق النقض، ضد قرار مجلس الأمن التابع للأمم المتحدة الذي دعا إلى الوقف الفوري للحملة العسكرية في سوريا ضد معارضي الأسد.

2012

حزيران/ يونيو

بدأ كوفي عنان، مبعوث الأمم المتحدة للسلام في سوريا، محادثات السلام الدولية في جنيف، بهدف إنشاء هيئة حكم انتقالية تمثل جميع فصائل المعارضة. وعلى الرغم من التوافق على الحاجة إلى هذه الهيئة، فإن المشاركين كانوا غير قادرين على تشكيلها.

تموز/ يوليو

استقالة خالد الأيوبي، القائم بالأعمال السوري في لندن، وقد صرّح بأنه لم يعد مستعداً لتمثيل نظام ارتكب مثل هذه الأعمال العنيفة والقمعية ضد شعبه.

آب/ أغسطس

انشقاق رئيس الوزراء السوري رياض حجاب.

تشرين الأول/ اكتوبر

مقتل خمسة أشخاص في قصف سوري على بلدة حدودية تركية، والحكومة التركية تقرر إرسال جنود أتراك إلى سوريا.

تشرين الأول/ أكتوبر - تشرين الثاني/ نوفمبر

توافق فصائل المعارضة رسمياً على تشكيل الائتلاف الوطني لقوى الثورة والمعارضة السورية.

تشرين الثاني/ نوفمبر

الجيش السوري الحر يحرر مدينة دوما، في الغوطة الشرقية، من القوات الحكومية السورية.

2013

8 نيسان/ أبريل

أبو بكر البغدادي يعلن تشكيل الدولة الإسلامية في العراق وسوريا (داعش).

نيسان/ أبريل – أيار/ مايو

الاتحاد الأوروبي يبدأ تقديم الدعم لقوات المعارضة السورية.

21 آب/ أغسطس

النظام السوري يستخدم أسلحة كيمياوية ضد السكان المدنيين في الغوطة الشرقية والغربية. الحكومة الأمريكية تصرح بأن 1429 شخصاً قُتلوا في الهجوم، من بينهم 426 طفلاً على الأقل.

أيلول/ سبتمبر

مجلس الأمن الدولي يصدر قراراً يطالب سوريا بتدمير ترسانتها من الأسلحة الكيمياوية، والأسد يصرح بأنه سوف يلتزم بالقرار، ويبدأ بتفكيك برنامج الأسلحة الكيمياوية.

تشرين الأول/ أكتوبر

قوات الأسد تفرض الحصار على الغوطة الشرقية.

كانون الأول/ ديسمبر

مفوض الأمم المتحدة السامي لحقوق الإنسان يصرح بوجود "أدلة دامغة" على أن الحكومة السورية، على أعلى المستويات، هي المسؤولة عن جرائم الحرب.

2014

كانون الثاني/ يناير

تنظيم (داعش) يسيطر على الرقة، ويعلنها "عاصمة للدولة الإسلامية في العراق والشام".

شباط/ فبراير

انتهاء الجولة الثانية من محادثات السلام في جنيف، مع إحراز تقدم ضئيل لإنهاء الصراع.

حزيران/ يونيو

إعادة انتخاب بشار الأسد رئيساً لسوريا، حيث حصل على نسبة % 88.7 من الأصوات. وتصريحات من المجتمع الدولي تستنكر نتائج الانتخابات.

أيلول/ سبتمبر

الولايات المتحدة وحلفاؤها يشنون غارات جوية ضد أهداف تنظيم (داعش) في سوريا، مع التركيز على مدينة الرقة.

تشرين الأول/ أكتوبر

الحكومة الأمريكية تعلن أنها سترسل عدداً محدوداً من القوات العسكرية الأمريكية إلى شمال سوريا، لتقديم الدعم اللوجستي للقوات الكردية والعربية التي تقاتل (داعش).

2015

شباط/ فبراير

القوات الجوية السورية تكثّف غاراتها الجوية على الغوطة الشرقية، وقد أدت الغارات إلى مقتل أكثر من 180 شخصاً وجرح أكثر من 1000 آخرين، في ثمانية أيام من القصف المستمر.

16 آب/ أغسطس

القوات الجوية السورية تستهدف المتاجر المزدحمة في دوما، وتتسبب في مقتل أكثر من 115 شخصاً وإصابة أكثر من 550 آخرين، من بينهم 200 طفل.

أيلول/ سبتمبر

في الوقت الذي يكافح فيه ملايين اللاجئين السوريين من أجل الحصول على اللجوء في العديد من دول العالم، تستحوذ صورة آلان كردي [الصبي البالغ

TIMELINE

Bashar al-Assad has ruled Syria as president since July 2000. His father, Hafez al-Assad, ruled Syria from 1970 to 2000.

2011

February
After pro-democracy uprisings that became known as the Arab Spring topple Tunisia's and Egypt's presidents, Naief Abazid, a 14-year-old schoolboy, writes on a wall: "It's your turn, Doctor Bashar al-Assad." In response, Syrian security forces arrest and torture Abazid and 22 other boys.

March
Activists in Syria begin to protest against the government led by Assad.

April
Assad lifts the country's 48-year-old state of emergency and issues a decree stating that the Syrian Constitution guarantees the right to peaceful protest. At the same time, government forces arrest and kill civilians during such protests. One of those, 13-year-old Hamza al-Khateeb, is beaten, shot, castrated, and murdered, sparking widespread horror and outrage.

May–August
The United States and many European countries impose sanctions against Assad and other Syrian officials in response to the violence.

October
Groups opposing the Assad regime establish the Syrian National Council. Russia and China veto a UN Security Council resolution calling for an immediate halt to the crackdown in Syria against opponents of Assad.

2012

June
The UN peace envoy to Syria, Kofi Annan, initiates international peace talks in Geneva with the goal of creating a governing body representative of all factions in the conflict. The group agrees upon the need but is unable to implement the concept.

July
The Syrian chargé d'affaires in London, Khaled al-Ayoubi, resigns, stating he is "no longer willing to represent a regime that has committed such violent and oppressive acts against its own people."

August
Syrian Prime Minister Riyad Hijab defects.

October
Syrian shelling kills five people in a Turkish border town. Turkey deploys soldiers into Syria.

October–November
Opposition factions formally agree to unite as the National Coalition of Syrian Revolution and Opposition Forces.

The FSA liberates Douma, a city in Eastern Ghouta, from Syrian government forces.

2013

April 8
Abu Bakr al-Baghdadi announces the formation of ISIS.

April–May
The European Union begins to provide support to members of the Syrian resistance.

August 21
The Syrian regime uses chemical weapons on the civilian population of Eastern Ghouta. The US government reports that the attack has killed 1,429 people, including at least 426 children.

September
The UN Security Council passes a resolution requiring Syria to eliminate its arsenal of chemical weapons. Assad says he will abide by the resolution and begins to dismantle Syria's chemical weapons program.

October
Forces loyal to Assad impose a blockade around Eastern Ghouta.

December
The UN High Commissioner for Human Rights reports "massive evidence" that those at the highest levels of the Syrian government are responsible for war crimes.

2014

January
ISIS takes over Raqqa, its de facto headquarters in Syria.

February
A second round of peace talks ends in Geneva, Switzerland, with little progress toward ending the conflict.

June
Assad is reelected, reportedly receiving 88.7 percent of the vote. Multiple members of the international community denounce the election results.

September
The US and its allies launch airstrikes against ISIS targets in Syria, focusing on the city of Raqqa.

October
The US government announces that it will send a limited number of US military forces to northern Syria to provide logistical support to Kurdish and Arab forces fighting ISIS.

2015

February
Syrian air forces escalate airstrikes in Eastern Ghouta, killing more than 180 and injuring more than 1,000 people in eight days of continuous shelling.

August 16
Syrian air forces target crowded shops in Douma, killing more than 115 and injuring more than 550 people, including approximately 200 children.

September
While millions of Syrian refugees struggle to find acceptance in other countries, a photograph of Alan Kurdi, a 3-year-old boy who drowned in the Mediterranean Sea while his family was fleeing from Turkey to Greece, captures global media attention. Kurdi and his family were trying to reach their family members in Canada.

Russia begins to provide direct military support to the Syrian government. This includes both significant air support and the provision of military advisors. Russian targets include ISIS and pro-democracy and anti-government factions. The exact number of resultant deaths is disputed, but ultimately Russian-led bombing campaigns across Syria kill thousands.

2016

February
A temporary cessation of hostilities goes into effect, giving relief organizations access to territories under siege so they may provide civilian assistance.

September
An aid convoy and a warehouse of the Syrian Arab Red Crescent are bombed; no one claims responsibility. The strike prompts the UN to halt aid operations in Syria.

December
After a massive bombing campaign, government forces take control of most of Aleppo after almost four years of rebel rule.

2017

April 4
Syrians carry out a targeted chemical attack on the town of Khan Sheikhoun. The Russian Ministry of Defense claims this gas was released when Syrian forces bombed a chemical munitions depot operated by terrorists. In response, the US launches a military strike on a Syrian government airbase. Subsequently, a UN report finds the Syrian government responsible for the gas attack.

May
Syrian government forces destroy a number of tunnels connecting Eastern Ghouta to the outside world.

October
Forces loyal to the Syrian government take control of Raqqa.

2018

February–April
Syrian government forces, backed by Russian fighter jets and troops, tighten the siege on Eastern Ghouta with a heavy military offensive against the region, including the cities of Douma, Hamouria, Kafr Batna, Ain Tarma, Jobar, Zamalka, Erbeen, Saqba, and Harasta. The attacks kill an estimated 1,500 and wound more than 5,000. Hundreds of thousands of residents remain without access to basic humanitarian supplies.

March
Most of Eastern Ghouta falls to the Assad regime. A large number of families are separated during mass evacuations of resistance fighters and civilians. Many head north, to Idlib and the Aleppo countryside, the last areas held by the resistance.

April 7
A chemical weapons attack on Douma, the last remaining rebel-held enclave in Eastern Ghouta, kills dozens. Negotiations to evacuate civilians and combatants founder.

April
The US, France, and the United Kingdom launch airstrikes on Syria in response to the chemical weapons attack in Eastern Ghouta a week earlier.

August
The al-Nusra Front, an extremist, anti-government

organization, is reported to have taken over Idlib.

September
Over 30,000 civilians are displaced as they flee Idlib amid rumors that Syria and Russia are planning a major bombing attack. International negotiations to prevent the violence are ultimately successful.

2019

March–April
A number of sources report that the ISIS caliphate has collapsed. Thousands of individual ISIS supporters continue fighting in Syria.

May
The Syrian government, with support from the Russian military, launches an offensive in the northwest to counter attacks it claims are coming from within a previously identified demilitarized buffer zone.

October
Turkey launches a military operation in northeastern Syria after the US government announces that it will withdraw its forces from the region. In response, some Kurdish forces form an alliance with the Syrian government and Russian forces.

December
The ongoing conflict displaces more than 350,000 people from the southern countryside of Idlīb, including 60,000 children.

2020

January
A US drone strike kills Iranian Major General Qasem Soleimani while he is in Baghdad following a visit to Damascus. Soleimani played a major role in supporting the Syrian regime.

March
Syria reports its first case of COVID-19. Half of the country's hospitals and health centers are not in service.

July
In mid-July, Syria reports 458 cases and 22 deaths related to COVID-19. Case numbers are thought to be higher in actuality since testing is limited and reliable data regarding the spread of the coronavirus is difficult to verify.

The first reported case of COVID-19 in the mainly rebel-held province of Idlib in the northwest is confirmed, sparking concerns of a major outbreak among refugees living in that area.

Violence and repression continue in Syria, displacing millions of civilians within the country and across the world.

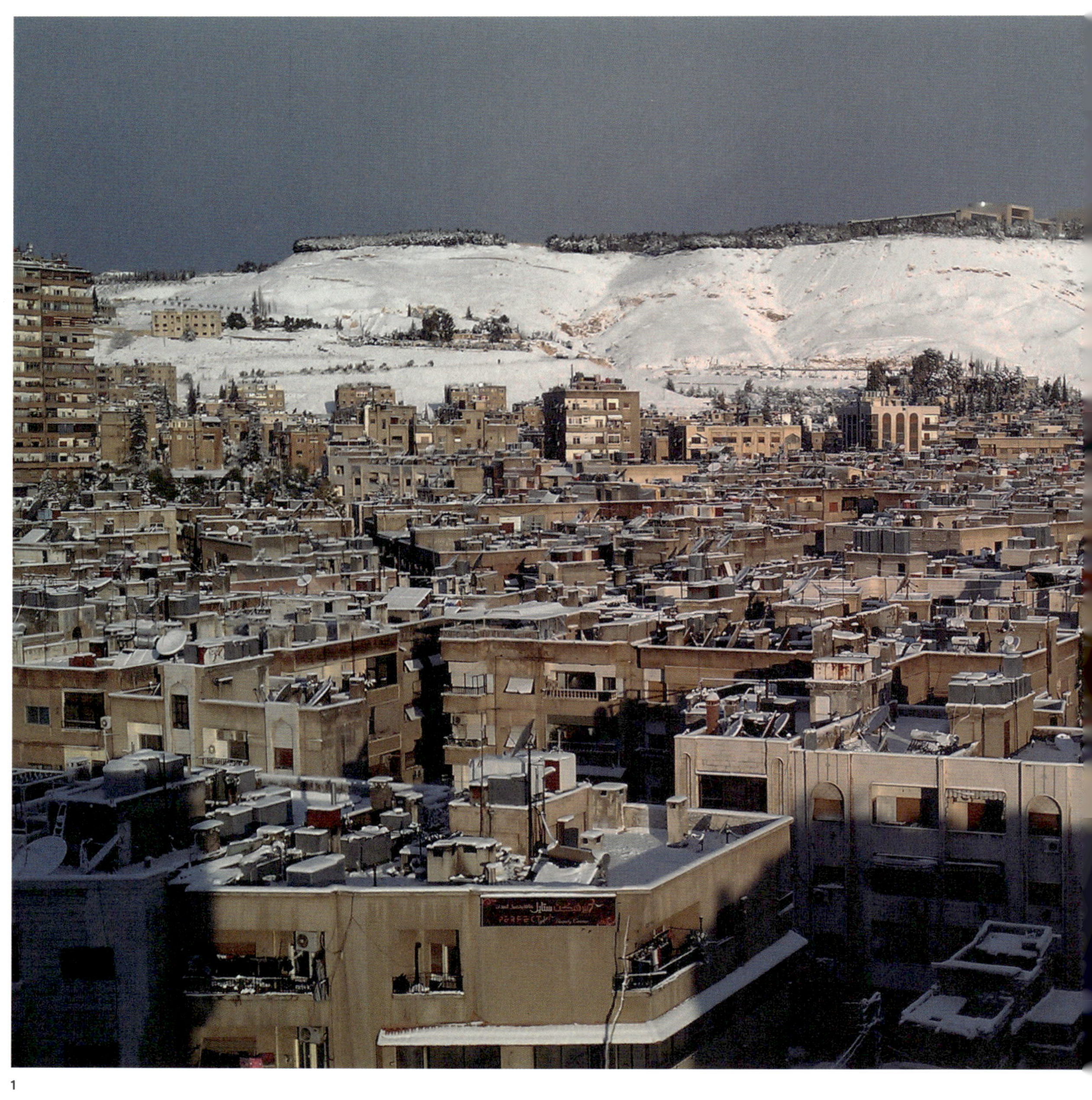

1 — January 10, 2013

Damascus: Views of the presidential palace on Mount Qasioun as seen from Bassam's office.

10 كانون الثاني 2013

دمشق: صورة للقصر الرئاسي في جبل قاسيون كما يبدو من مكتب بسام في مدينة دمشق.

2 — August 24, 2012

Douma: Residents of Douma gather in a demonstration after the Friday prayer.

24 آب 2012

دوما: مظاهرات يوم الجمعة في أحد أحياء المدينة.

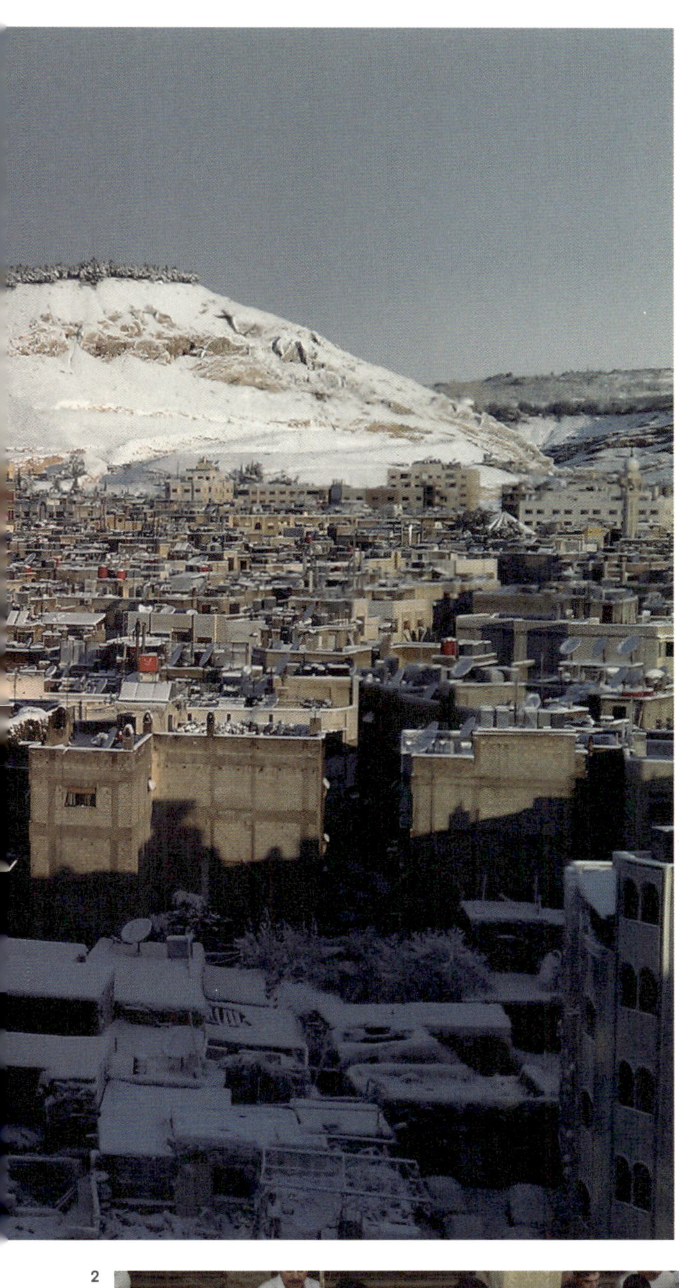

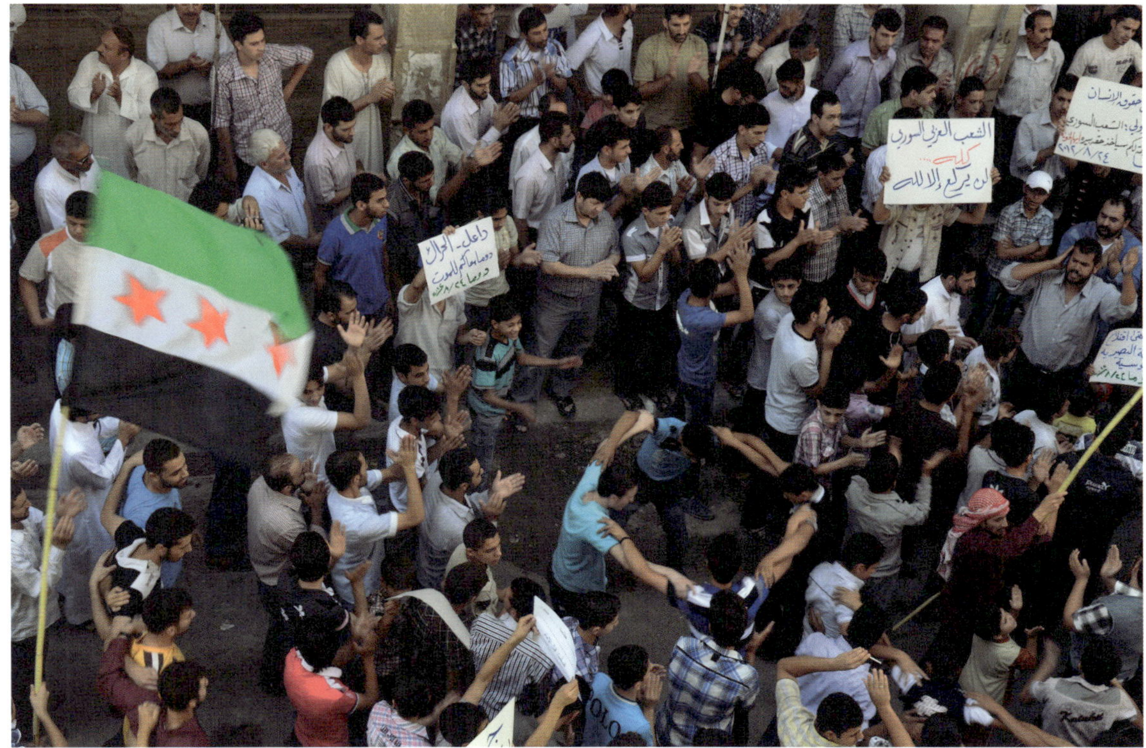

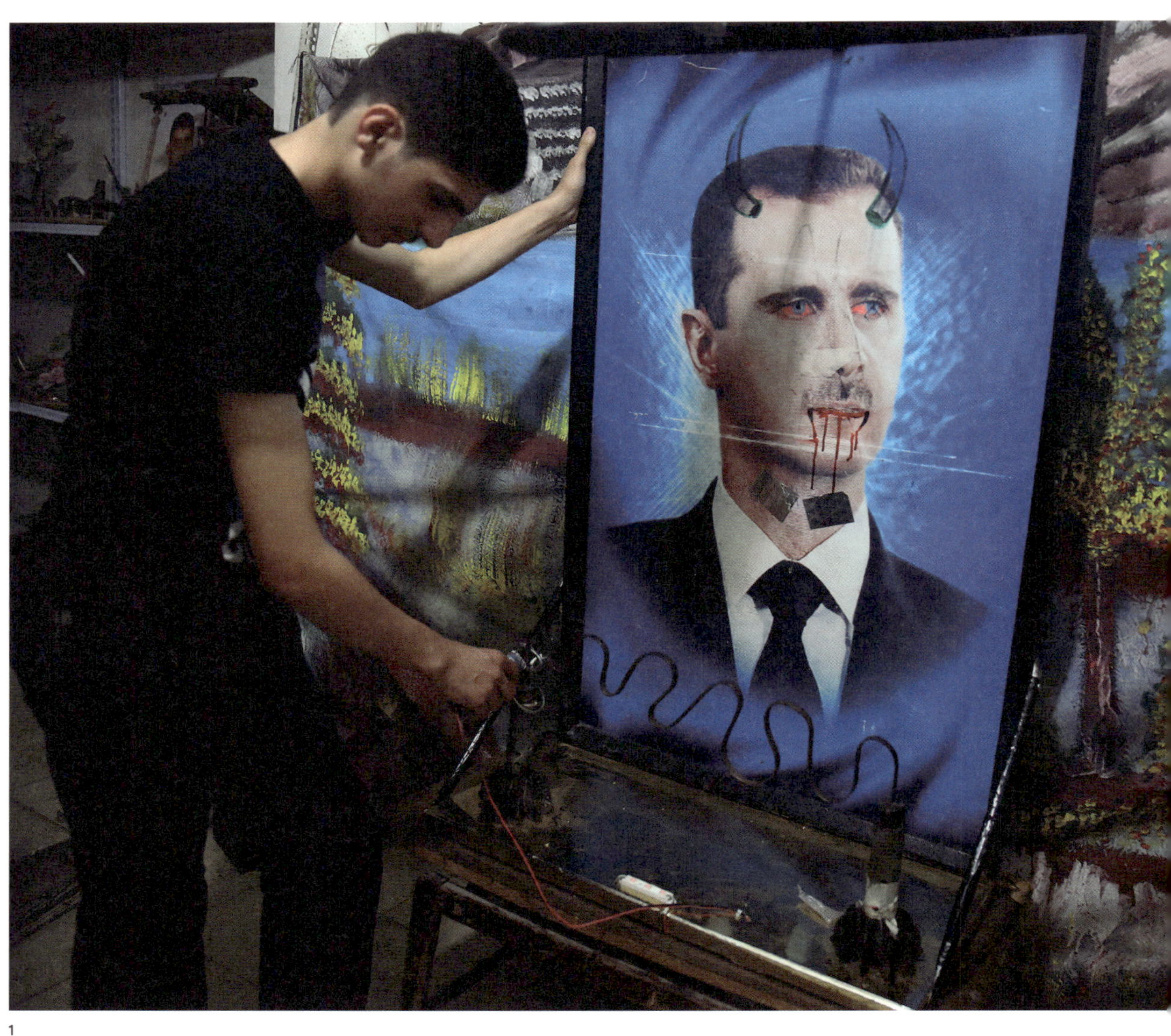

1

16 تشرين الأول 2013   1 — October 16, 2013

دوما: شاب يجرّب لعبة صنعها الفنان أبو علي البيطار من بقايا قذائف الهاون، وعليها صورة مشوهة للرئيس السوري بشار الأسد.

Douma: A youth plays a game made from remnants of mortar shells. Its backdrop is a defaced picture of Syria's President Bashar al-Assad created by artist Abu Ali al-Bitar.

15 تشرين الأول 2013   2 — October 15, 2013

دوما: شاب يجرّب بارودة صيد بينما يتابعه صبية آخرون في أول أيام عيد الأضحى.

Youths play with an air rifle as others watch on the first day of the Eid al-Adha holiday.

29 تموز 2013   3 — July 29, 2013

الغوطة الشرقية: أطفال يراقبون مرور مقاتلين من الجيش السوري الحر أثناء توجههم نحو خطوط القتال.

Eastern Ghouta: FSA fighters walk past children.

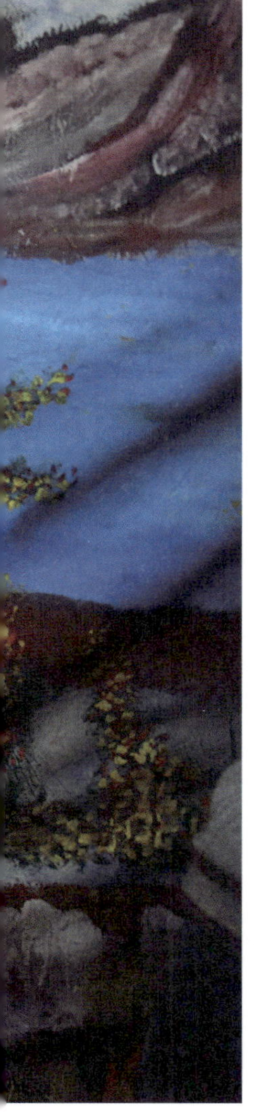

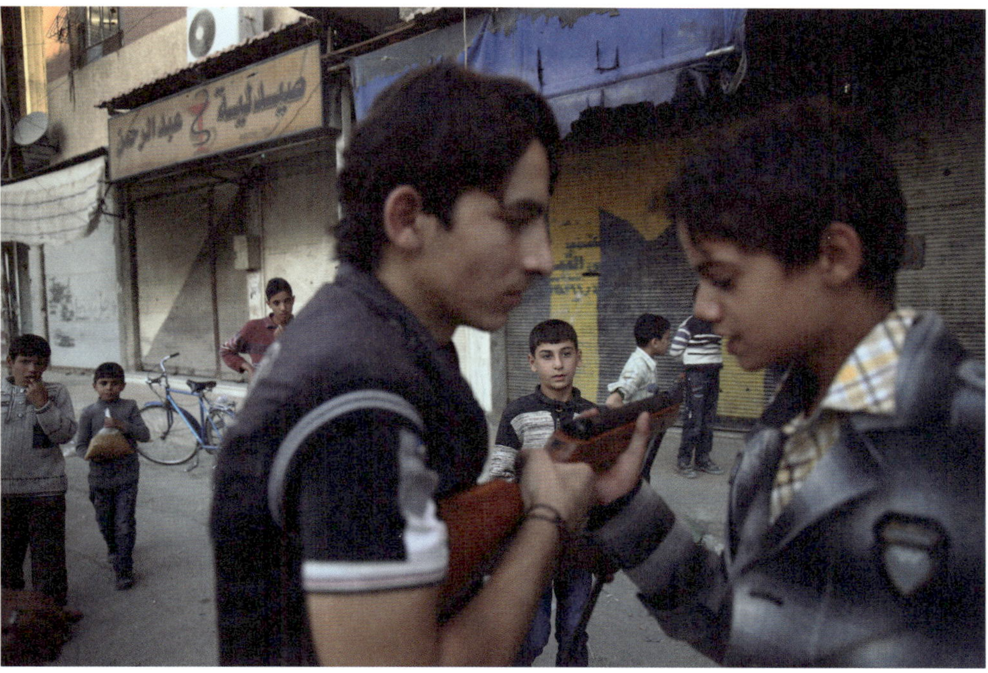

2

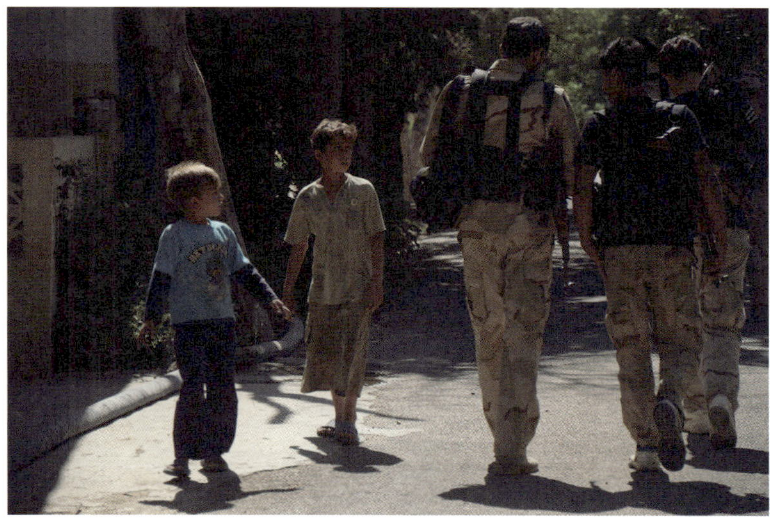

3

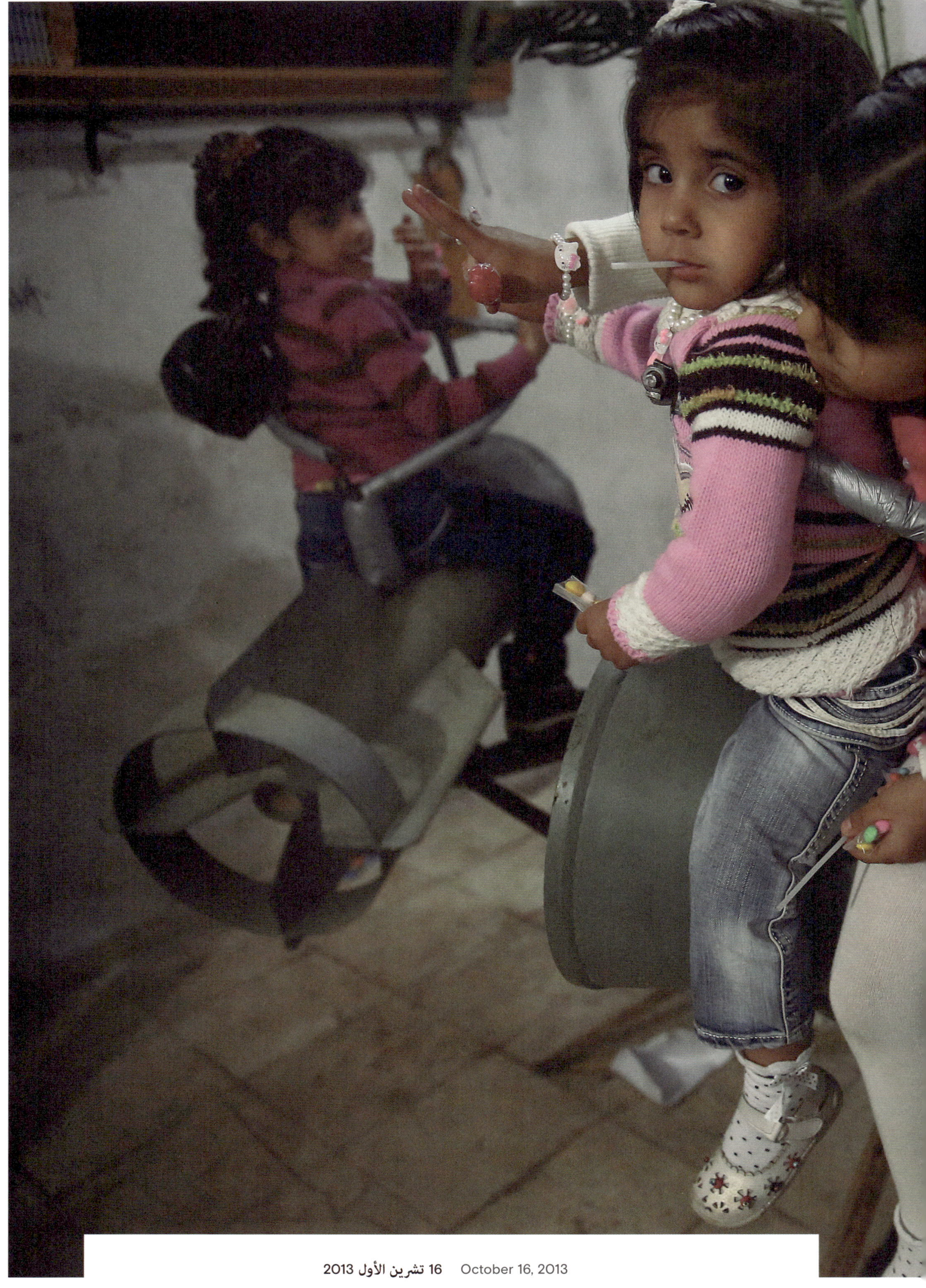

October 16, 2013

دوما: أطفال يركبون أرجوحة دوارة بدائية، صُنعت من بقايا القنابل الروسية، داخل قبو في المدينة أيام عيد الأضحى.

Douma: Children ride a makeshift merry-go-round created from remnants of Russian bombs in a basement during the Eid al-Adha holiday.

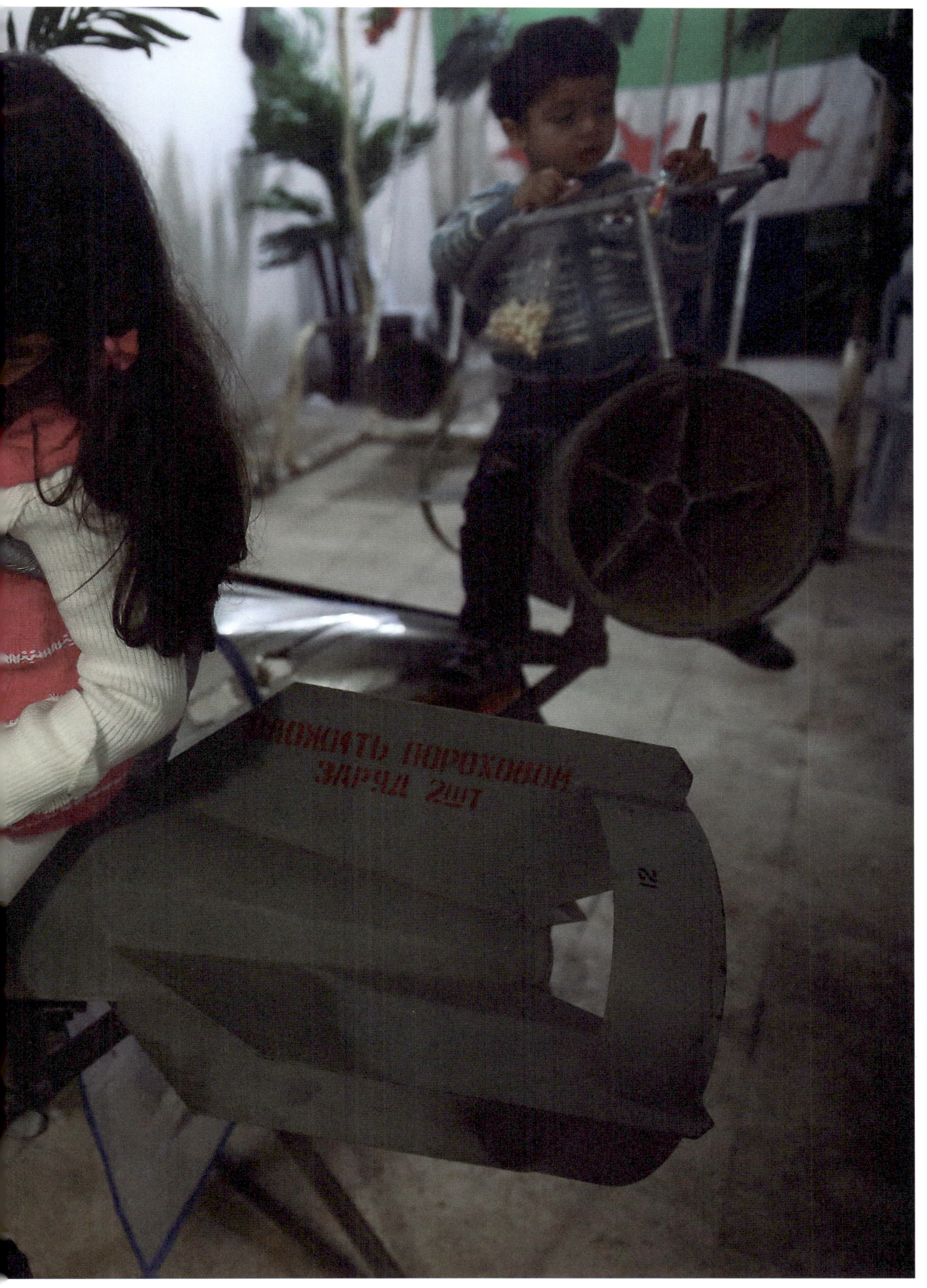

ожить пороховой
заряд 2шт

15 أيلول
2013

كانت الثورة السلمية تتحول تصاعدياً إلى حرب مخيفة، في ذلك اليوم، كان هناك دخان كثيف يملأ سماءَ مدينتي دوما. تتبعت مصدر الدخان، واكتشفت أنه يأتي من خارج المدينة، من منطقة القابون بالقرب من الغوطة الشرقية. وعندما صعدت إلى سطح بناء قريب، وجدتُ رجلاً يقف على السطح، ينظر هو أيضاً إلى الدخان المتصاعد من دبابة مدمرة تعود للقوات الموالية لرئيس النظام السوري بشار الأسد. ولأن منزل الرجل كان قريباً من خطّ المواجهة، قام بإجلاء عائلته من المنطقة، ورأيته يجمع طيور الحمام التي اعتاد أنْ يرعاها هناك. تحدثنا عن مدى غرابة سماع أصوات القصف، وكيف تحولت الثورة إلى حرب مرعبة. بدا الرجل شديدَ القلق من المستقبل القادم. كنت أعلم أنّ المحتجين السلميين المنتفضين ضدّ سياسات الحكومة السورية لا يريدون أنْ تنحدر الثورة نحو مزيد من العنف، لقد عرفنا أنَّ الحرب ستدمرُ كلَّ شيء.

حينها بدأت أتساءل: هل ارتكبنا -نحن المحتجين- خطأً في معارضة نظام لا يعرف الرحمة، معرّضين حياة الناس لخطر المواجهة! لم نكن نعرف أنَّ احتجاجاتنا من أجل العدالة والكرامة ستصبح حرباً شاملة، اجتاحني شعور كبير بالمسؤولية، كان علينا القيام بشيء ما لحماية الناس، لأن النظام لم يكن يعبأ بمصيرهم.
بعد سنوات عدة، في الأشهر الأخيرة من الحرب والحصار، وقبل مغادرتي للغوطة الشرقية بقليل، حدث أني مررت بذات الحي، ورأيت ذلك الرجل مرةً أخرى، وتحدثت إليه فتذكّرني، كنّا سعداءَ أنّنا ما زلنا على قيد الحياة.

2

—

**September 15
2013**

I took this picture in the early days of the war. There was dense smoke everywhere in the sky of Douma, my hometown.

I followed the source and discovered it was coming from outside the city, in the Qaboun area near Eastern Ghouta. There I found a man standing in his home looking out at the smoke rising from a destroyed army tank that belonged to forces loyal to Assad. Since his home was so close to the frontline, he had already evacuated his family and was now gathering his pigeons. We talked about how strange it was to be hearing bombing and how the revolution was becoming a war. He looked so worried for the future. It was very emotional talking to him because I knew that the people who were peacefully protesting the Syrian regime, like me, did not want the revolution to turn into a war. He knew and I knew that the war would destroy everything.

I felt emotional because I was starting to wonder if we, the protesters, had made a mistake that exposed people's lives to the danger of war. We did not know that our protests for justice and dignity would become a massive conflict. We had a feeling of huge responsibility; we knew we had to do something because the Syrian regime did not care about people's lives.

Many years later, in the last months of the war before I left Eastern Ghouta, I went back to this neighborhood and met this man again. He remembered me and we were both happy to find each other alive.

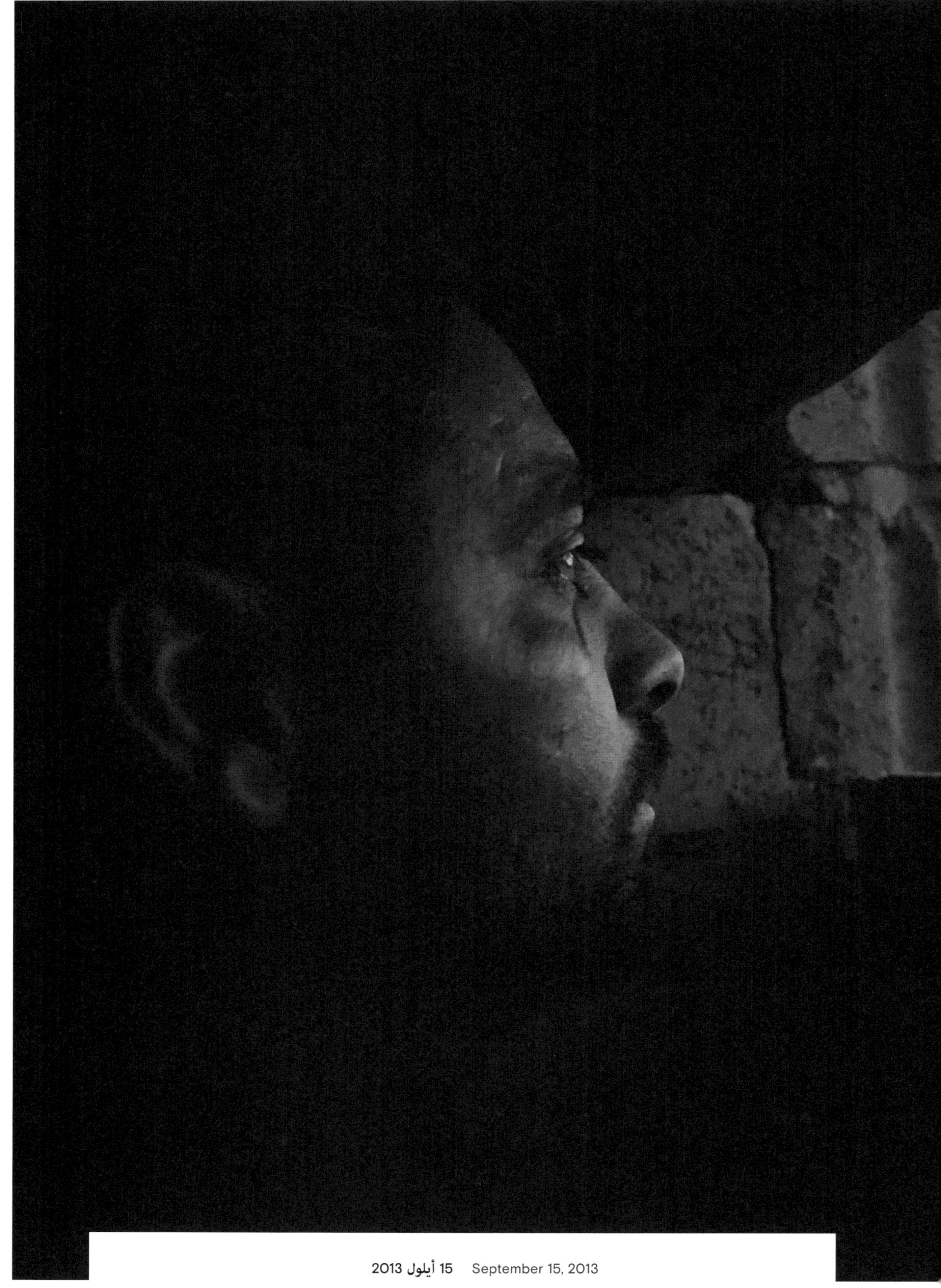

دوما، الغوطة الشرقية: رجل ينظر من منزله إلى الدخان المتصاعد
إلى السماء، نتيجة تدمير مقاتلين من الجيش السوري الحر دبابة
تابعة لقوات النظام السوري في حي القابون بدمشق.

Duoma, Eastern Ghouta: A man stands in his home and
looks at smoke rising into the sky after FSA fighters
destroy a tank that belonged to forces loyal to Assad in
the Qaboun neighborhood.

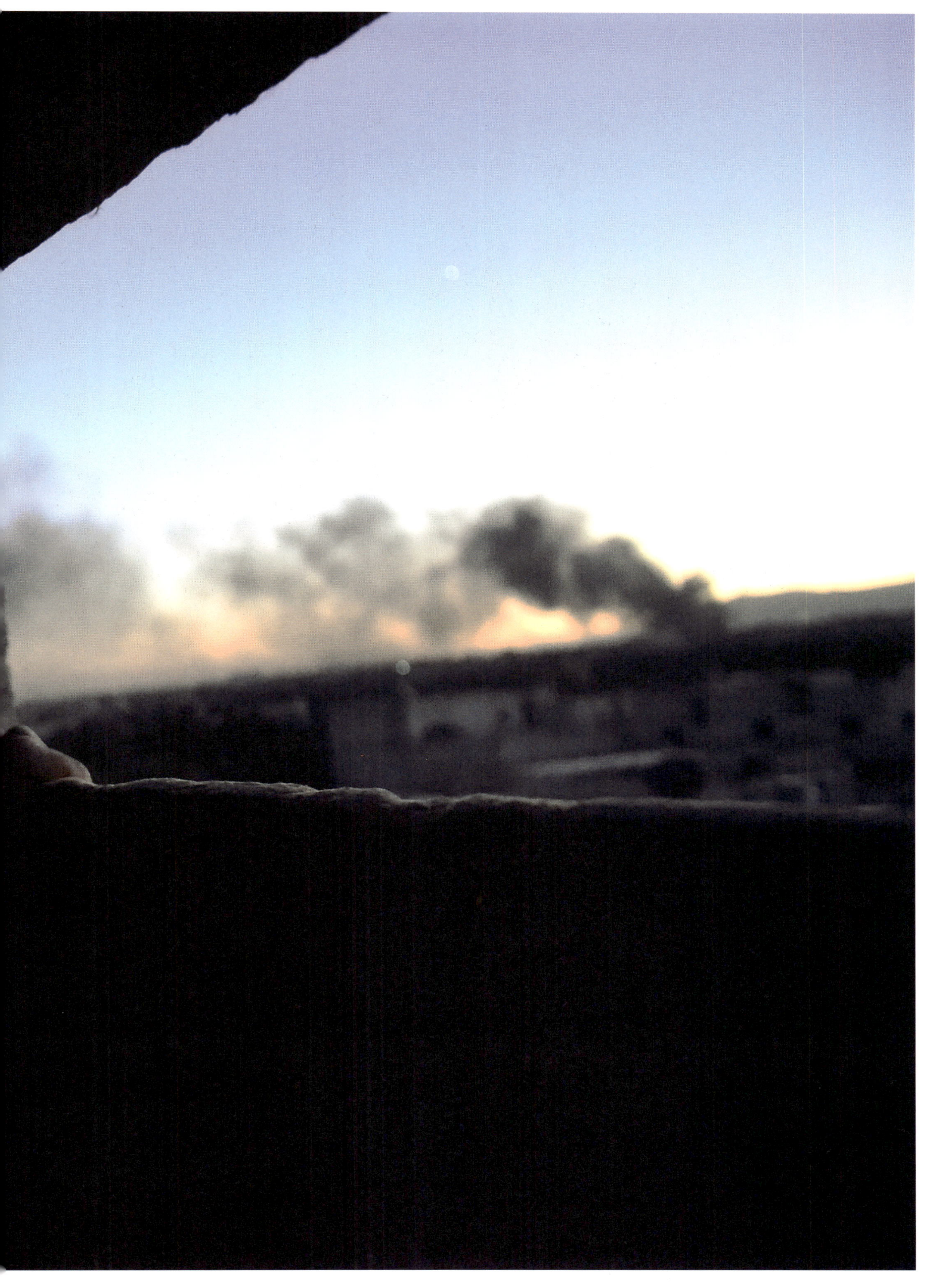

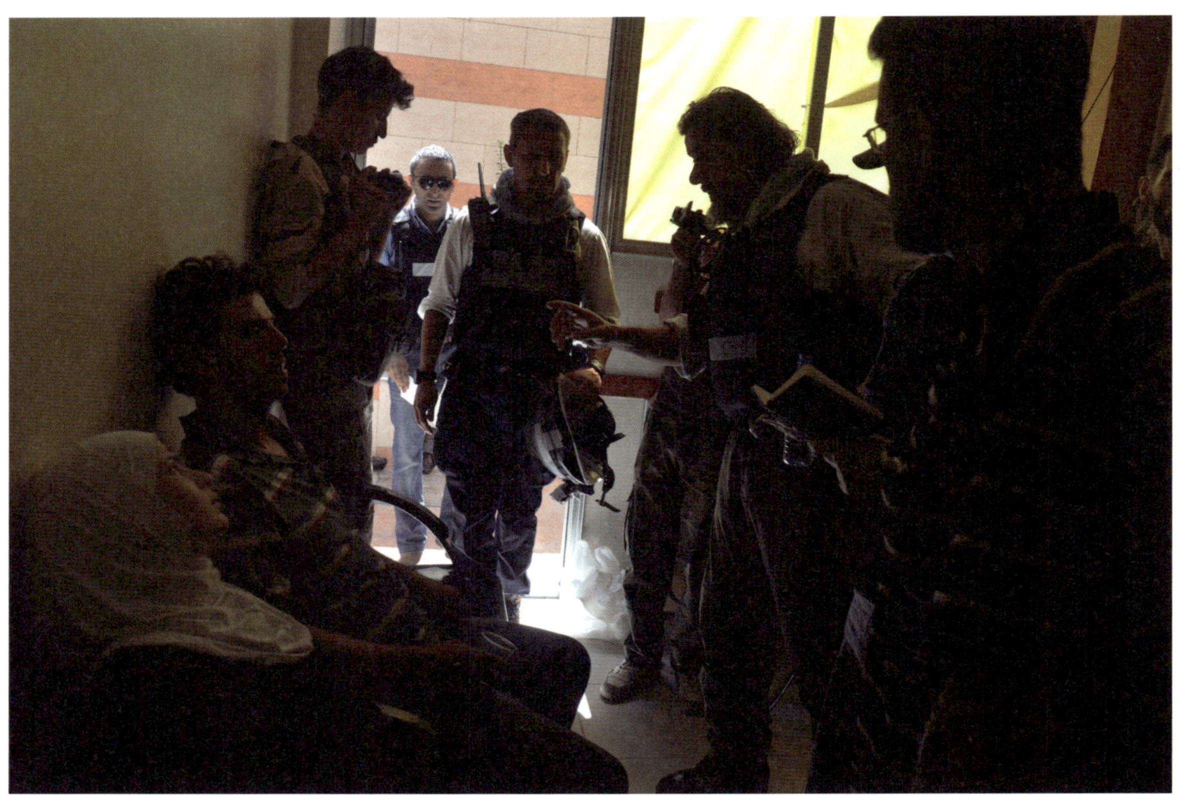

1

٢٨ آب 2013

1 — August 28, 2013

زملكا: خبراء من الأمم المتحدة مختصون بالأسلحة الكيمياوية يرافقهم عناصر من الجيش السوري الحر، يأخذون العينات ويقابلون السكان في أحد المواقع التي استهدفها النظام السوري بهجوم بالأسلحة الكيمياوية أدى إلى مقتل مئات المدنيين في مناطق ريف دمشق الخاضعة لسيطرة الثوار.

Zamalka: UN chemical weapons experts, escorted by FSA members, meet with residents to take samples at one of the sites of a chemical weapons attack that killed hundreds of civilians in rebel-held suburbs of Damascus.

٢٢ آب 2013

2 — August 22, 2013

زملكا: ناشطون يرتدون أقنعة واقية، ويضعون قطة ميتة في كيس أثناء جمع العينات للتحقق من استخدام أسلحة كيمياوية، حيث استهدفت القوات الموالية للرئيس الأسد المنطقة بالسلاح الكيمياوي.

Zamalka: Activists wearing gas masks bag a dead cat as they collect samples to check for chemical weapons use. Forces loyal to Assad are reported to have used nerve agents against civilians in this area.

٢١ آب 2013

3 — August 21, 2013

سقبا: أطفال يتنفسون من خلال أقنعة أكسجين، بعد نجاتهم من الهجوم الكيمياوي، وقد قالت المعارضة السورية إن قوات الحكومة السورية أطلقت في ذلك اليوم صواريخ تحمل غازات سامة على مناطق ريف دمشق الخاضعة لسيطرة الثوار، وتسببت في مقتل مئات الرجال والنساء والأطفال وهم نيام.

Saqba: Children breathe through oxygen masks. Syria's opposition accused government forces of gassing hundreds of people by firing rockets that released deadly fumes over rebel-held Damascus suburbs, killing sleeping men, women, and children.

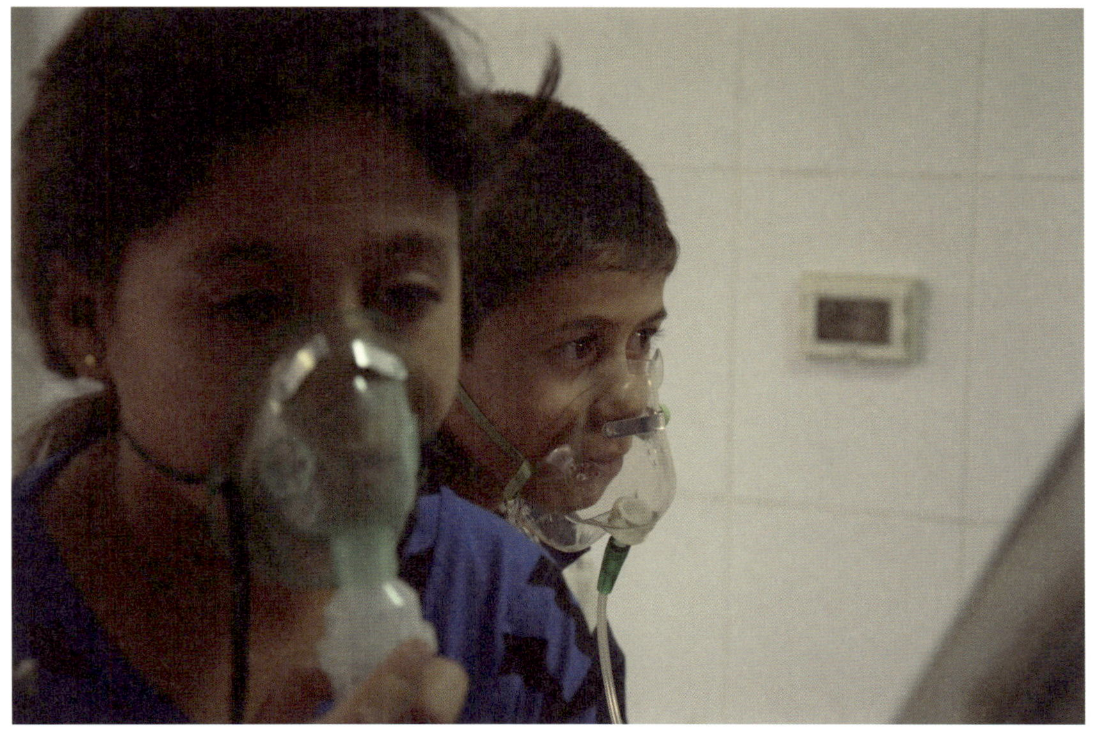

3

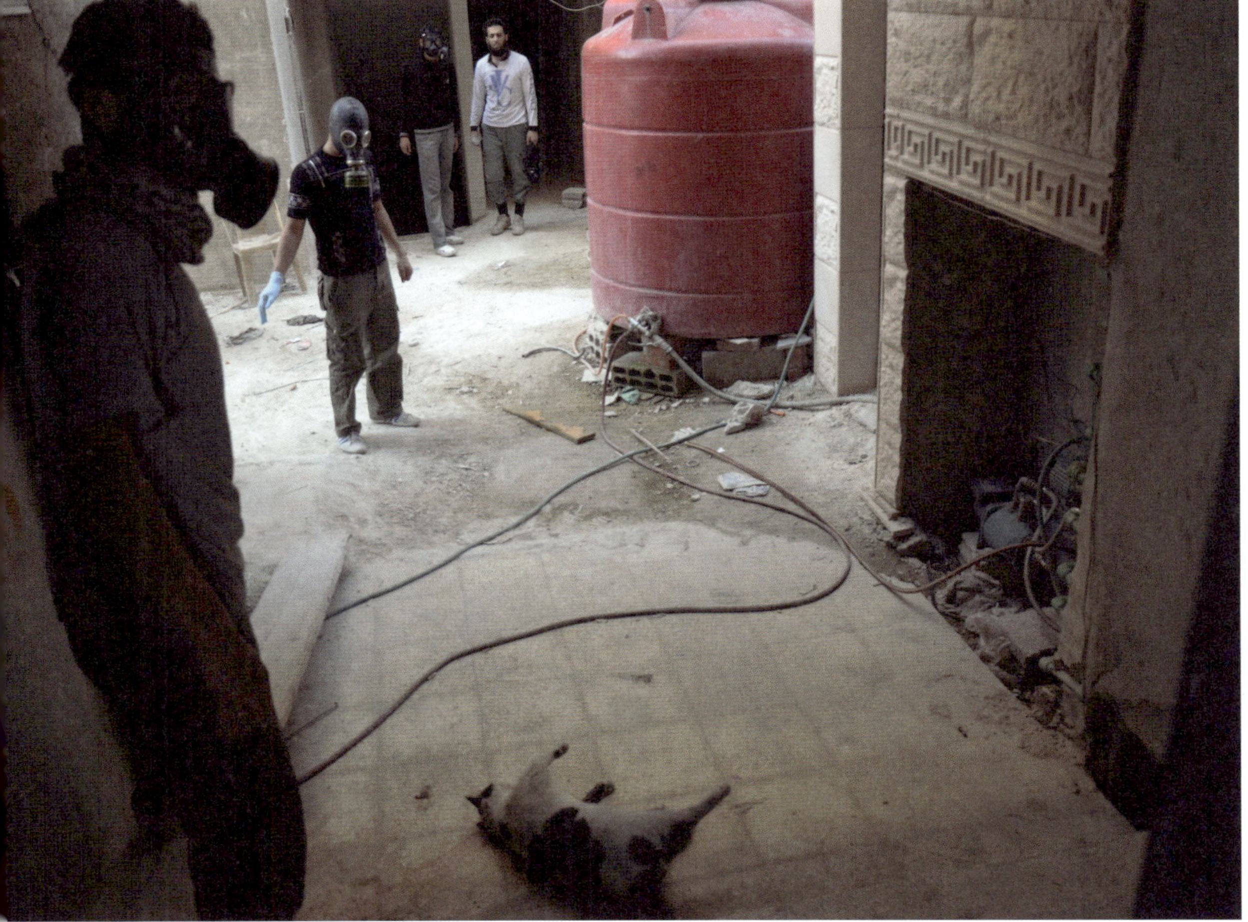

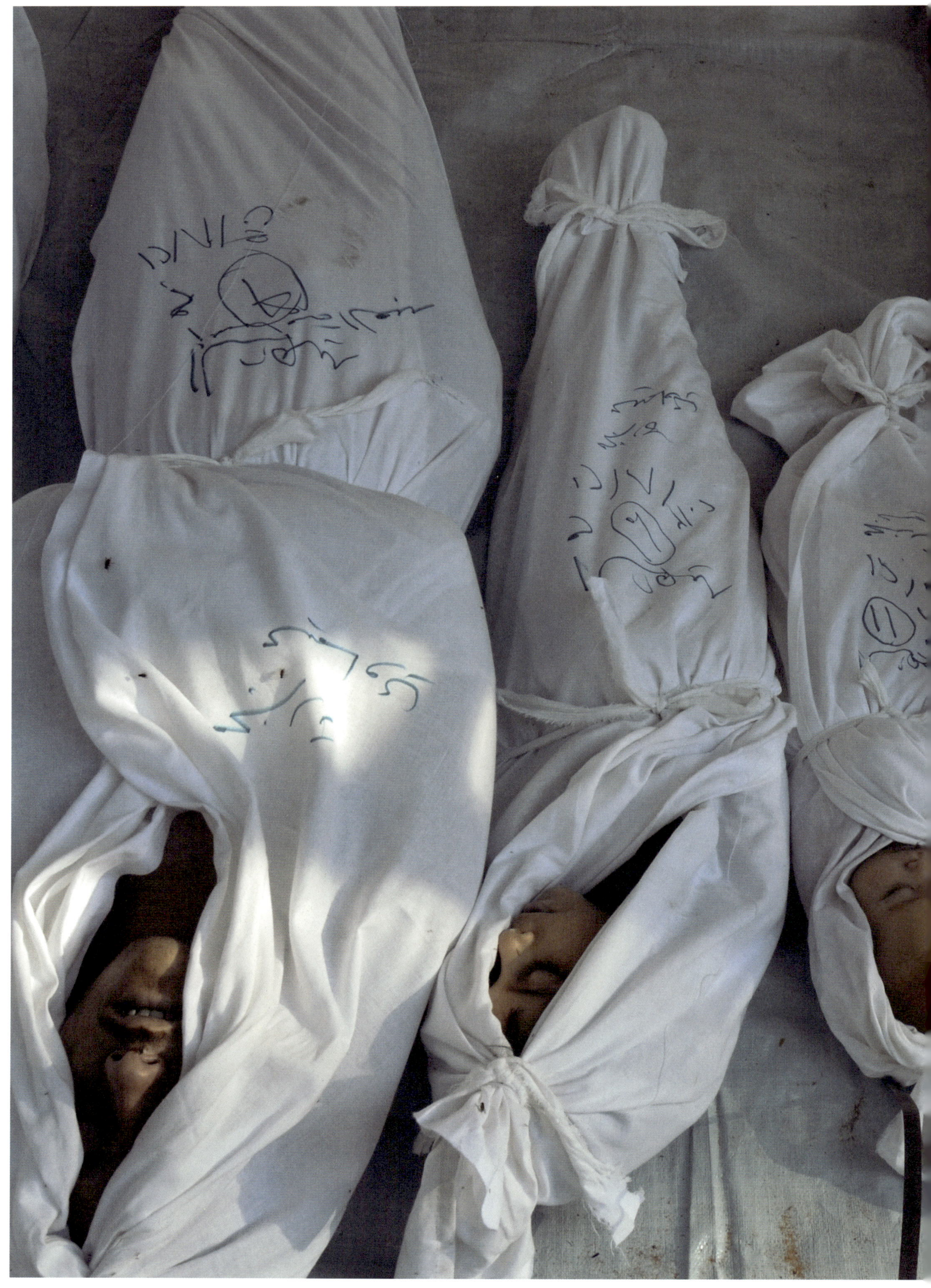

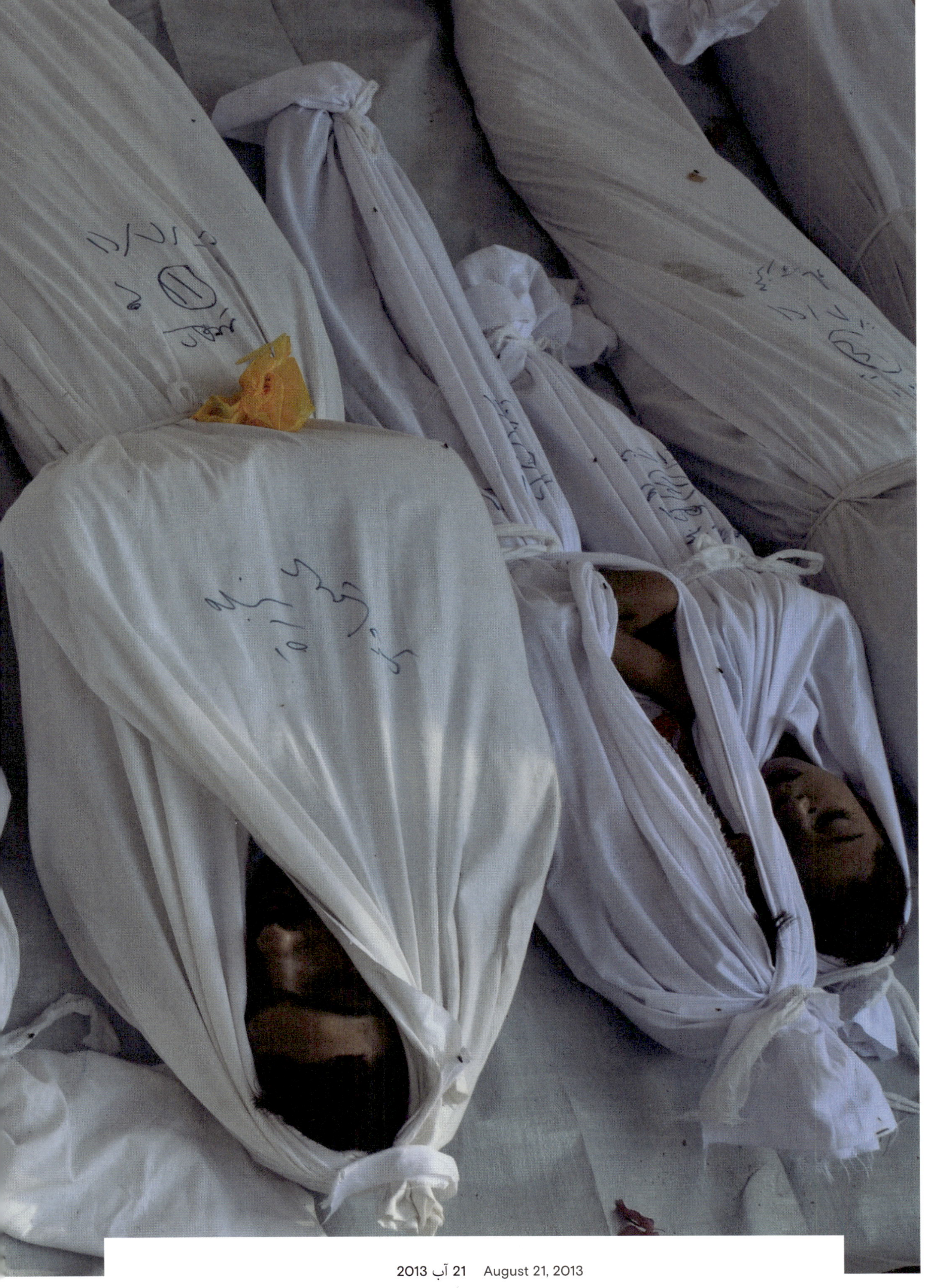

21 آب 2013   August 21, 2013

دوما: جثث لأطفال وبالغين قُتلوا بغاز الأعصاب السام في منطقة الغوطة الشرقية، حيث قُدِّر عدد الضحايا الذين قُتلوا في ذلك الهجوم بأكثر من 1400 شخص.

Douma: Nerve agents killed the children and adults whose bodies lie here. It is estimated that more than 1,400 people died in this chemical attack.

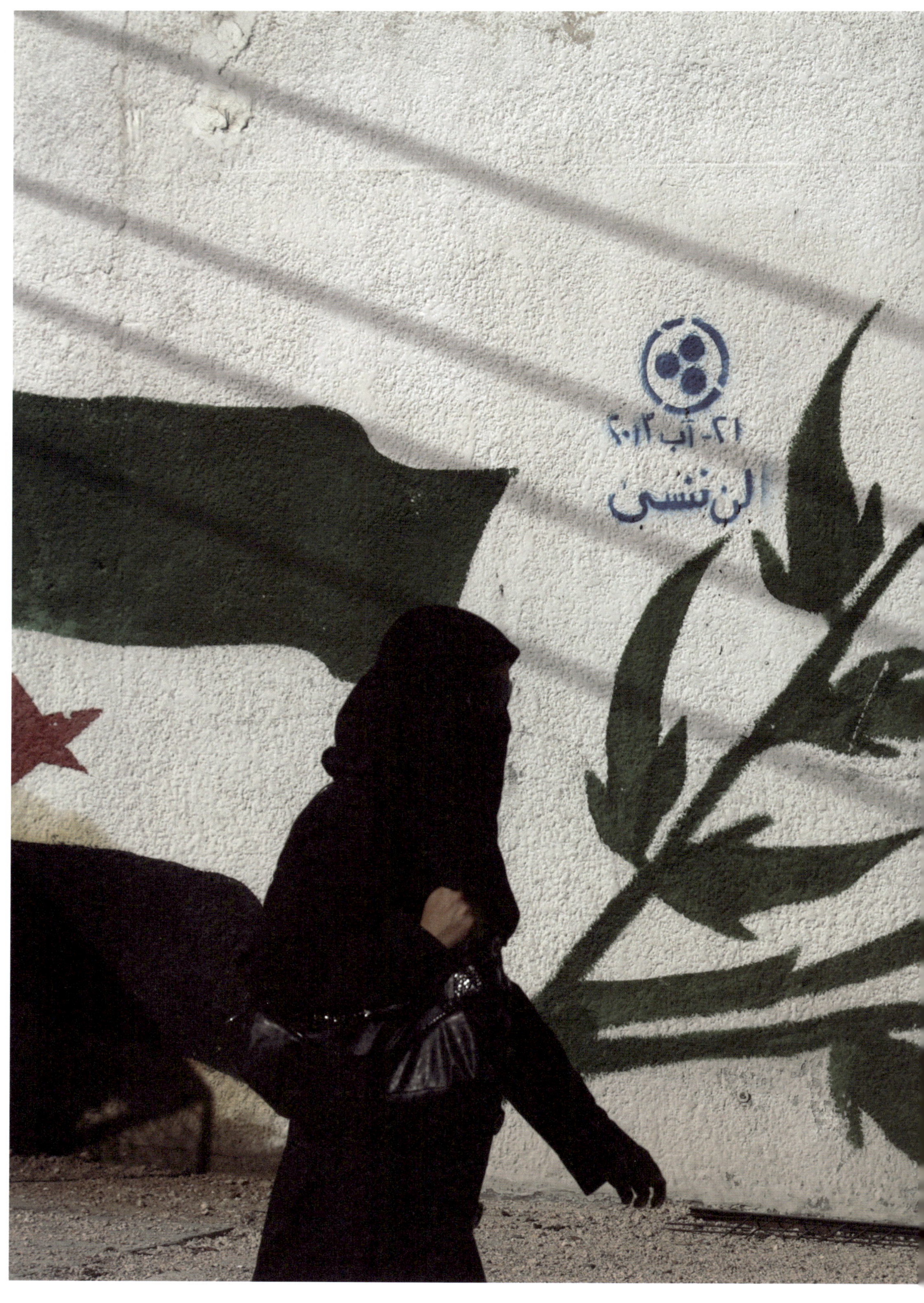

WITNESSES TO WAR

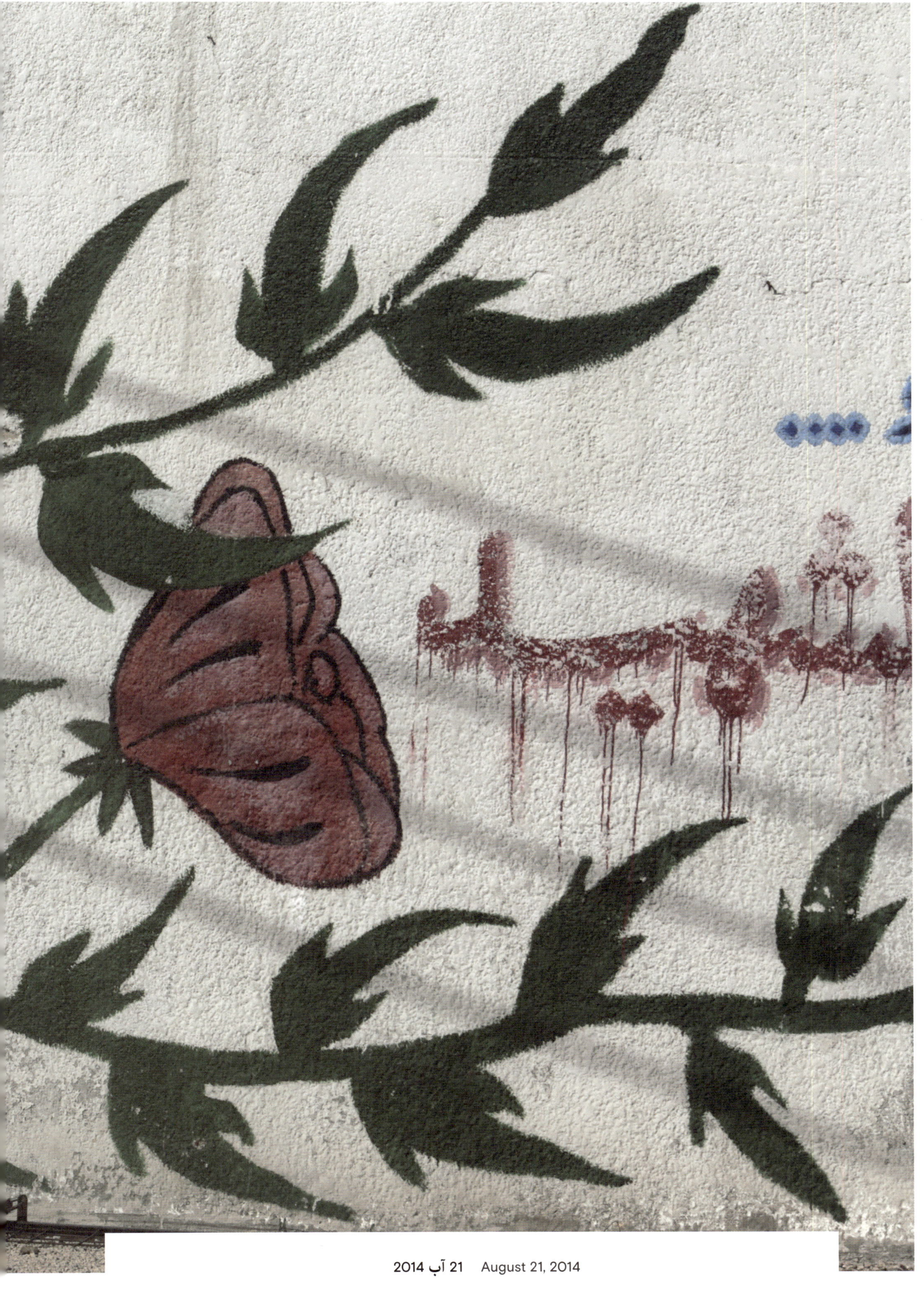

21 آب 2014   August 21, 2014

عربين: بعد عام من الهجوم الكيمياوي على الغوطة الشرقية،
امرأة تمشي في أحد شوارع المدينة، بجانب كتابة على الجدران:
"لن ننسى 21 آب 2013" و "الشهيد".

Erbeen: A year after the first chemical attack
on Eastern Ghouta, a woman walks past graffiti that
says "We won't forget August 21, 2013" and "Martyr."

3

—

**22 كانون الأول
2014**

التقطت هذه الصورة لصورة شخصية معلّقة على حائط داخل منزل متضرّر، في حيّ جوبر القريب من دمشق. جوبر هو أحد أقرب الأحياء المحررة المحاصرة مع الغوطة الشرقيّة، إلى مدينة دمشق، دمّرته قوات النظام السوري لمنع مقاتلي المعارضة من امتلاك مبان قريبة من العاصمة، واستخدامها كغطاء يحتمون به.

قبل كل هذا الخراب، اعتدت قضاء بعض الوقت في هذا الحيّ حيث يقع منزل جدّتي. ولكن عندما اشتعلت الحرب هناك، انتقل جميع أقاربي من المنطقة تاركين منازلهم وراءهم. ومع اشتداد وتيرة الأعمال العسكريّة هناك، أصبحت زياراتنا إلى جوبر نادرة جدّاً. عندما كنت أتردّد إلى الحيّ بعد تدميره، كنت أتذكّر طفولتي هناك، وزيارات أخوالي وخالاتي خلال العيد، عندما كانت العائلة تجتمع بأكملها هناك، أتذكّر مذاق الحلويات التي كانت تصنع خصّيصاً لهذه المناسبة، و"العيديّة" الّتي كانت تُعطى للأطفال كي يحتفلوا بها في العيد.

هذه الأيام لن تعود مرّة أخرى، لم يعد هناك أيّ شيء سوى الرّماد. توفي خالي في تفجير سيارة مفخّخة، وقُتلَ العديد من أقارب والدتي هناك، في الهجوم الكيمياوي. ودمّرت المنطقة بأكملها، لكن صورة هذا الرّجل العجوز ظلت معلقةً هناك شاهدة على كلّ تلك الذكريات.

3

—

**December 22
2014**

I took this picture of a framed portrait hanging on a wall inside a
damaged house in Jobar, a suburb of Damascus. This is the city
in Eastern Ghouta that is closest to Damascus. The Syrian regime
completely destroyed it in the war to prevent rebels from having any
buildings close to the capital to use as cover.

Before the war, I spent time in this neighborhood, since my grand-
parents had a home there. When the war started, my relatives
were no longer living in Jobar but kept their house. I used to go
with my mother to visit it. Going back after it was destroyed, I was
reminded of my childhood. I remember visits with my aunts and
uncles during Eid when the whole family gathered. I remember the
taste of sweets made especially for the occasion and the Eidiyah
money given to the children to celebrate.

Now these days will never come back again. There is nothing but
the ashes. I lost my lovely uncle in a car bombing, and many of my
relatives there died from chemical weapons. The whole area has
been destroyed, but the image of this old man survives to invoke
all these memories.

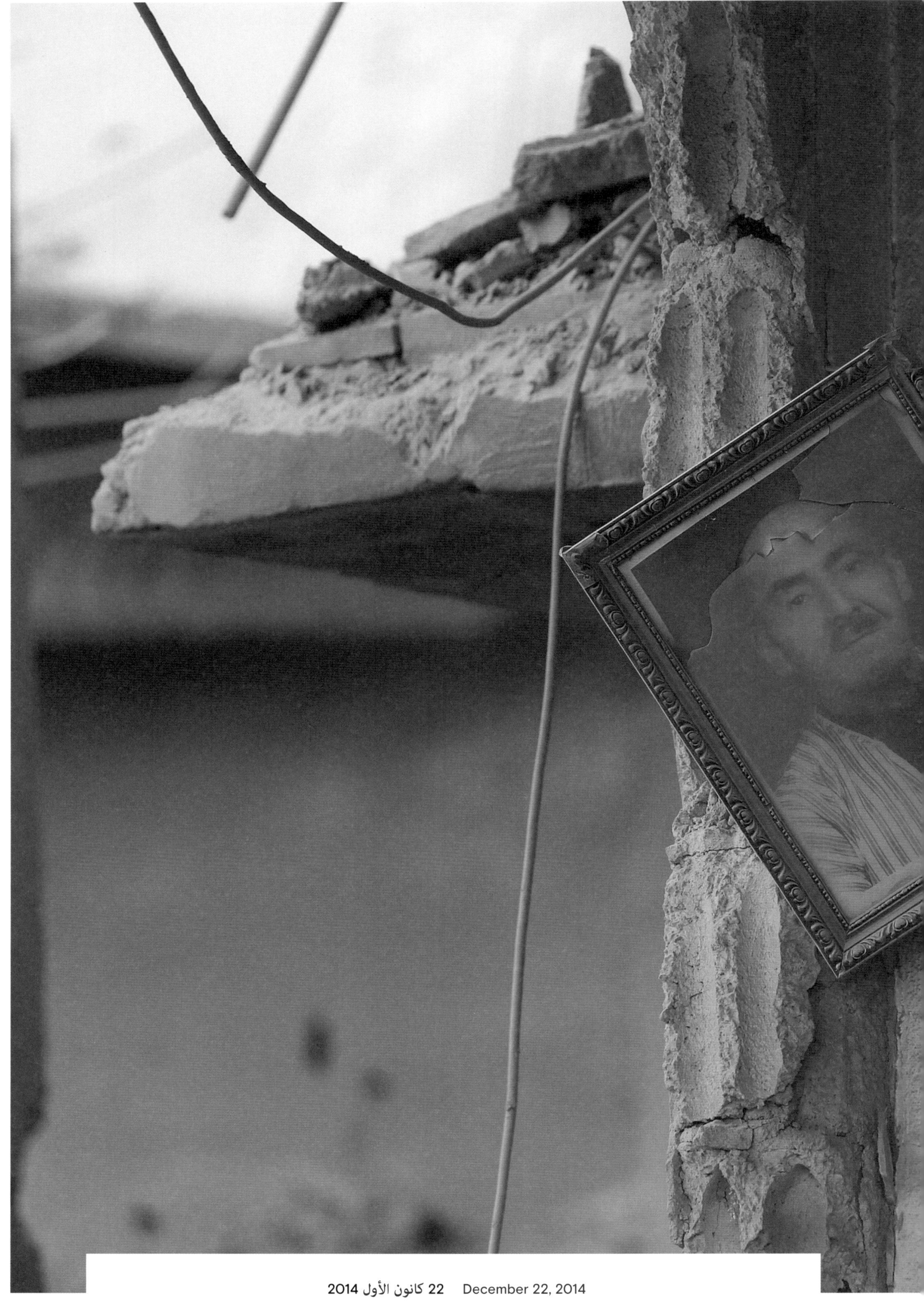

22 كانون الأول 2014   December 22, 2014

جوبر: صورة معلقة على حائط منزل مدمَّر.   Jobar: A framed photo dangles from a damaged wall
in a house.

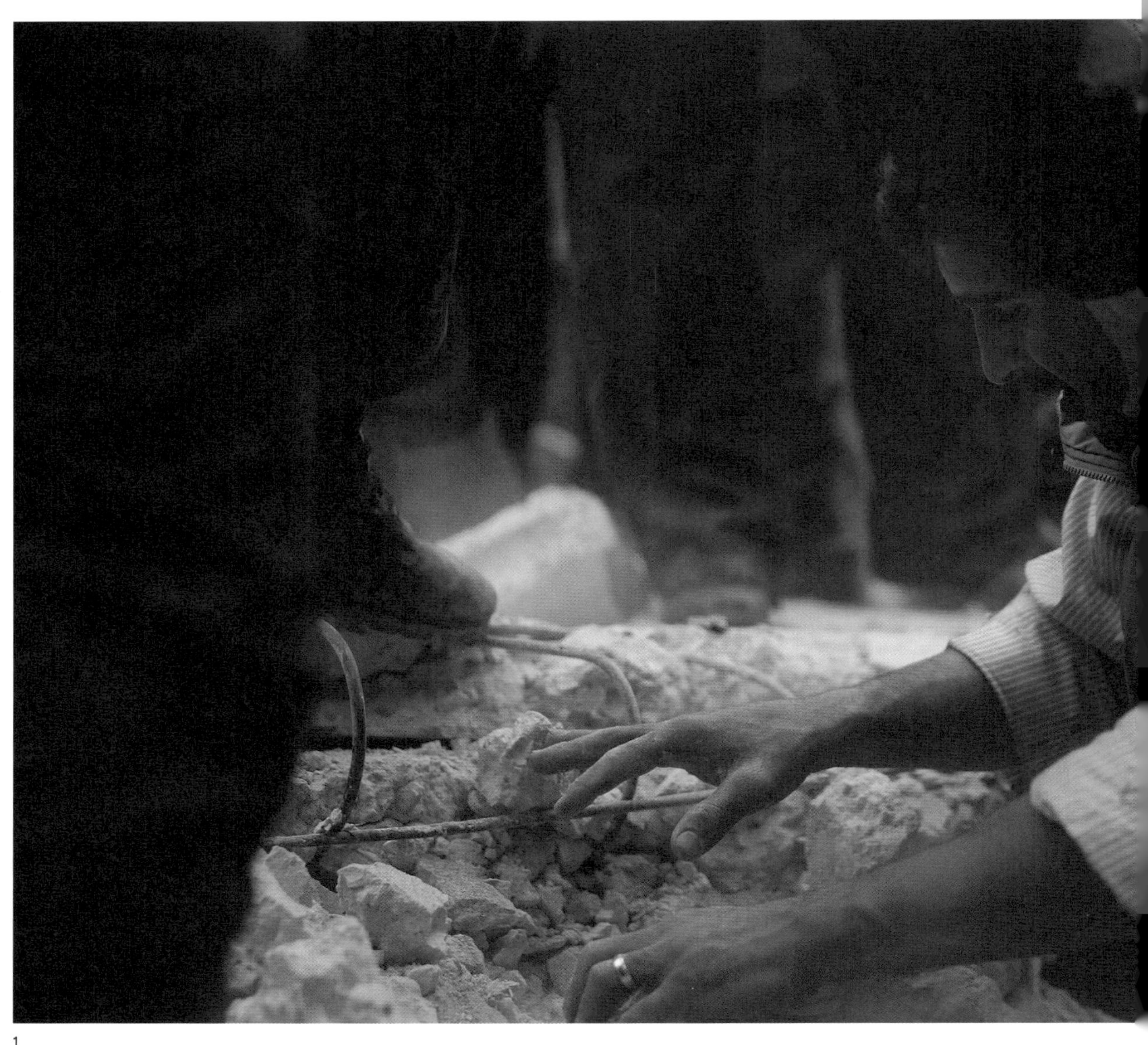

1

دوما: أب يبحث عن ابنته بين الركام بعد غارة جوية نفذتها
طائرات تابعة للحكومة السورية.

Douma: A father searches through rubble for his
daughters after an airstrike.

13 تموز 2013   2 — July 13, 2013

دوما: رجل يسعف الطفل ضياء (11 عاماً) الذي أُصيب في غارة
جوية نفذتها القوات الموالية للرئيس الأسد، في أثناء حملة
النظام لاستعادة السيطرة على المنطقة.

Douma: A man carries Diaa, an 11-year-old boy
wounded in an air raid by forces loyal to Assad. The
air raid was part of Assad's campaign to recapture
the area from rebels.

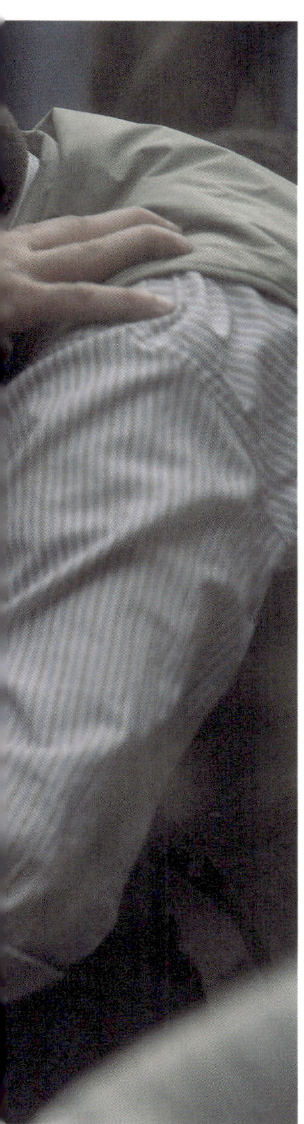

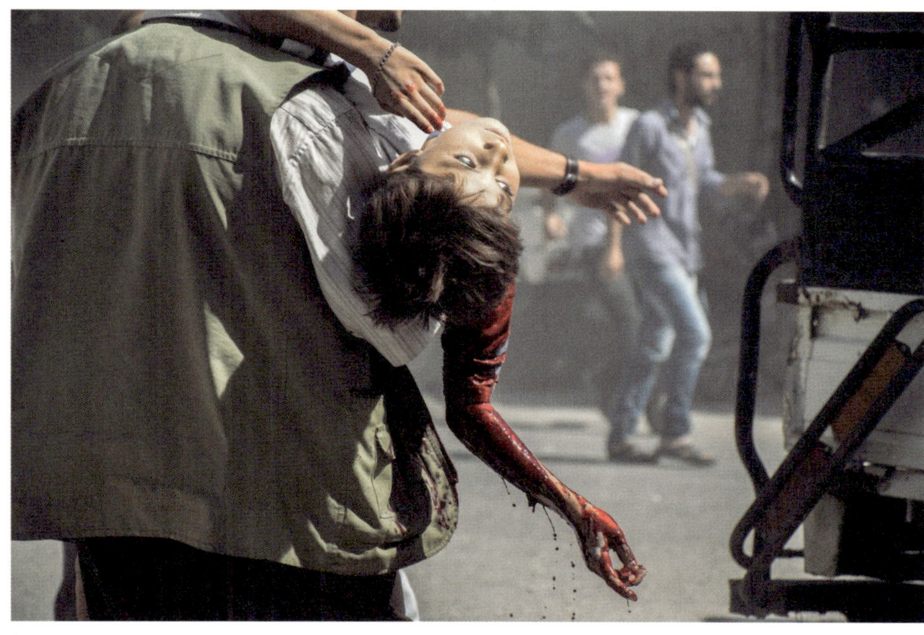

2

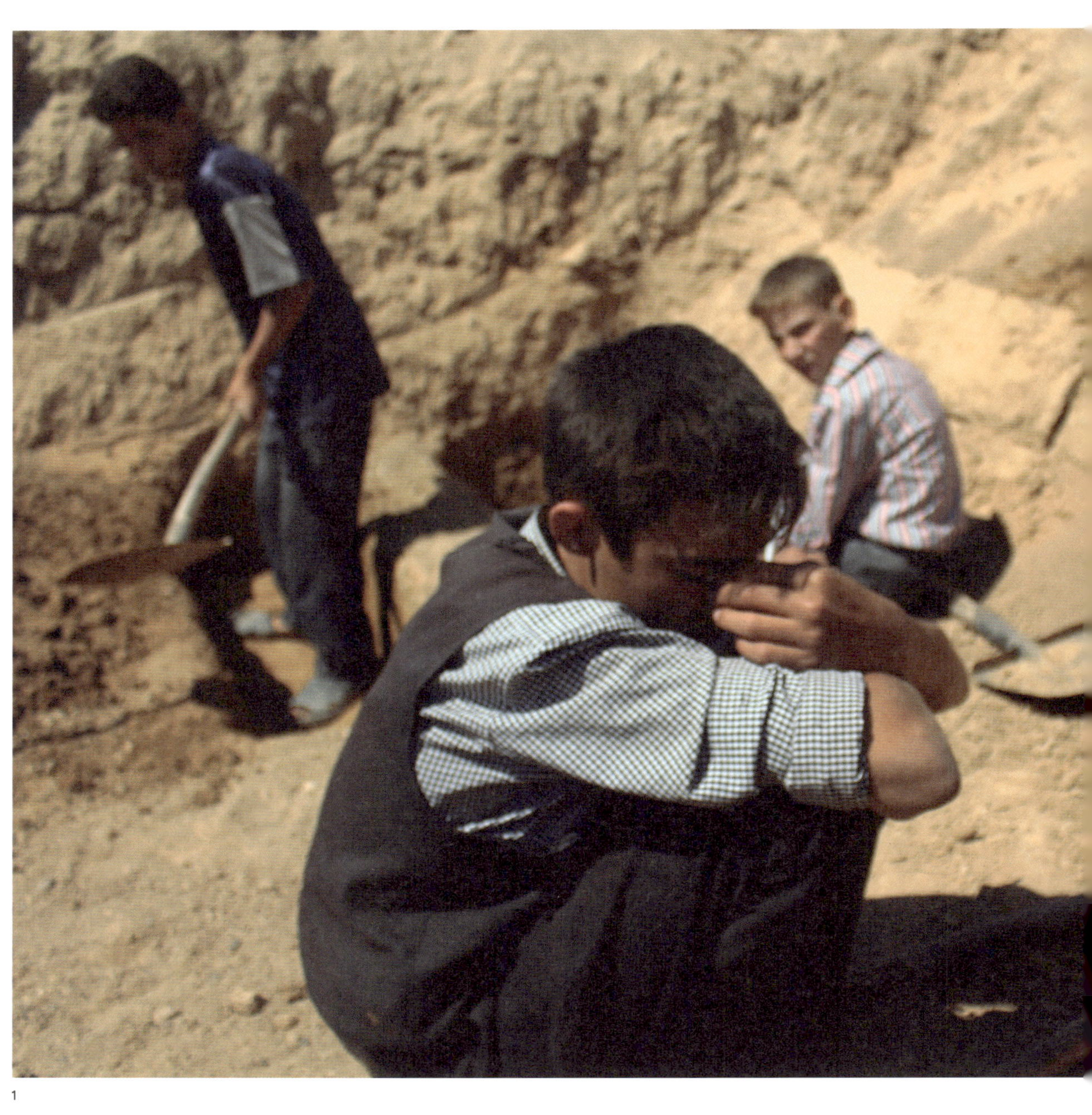

1

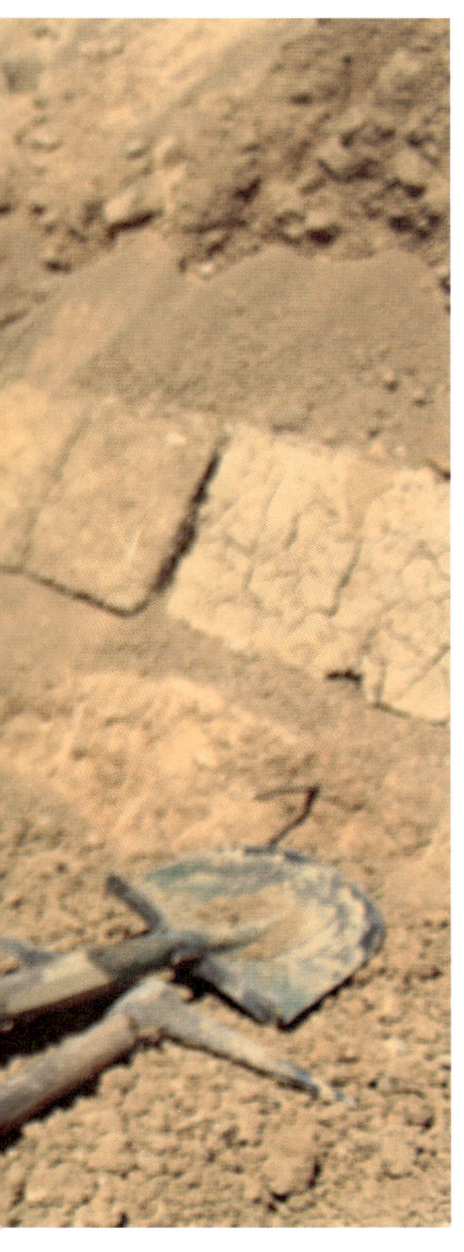

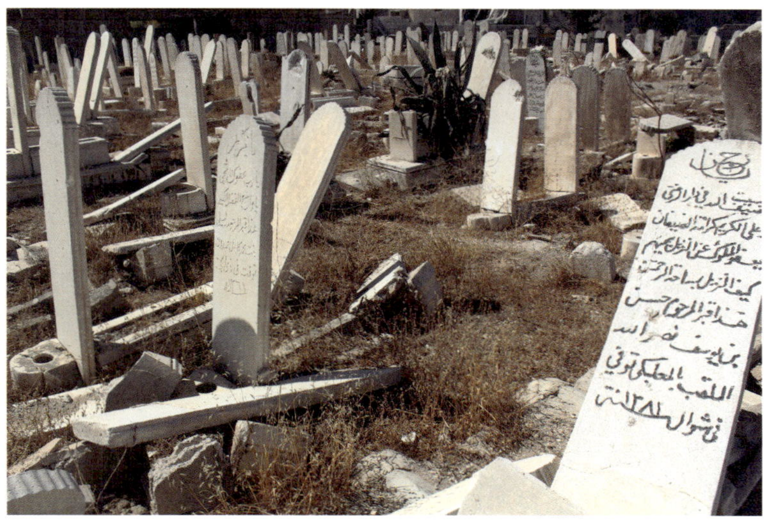

2

25 أيلول 2013

1 — September 25, 2013

دوما: طفل يجلس عند قبر والده في مقبرة المدينة.

Douma: A boy sits in a cemetery near his father's grave.

2 تشرين الأول 2013

2 — October 2, 2013

دوما: قبور مدمرة بفعل الغارات الجوية على مقبرة المدينة.

Douma: Gravestones lean at all angles in a damaged cemetery.

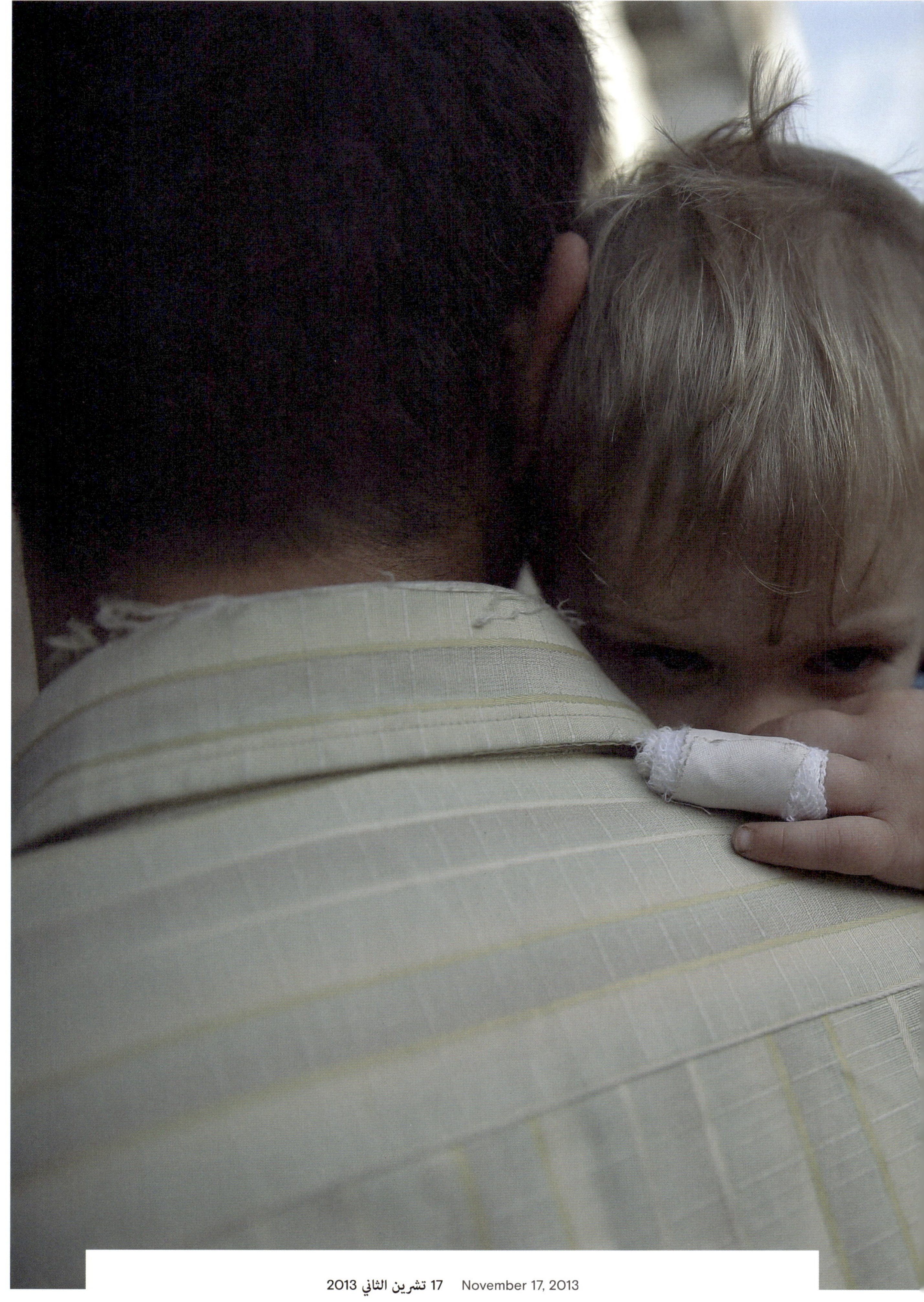

دوما: رجل يحمل طفله الذي نجا قبل لحظات من قصف قوات الرئيس الأسد.

Douma: A man holds a child that he said survived shelling by forces loyal to Assad.

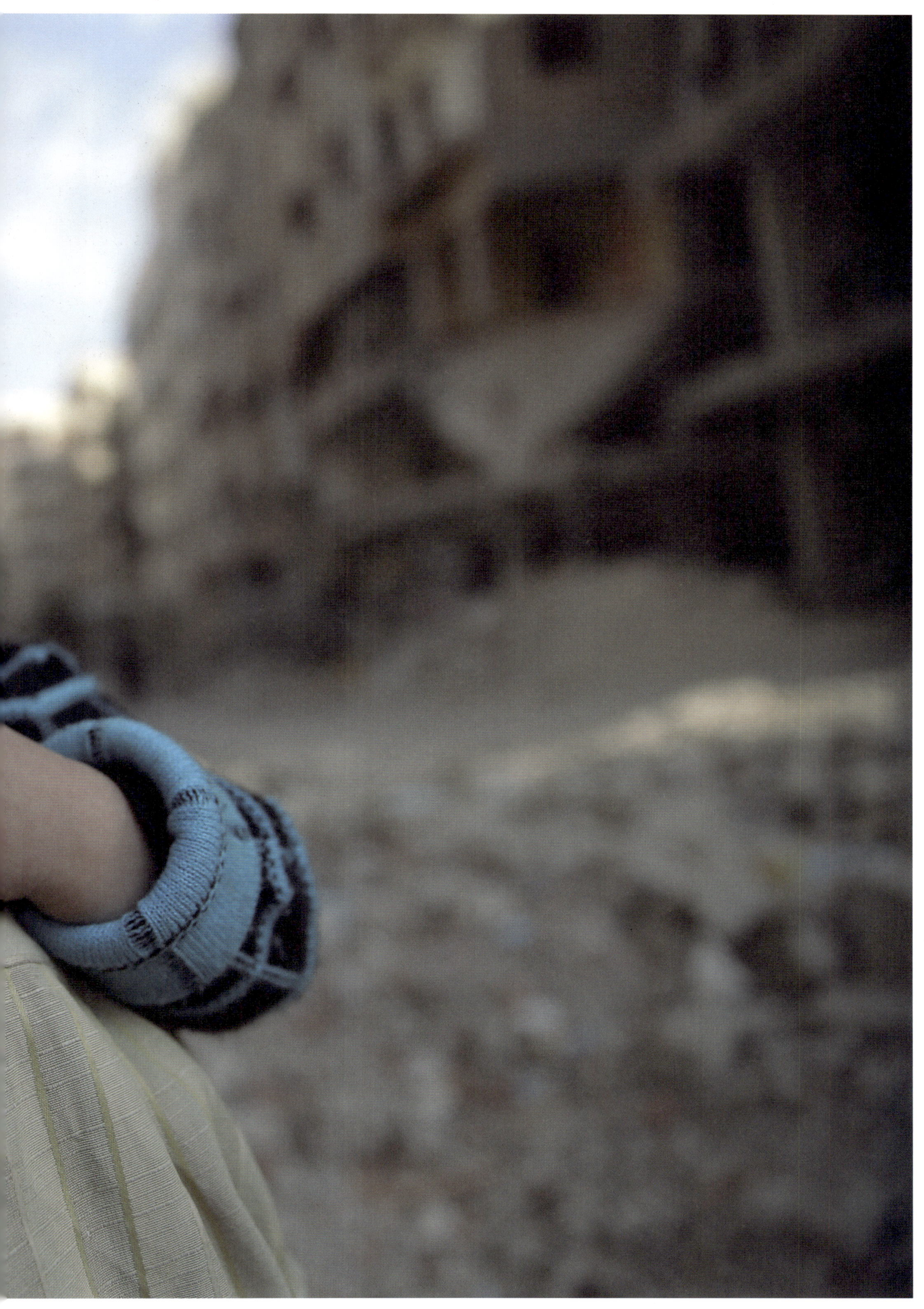

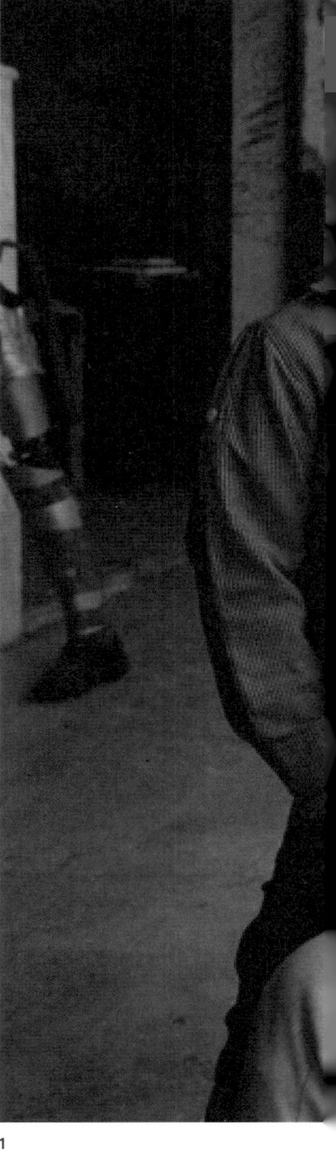

3 آذار 2014

دوما: محمد (8 أعوام) يراقب والده الذي يقوم بتجربة ذراع صناعية في أحد مراكز تصنيع الأطراف في المدينة.

24 تشرين الأول 2013

دوما: أطراف صناعية شُوهدت في "جمعية الخير"، مصنوعة من دمية عرض بلاستيكية (مانكان)، ومواد أولية مأخوذة من خزانات المياه البلاستيكية.

1 — March 3, 2014

Douma: Mohammad, 8 years old, looks at his father's prosthesis as he tries on an artificial arm.

2 — October 24, 2013

Douma: Prostheses at a welfare workshop are patched together with random materials such as plastic mannequins and water barrels.

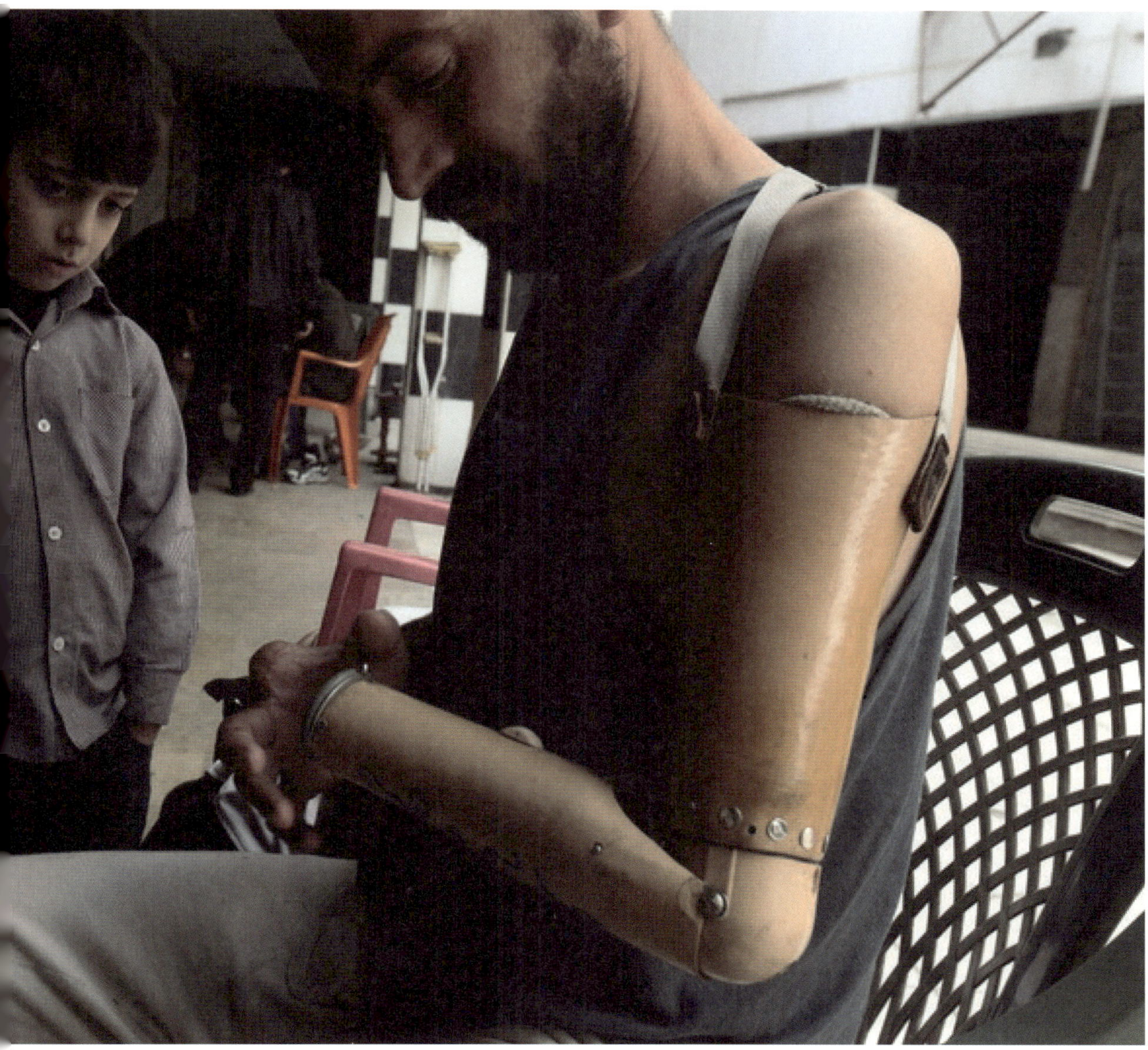

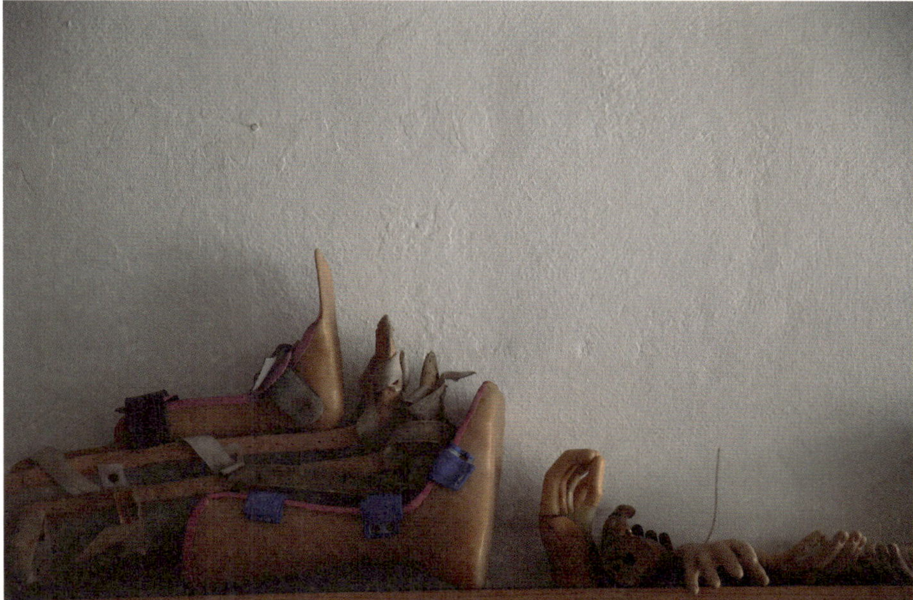

2

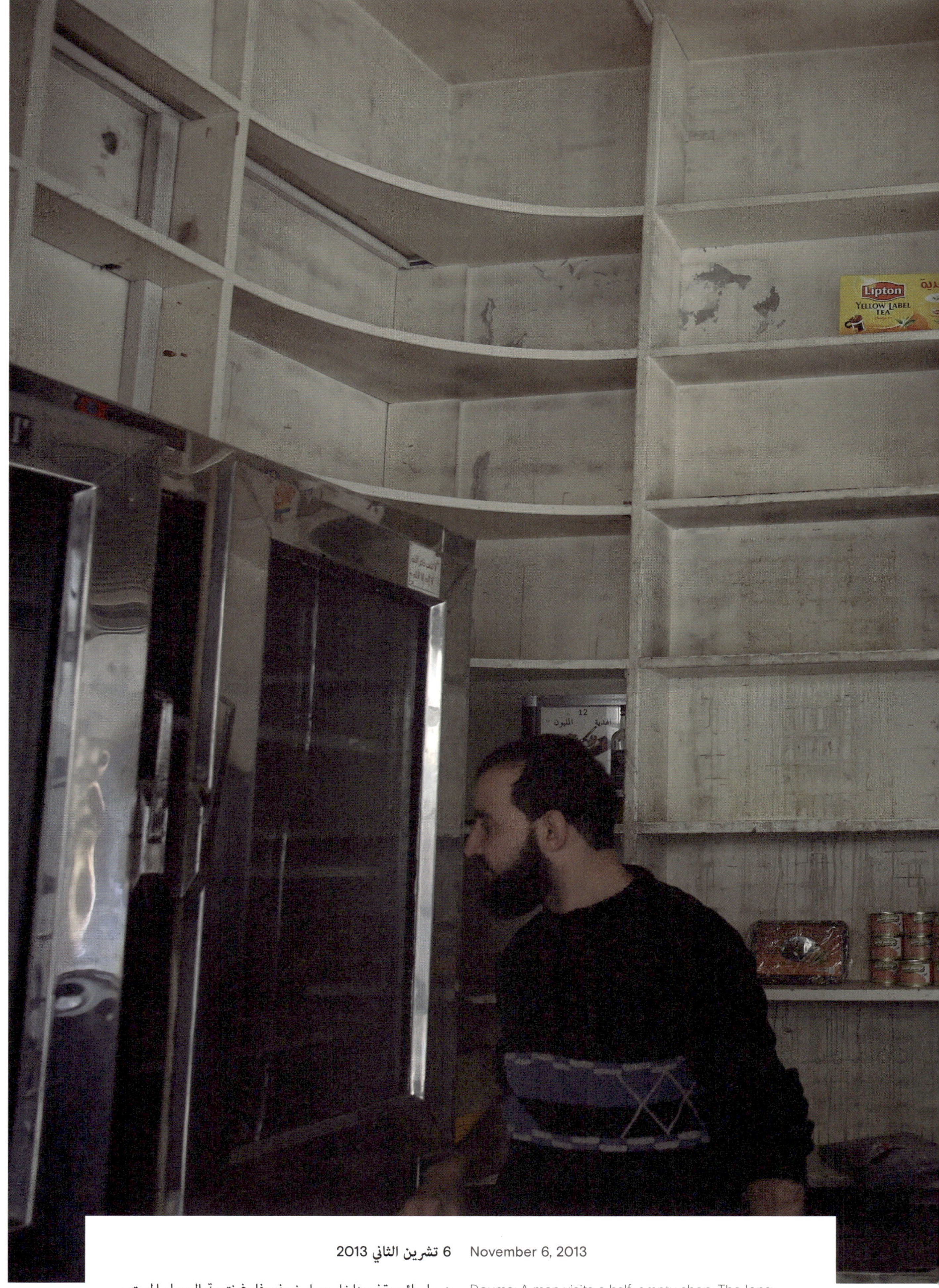

6 تشرين الثاني 2013

November 6, 2013

دوما: بائع يقف داخل محل نصف فارغ نتيجة الحصار المستمر على الغوطة الشرقية. حيث حدَّ الحصار عملية وصول الطعام والدواء والمستلزمات الضرورية الأخرى إلى المنطقة، ولم تكن تدخل المنتجات إلا بتسهيل من تجار الطرق الذين كانوا يبيعونها بأسعار مرتفعة جداً.

Douma: A man visits a half-empty shop. The long-running blockade around Eastern Ghouta has limited food, medicine, and other essential supplies. Goods enter and exit only with the facilitation of smugglers, who supply the expensive black market.

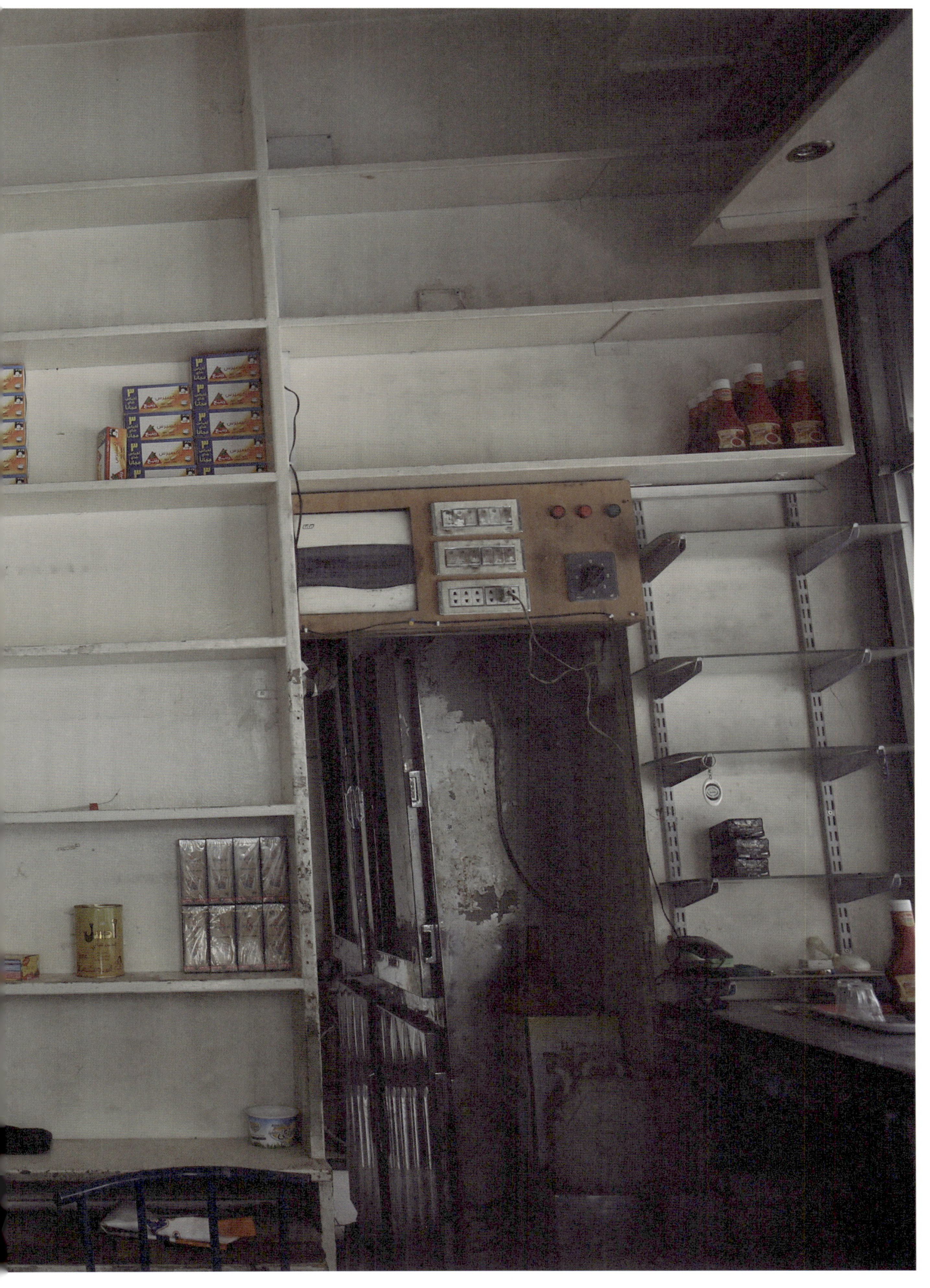

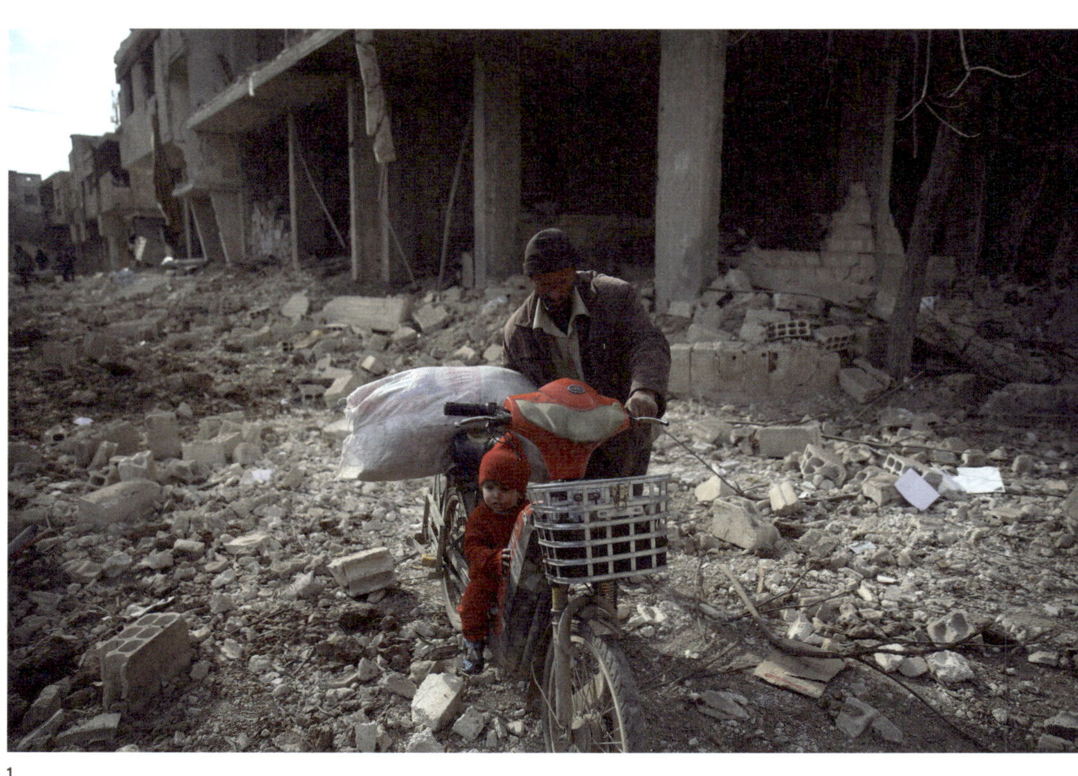

1

2

11 كانون الثاني 2018   1 — January 11, 2018

مسرابا: رجل يدفع دراجة هوائية عليها طفل وهو يمر عبر الأنقاض في أحد الأحياء المدمرة.

Mesraba: A man pushes a small child on a bicycle through rubble in a damaged neighborhood.

11 آذار 2018   2 — March 11, 2018

دوما: رجل يمشي داخل المدينة مع قطيع من الخراف. اشتُهرت منطقة الغوطة الشرقية بتربية المواشي، لكن الحصار الذي استمر سنوات عديدة حرم المزارعين من الحصول على الطعام والدواء الأساسي لرعاية الحيوانات.

Douma: A man walks through the city with a herd of sheep. While the area has traditionally had livestock, the multiyear siege has prevented farmers from obtaining essential feed and medicine for animals.

12 تشرين الثاني 2013   3 — November 12, 2013

دوما: أبقار نافقة مرمية في أحد مزارع المدينة، حيث لم يتمكن أصحابها من تقديم الرعاية والغذاء اللازم لها، بسبب الحصار المفروض على المنطقة.

Douma: Dead cows, whose owners were unable to provide adequate feed during the blockade, lie on the ground.

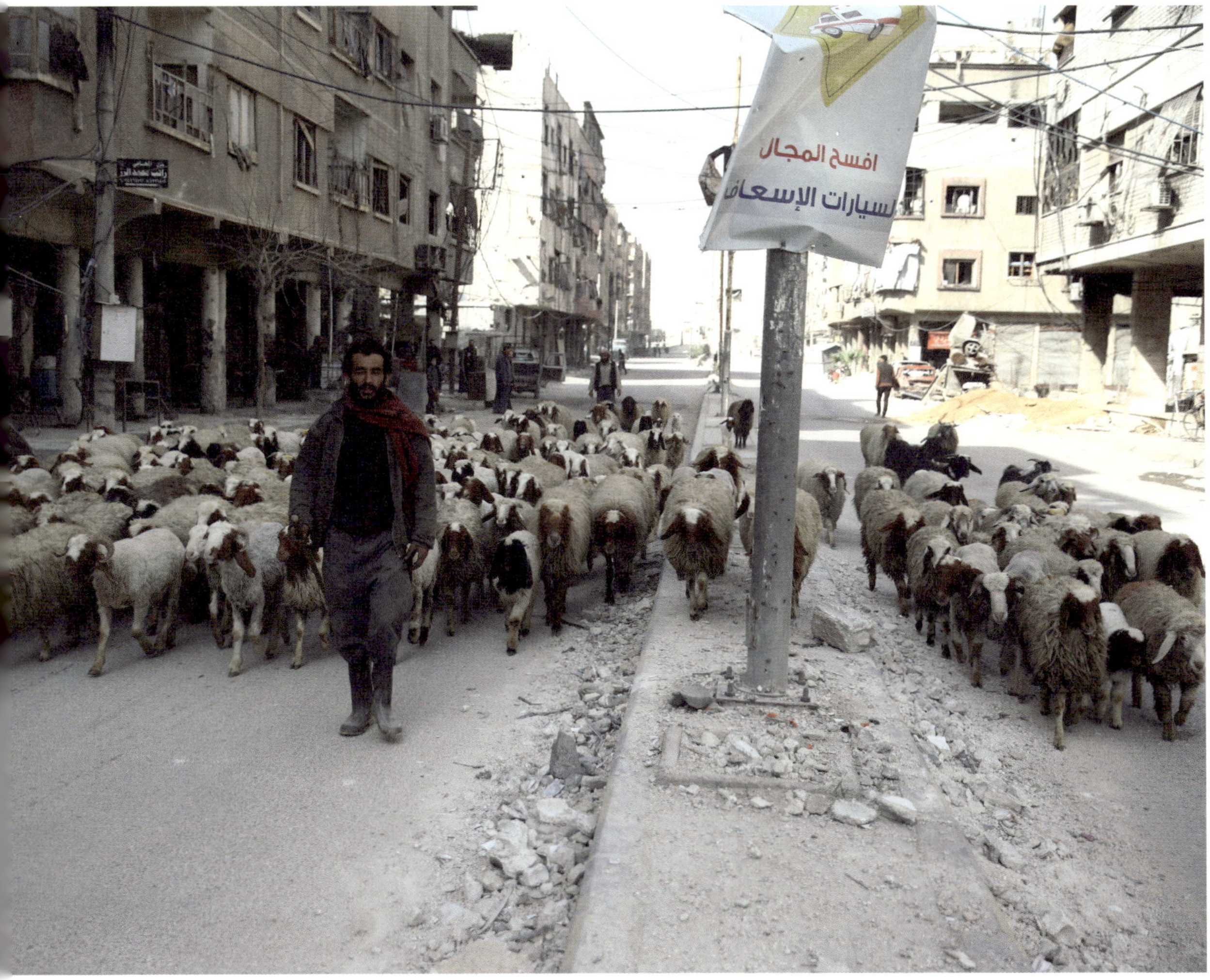

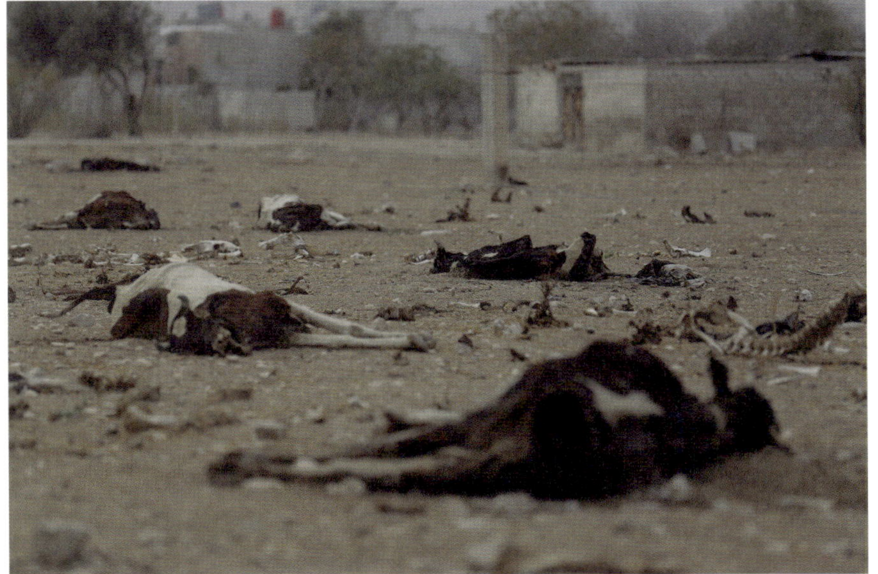

3

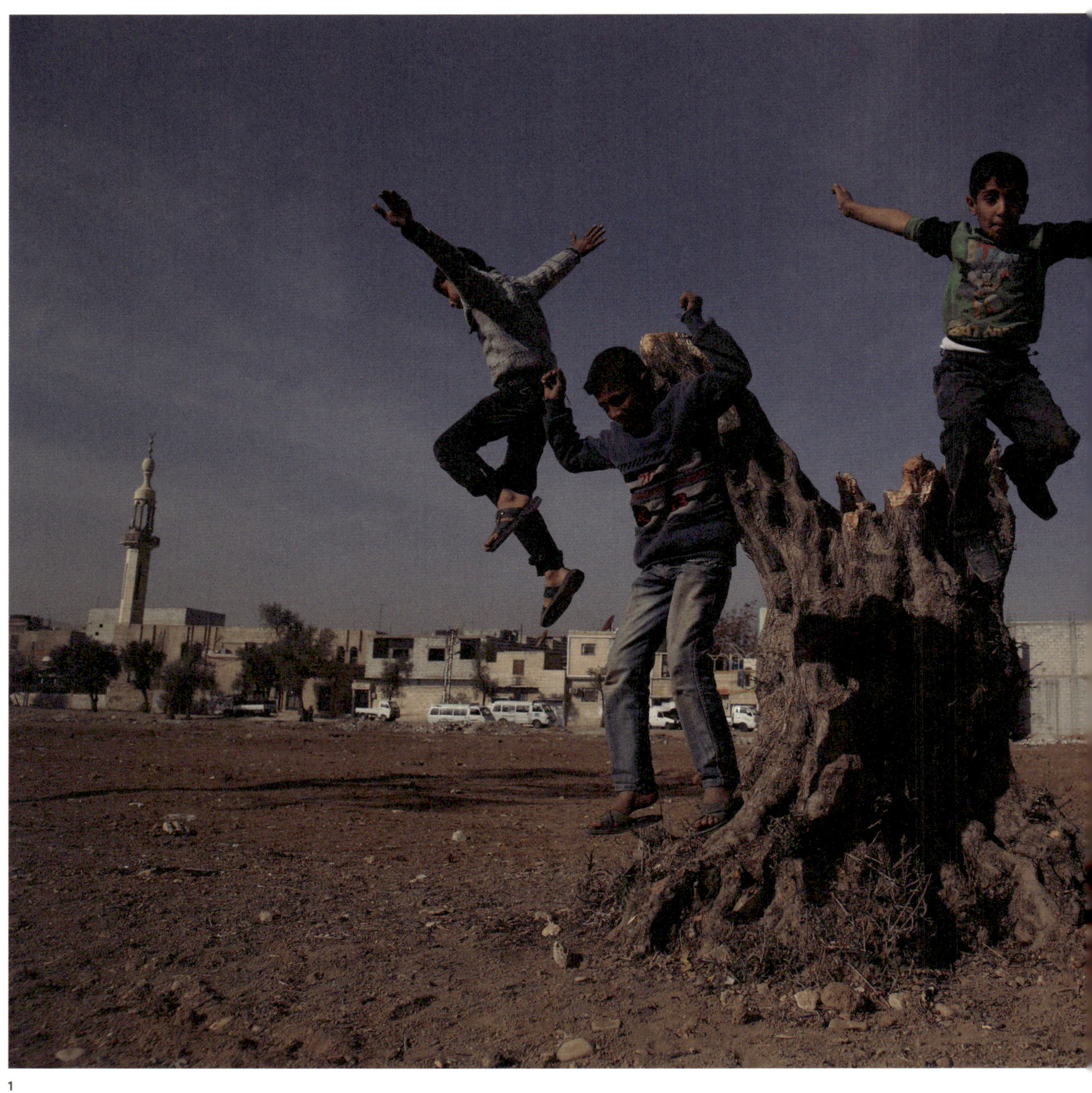

1

6 تشرين الثاني 2013

دوما: أطفال يلعبون بالقرب من شجرة زيتون قُطعت أغصانها لاستخدام حطبها للتدفئة.

19 تشرين الثاني 2014

دوما: طفل يستخدم دراجة هوائية لتشغيل ماكينة خياطة. حفّز قطع الكهرباء الذي استمر أعواماً السكانَ وأصحاب المهن على استخدام مولدات الطاقة، وابتكار مصادر أخرى للطاقة البديلة.

1 — November 6, 2013

Douma: Children play.

2 — November 19, 2014

A boy uses a bicycle to run a sewing machine. The two-year electrical shutoff has prompted residents and businesses to use generators or improvise other sources of power.

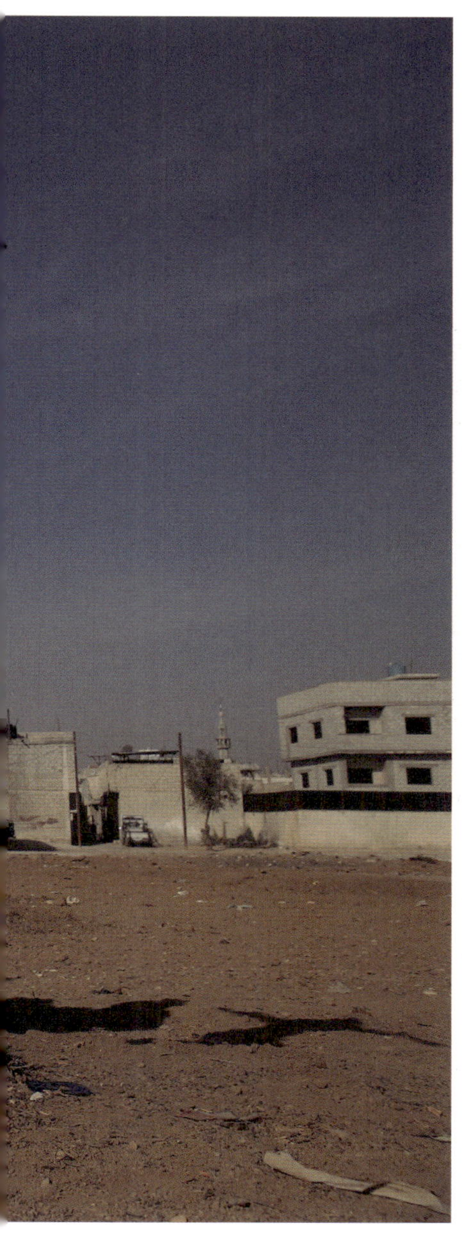

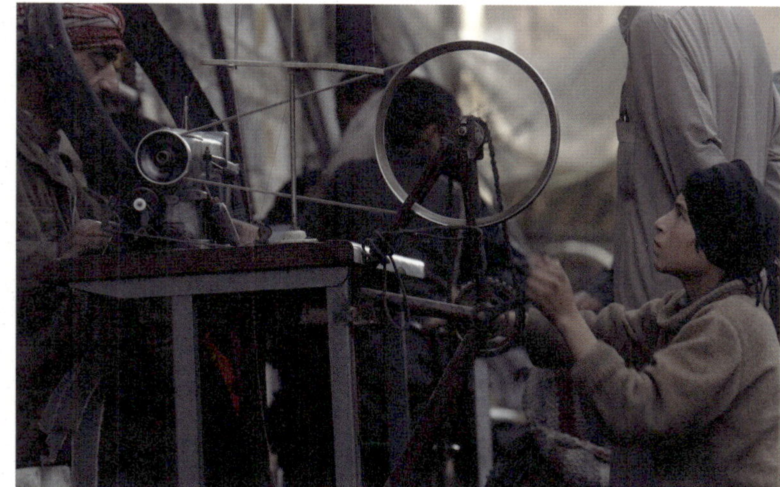

2

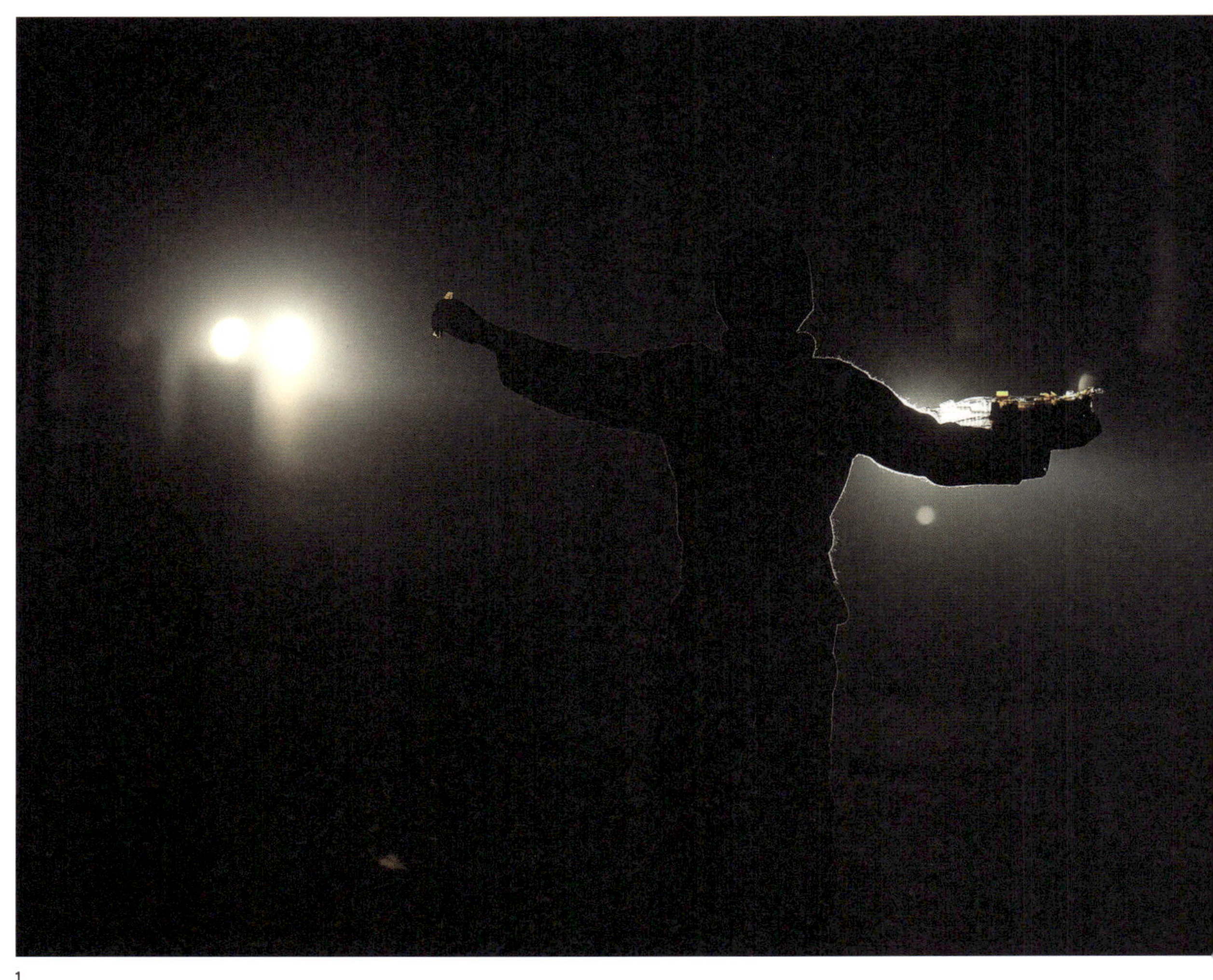

1

31 كانون الأول 2014　　1 — December 31, 2014

دوما: طفل يبيع الحلوى. أدى الحصار الاقتصادي على المنطقة
إلى ارتفاع نسبة عمالة الأطفال في الغوطة الشرقية.

Douma: A boy sells candy. Economic
isolation has led to a rise in child labor
across Eastern Ghouta.

19 تشرين الثاني 2014　　2 — November 19, 2014

دوما: رجل يضيء شمعة في محله ليلاً مع استمرار انقطاع التيار
الكهربائي عن المدينة.

Douma: A man lights a candle in his shop
at night.

31 كانون الأول 2014　　3 — December 31, 2014

دوما: طفل يصنع الخبز على ضوء الشموع، مع استمرار انقطاع
التيار الكهربائي عن المدينة.

Douma: A boy makes bread by candlelight.

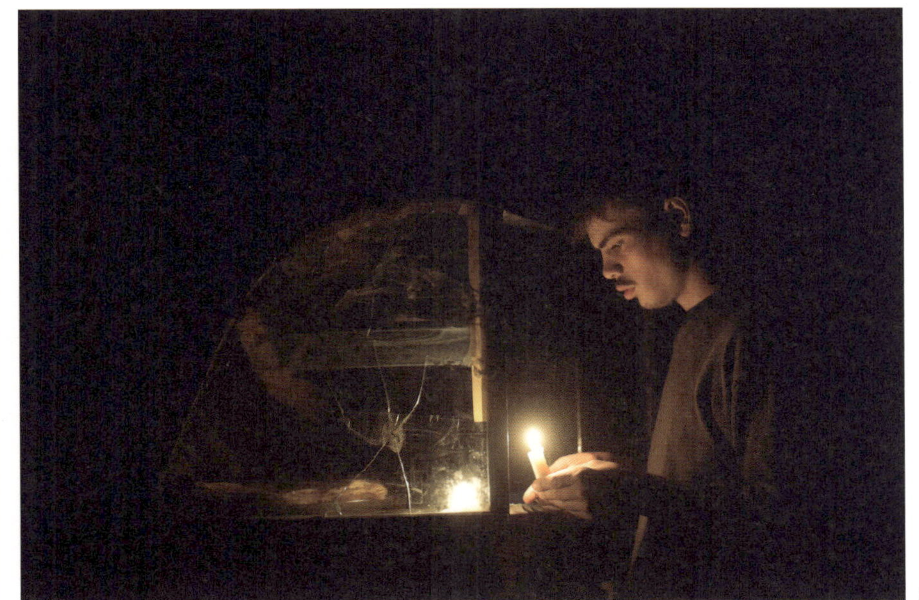

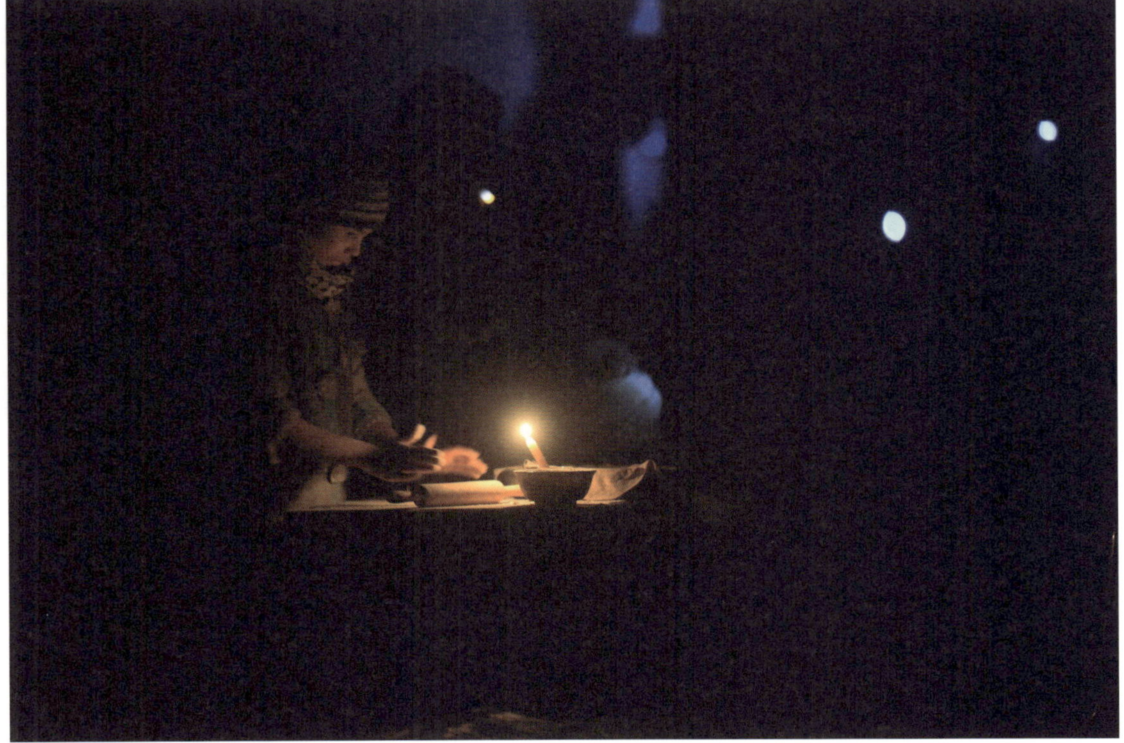

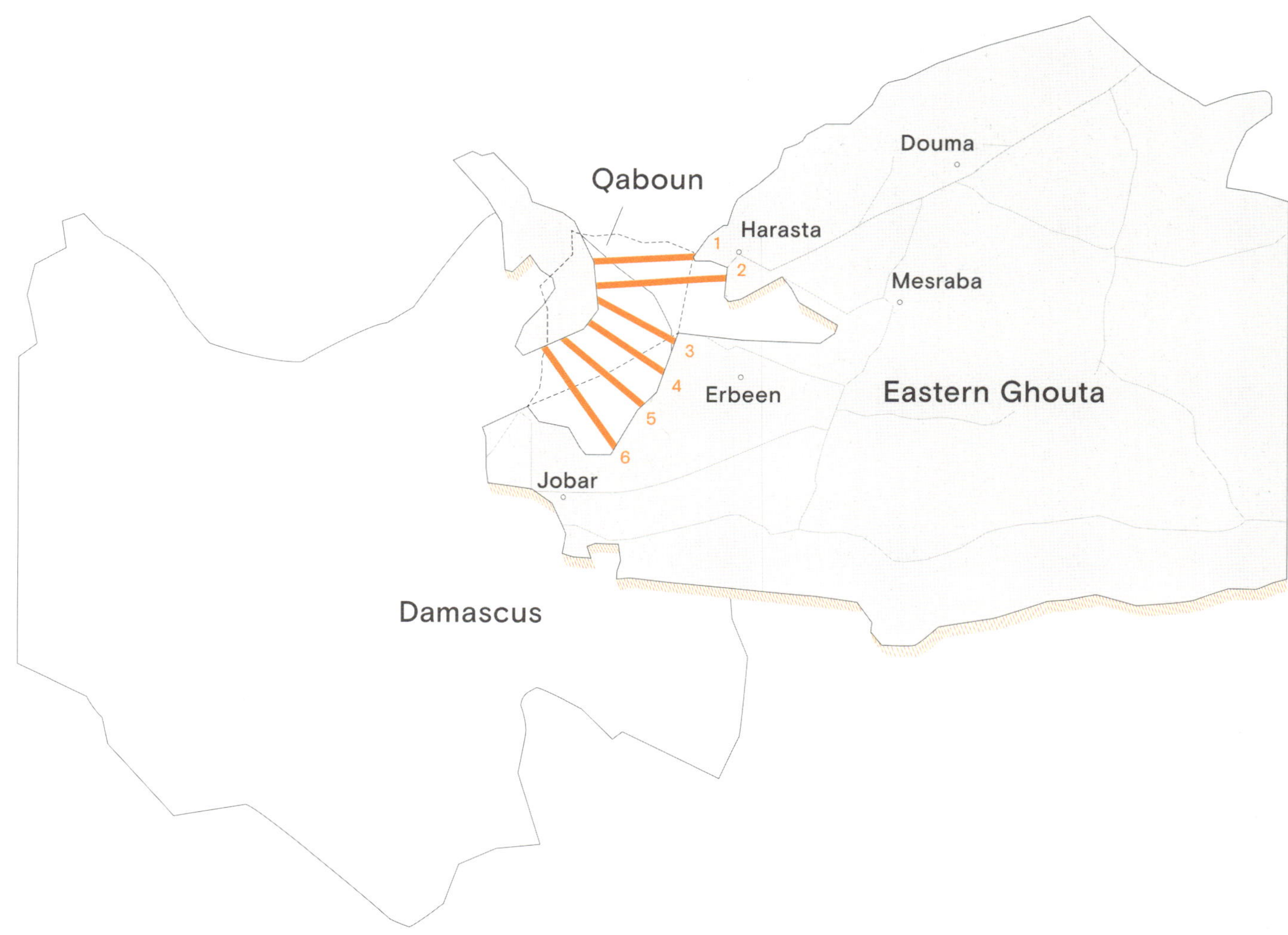

1

النفق 1:

الموقع: يربط بين حرستا الشرقيّة وحرستا الغربيّة	**Connecting:** Eastern Harasta and western Harasta
تاريخ الإنشاء: 2013	**Construction began:** 2013
الاستخدام: عسكري، طبي، غذائي، ولأغراض إنسانية أخرى	**Uses:** Military purposes as well as food, medicine, and other humanitarian supplies and access
الإدارة: الجيش السوري الحر	**Operated by:** FSA

2

النفق 2:

الموقع: يربط بين حرستا الشرقية وحرستا الغربيّة	**Connecting:** Eastern Harasta and western Harasta
تاريخ الإنشاء: 2015	**Construction began:** 2015
الاستخدام: المواد والإمدادات العسكرية	**Uses:** Military staff and supplies
الإدارة: الجيش السوري الحر	**Operated by:** FSA

3 Mercy Tunnel

النفق 3 (نفق الرحمة):

الموقع: يربط بين مدينة عربين وحيّ القابون	**Connecting:** Erbeen and Qaboun
تاريخ الإنشاء: 2015	**Construction began:** 2015
الاستخدام: الإمدادات الإنسانية	**Uses:** Humanitarian supplies
الإدارة: الجيش السوري الحر والمقاتلون الإسلاميون	**Operated by:** FSA and Islamist fighters

4 Tunnel of Light

النفق 4: (نفق النور)

الموقع: يربط بين عربين والقابون	**Connecting:** Erbeen and Qaboun
تاريخ الإنشاء: 2015	**Construction began:** 2015
الاستخدام: الإمدادات الإنسانية	**Uses:** Humanitarian supplies and access
الإدارة: الجيش السوري الحر والمقاتلون الإسلاميون	**Operated by:** FSA and Islamist fighters

5 and 6

النفقان 5 و6:

الموقع: يربط بين زملكا والقابون	**Connecting:** Zamalka and Qaboun
تاريخ الإنشاء: غير معروف	**Construction began:** Unknown
الاستخدام: أغراض عسكرية	**Uses:** Military purposes
الإدارة: جيش الإسلام	**Operated by:** Jaish al-Islam

تحت الحصار

—

في تشرين الأول/ أكتوبر 2013، قطع الجيش السوري الإمداد عن الغوطة الشرقية. ولإيجاد طرقٍ لزيادة الضغط على الثوار والمدنيين، قامت الحكومة السورية (التي أرهقتها المقاومة) بفرض حصار خانق على المنطقة؛ فلم يعد السكان قادرين على الوصول إلى الحاجات الأساسيّة للمعيشة التي كانت متاحة بوفرة في مدينة دمشق المجاورة.

ومن أجل مواجهة هذا النقص الناتج عن الحصار، وتأمين خطوط بديلة للإمدادات العسكريّة؛ عملت العديد من قوات المعارضة العاملة في المنطقة على إنشاء أنفاق تحت الأرض. وفي هذه الخريطة، تظهر ستة أنفاق رئيسية تربط بين المنطقة المحاصرة والأحياء المجاورة التي تم فيها التفاوض مع قوات الحكومة السورية على وقف إطلاق النار. وفي عام 2017 اكتُشفت هذه الأنفاق ودُمّرت بالكامل، وبذلك تمّ عزل المدنيّين في الغوطة عن العالم الخارجي مرة أخرى.

Blockade

—

In October 2013, the Syrian Army cut off Eastern Ghouta. The government, tired of resistance and wanting to find ways to increase pressure on rebels and civilians, imposed a severe blockade. As a result, residents were unable to access essential supplies readily available in nearby Damascus.

To address the resulting shortages and enable military activities, various anti-government groups came together to construct underground access tunnels. In this map, we see six main tunnel links between the area and the adjacent neighborhoods where cease-fires were under negotiation. Ultimately, in 2017, the Syrian government forces discovered these tunnels and blocked them, once again isolating residents almost completely.

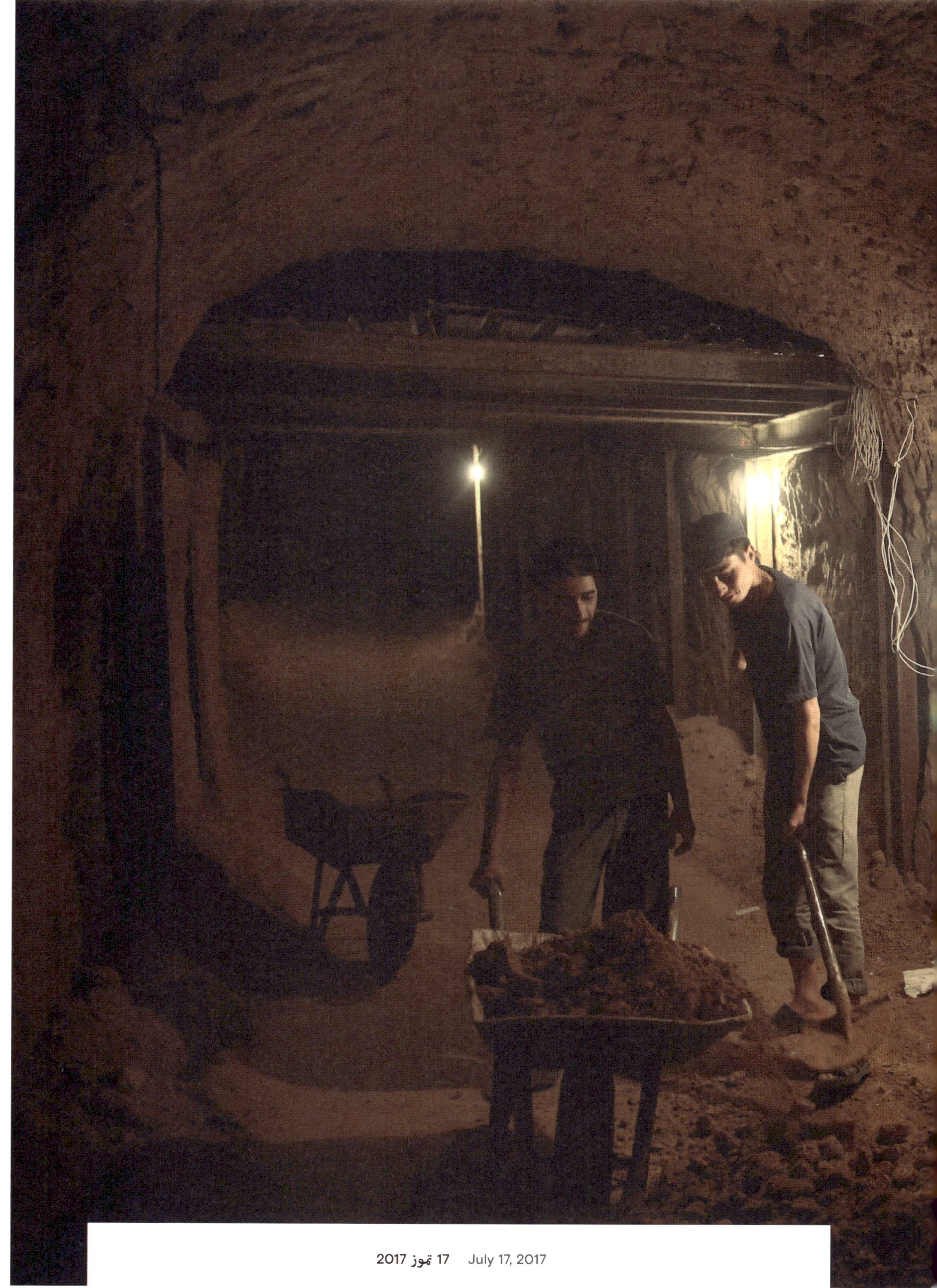

17 تموز 2017   July 17, 2017

عين ترما: مقاتلون من الجيش السوري الحر (فيلق الرحمن) يحفرون نفقاً تحت الأرض لتأمين ممر آمن للمقاتلين على جبهات المدينة.

Ain Tarma: Fighters from the FSA's Al Rahman legion dig an underground tunnel that will provide safe access for their fighters to advanced military points around the city.

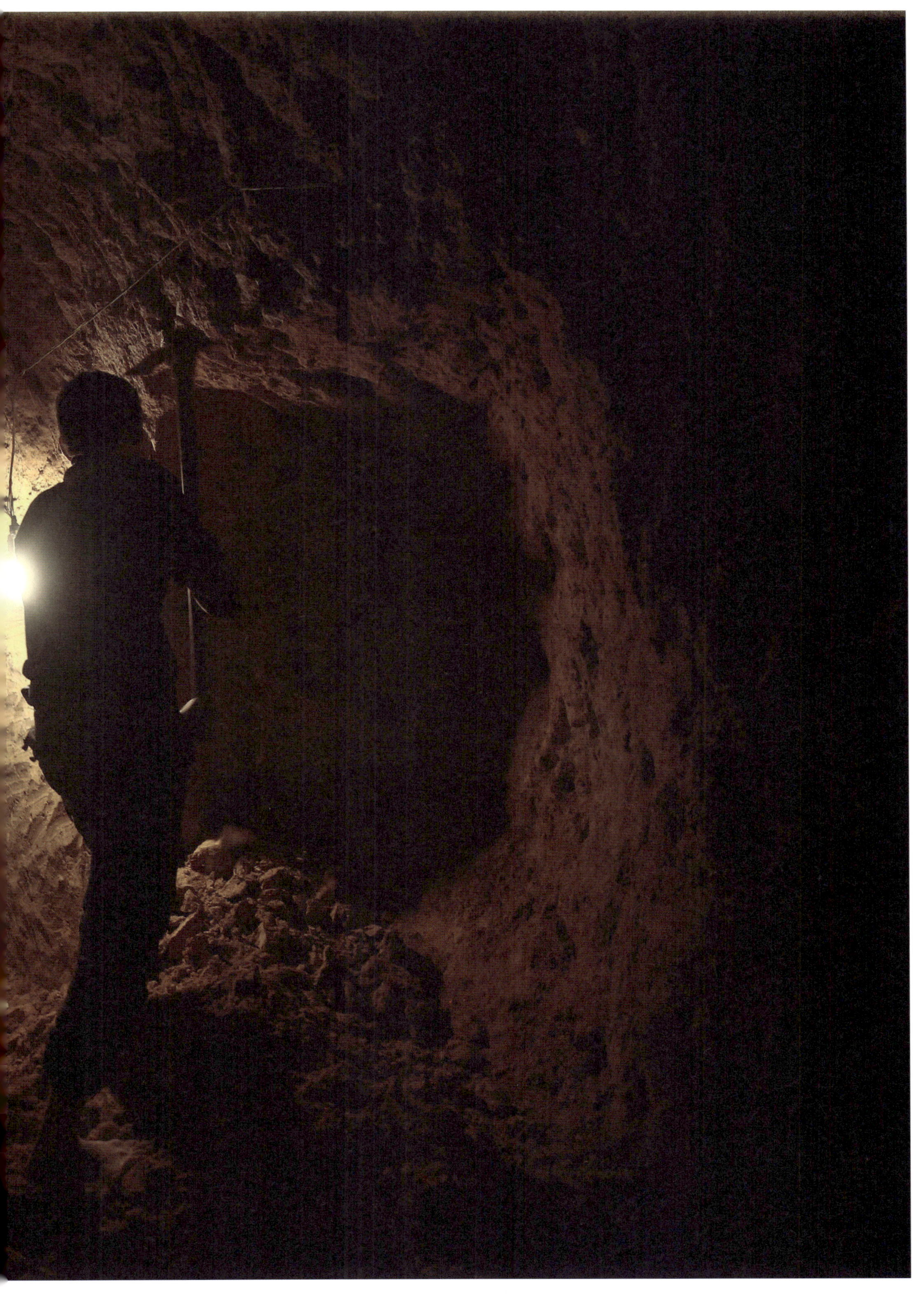

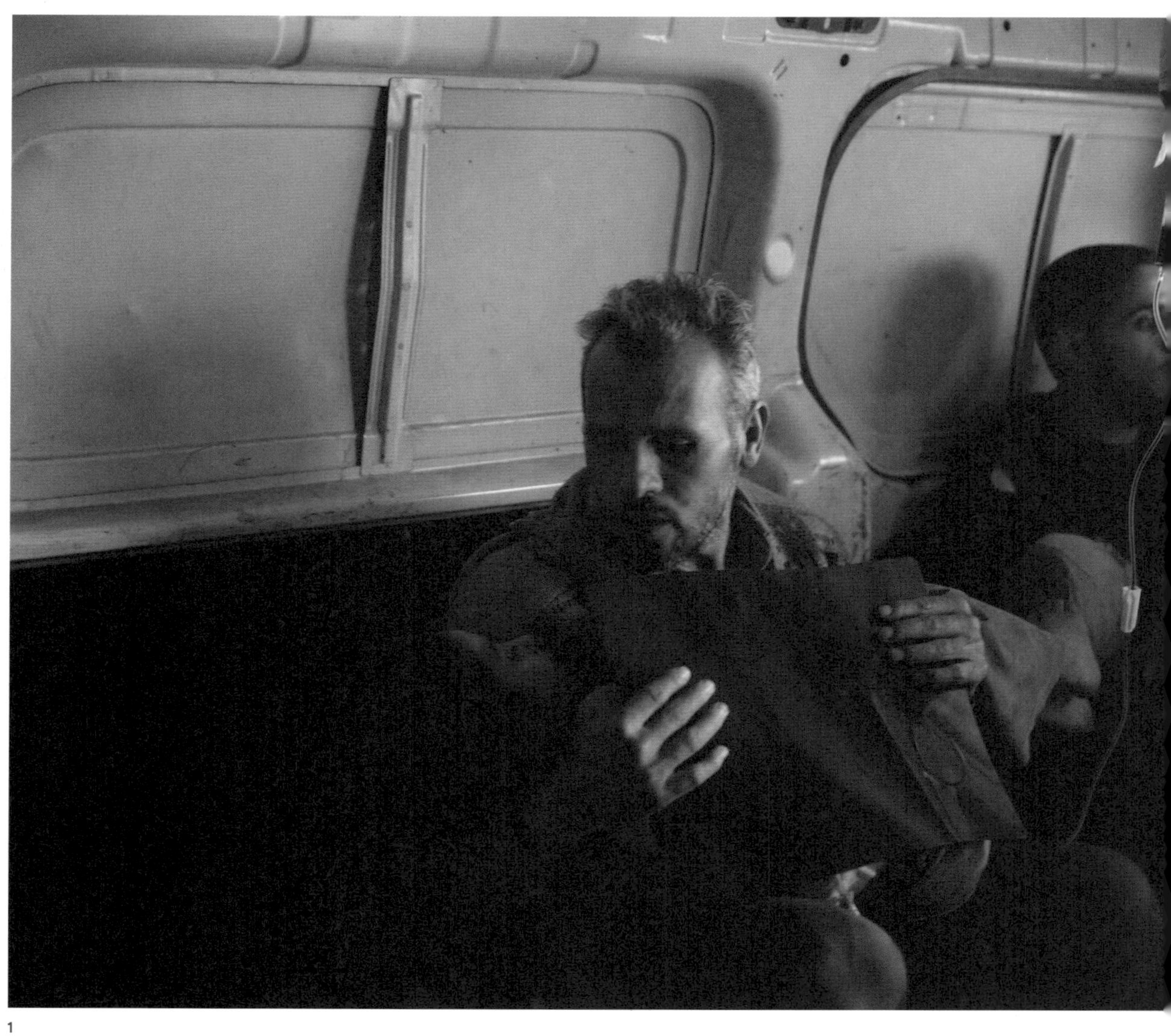

1

29 تشرين الثاني 2015

دوما: فتاة مصابة مع والدها في سيارة إسعاف في أثناء نقلها إلى مشفى ميداني، بعد قصف قوات موالية للرئيس الأسد للأحياء السكنية في المدينة.

13 كانون الأول 2015

دوما: طالبة أصيبت في القصف تستلقي على سرير داخل مشفى ميداني في المدينة.

5 كانون الأول 2015

دوما: ممرض يوجه ضوء هاتف جوال إلى رأس طفل مصاب، بينما يقوم طبيب آخر بتقديم العلاج.

1 — November 29, 2015

Douma: An ambulance transports an injured girl to a field hospital after shelling by forces loyal to Assad.

2 — December 13, 2015

Douma: An injured student rests inside a field hospital.

3 — December 5, 2015

Douma: A man uses a mobile phone to shine a light on a boy's head as a medic performs surgery.

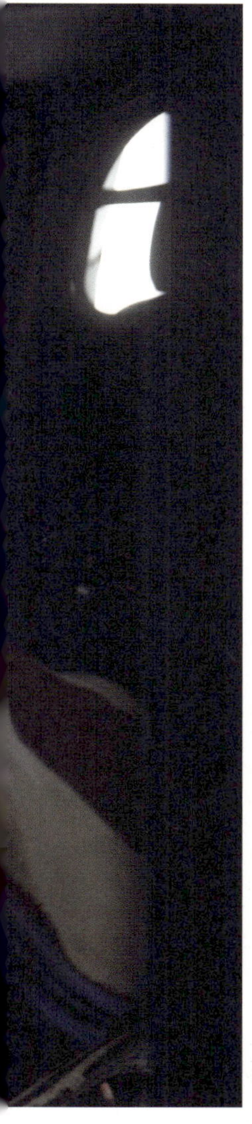

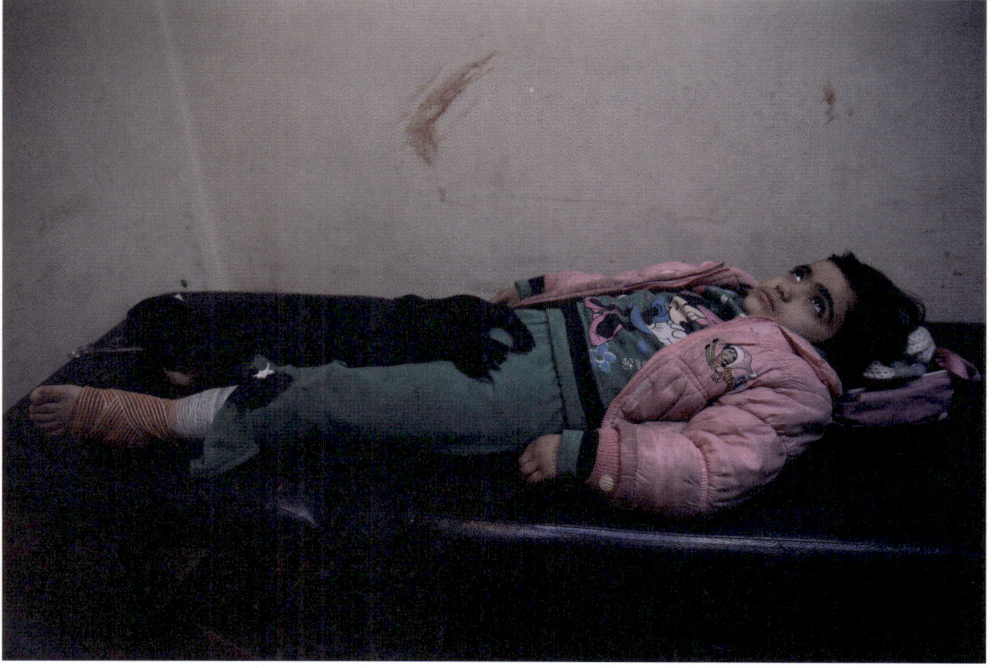

2

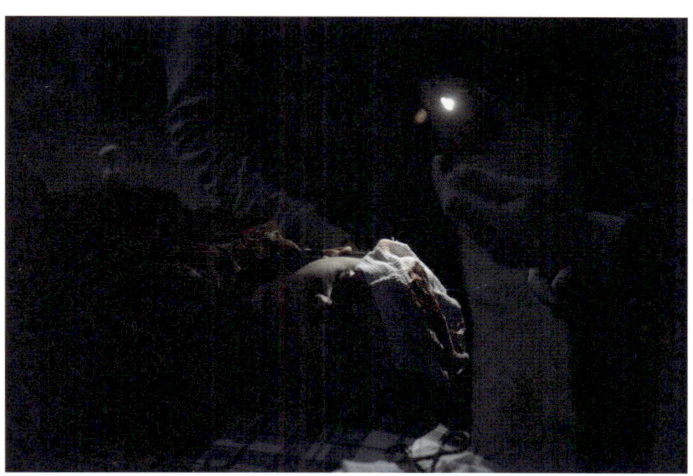

3

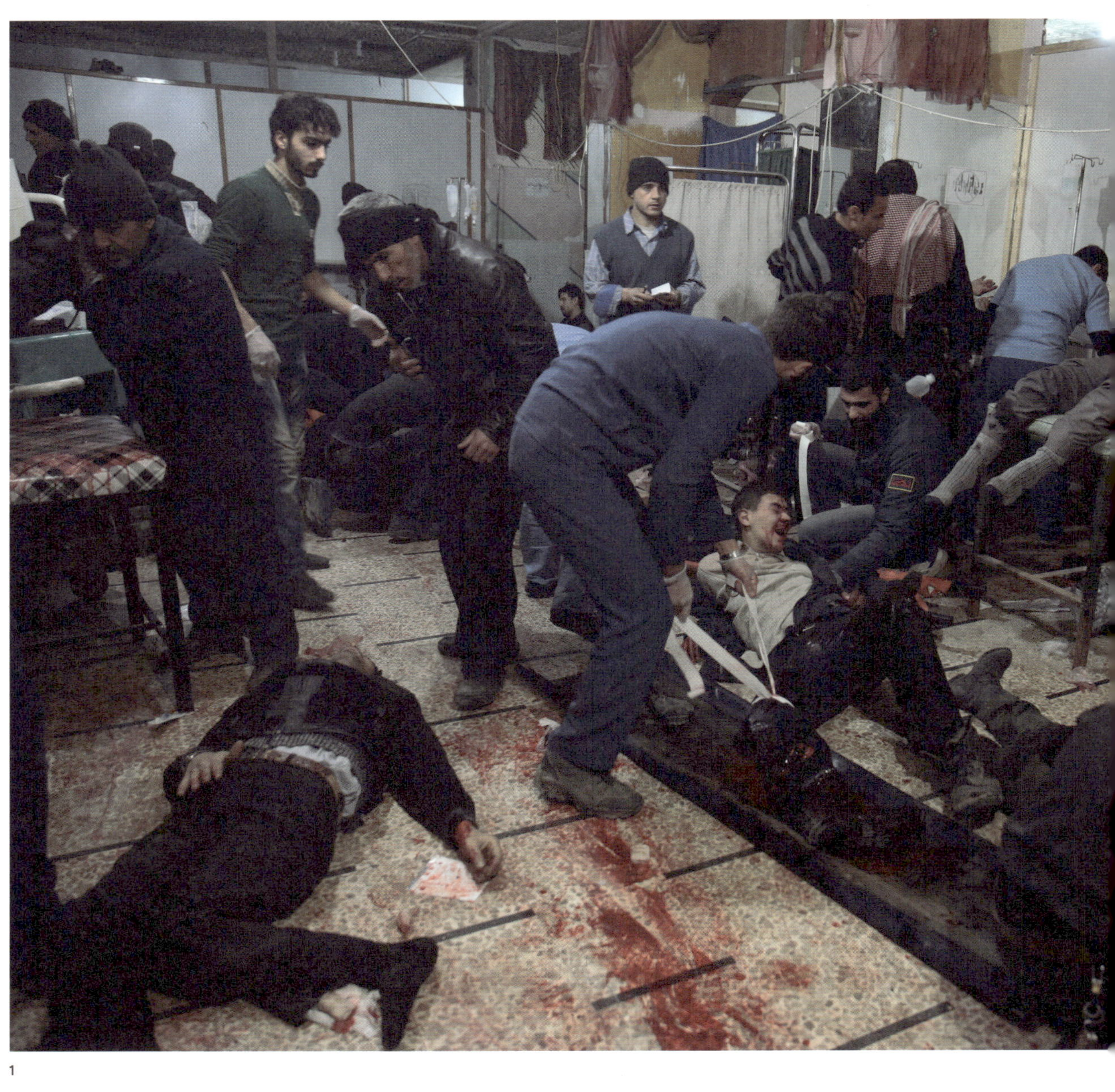

1

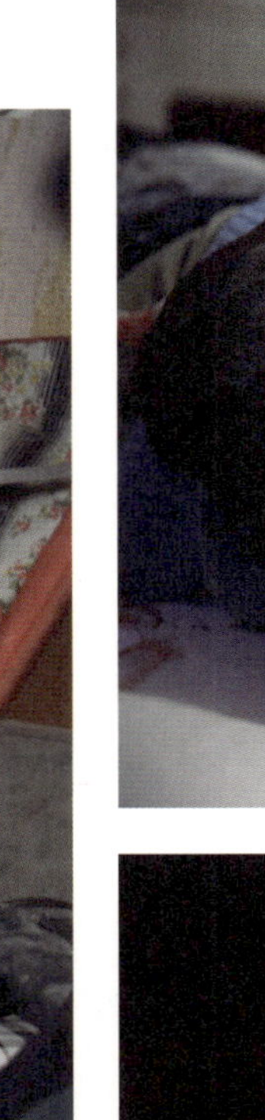

2

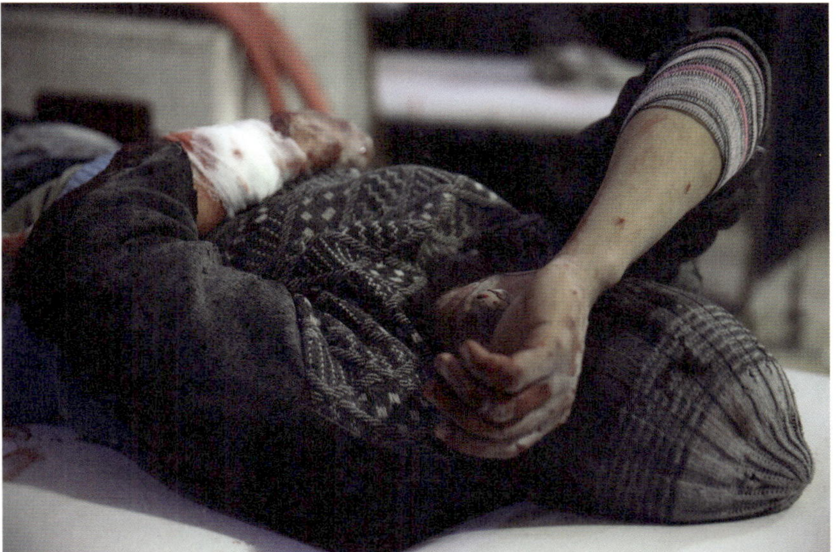

3

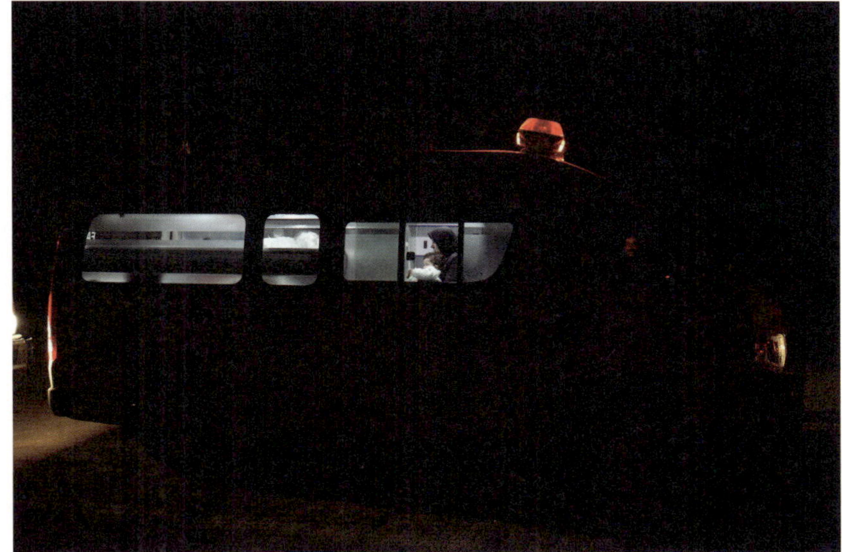

13 كانون الأول 2015

دوما: أطباء يعالجون المصابين في مشفى ميداني، حيث تعرضت المدينة لقصف مستمر منذ عام 2012، أدى إلى موجة غير منتهية من الأزمات الطبية.

20 شباط 2018

دوما: رجل مصاب في مركز طبي. حُوّلت الأقبية والملاجئ في المنطقة إلى مشاف ميدانية يديرها العاملون في المجال الطبي الذين بقوا في المنطقة لتقديم الرعاية الصحية للمصابين والمرضى.

27 كانون الأول 2017

دوما: سيارة إسعاف تقف منتظرة أثناء عملية إجلاء طبي نحو مشافي دمشق.

1 — December 13, 2015

Douma: Medics treat patients at a field hospital. Syrian forces have shelled Douma almost continuously since 2012, creating an endless stream of medical crises.

2 — February 20, 2018

Douma: An injured man awaits treatment at a medical center. Across the region, communities have turned basements and shelters into makeshift hospitals where medical personnel who have stayed in the area care for victims.

3 — December 27, 2017

Douma: An ambulance transports patients during a medical evacuation.

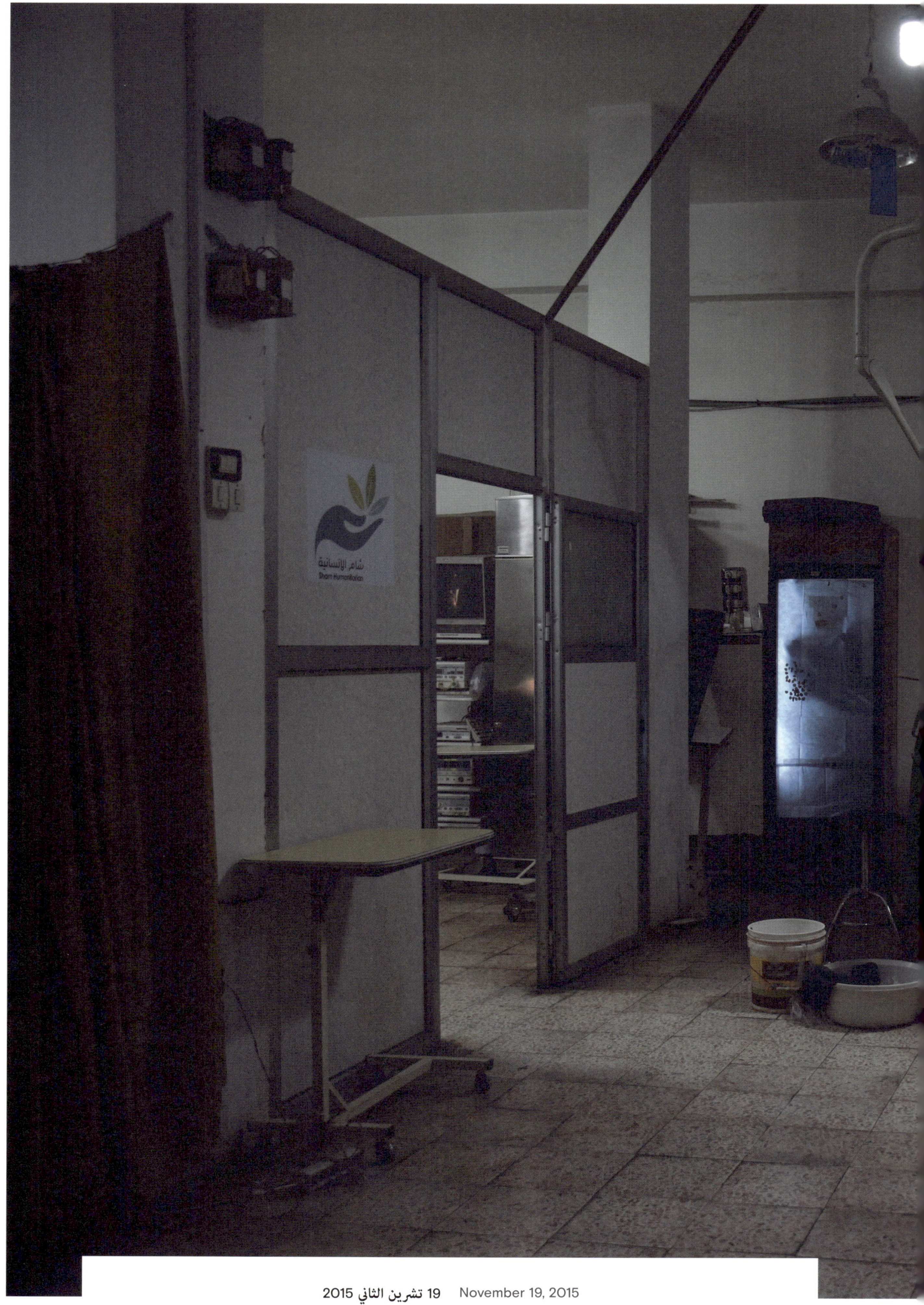

دوما: أطباء يعالجون مدنياً مصاباً في مشفى ميداني، بعد قصف نفذته قوات موالية للرئيس الأسد.

Douma: Doctors treat an injured civilian in a field hospital after shelling by Assad's forces.

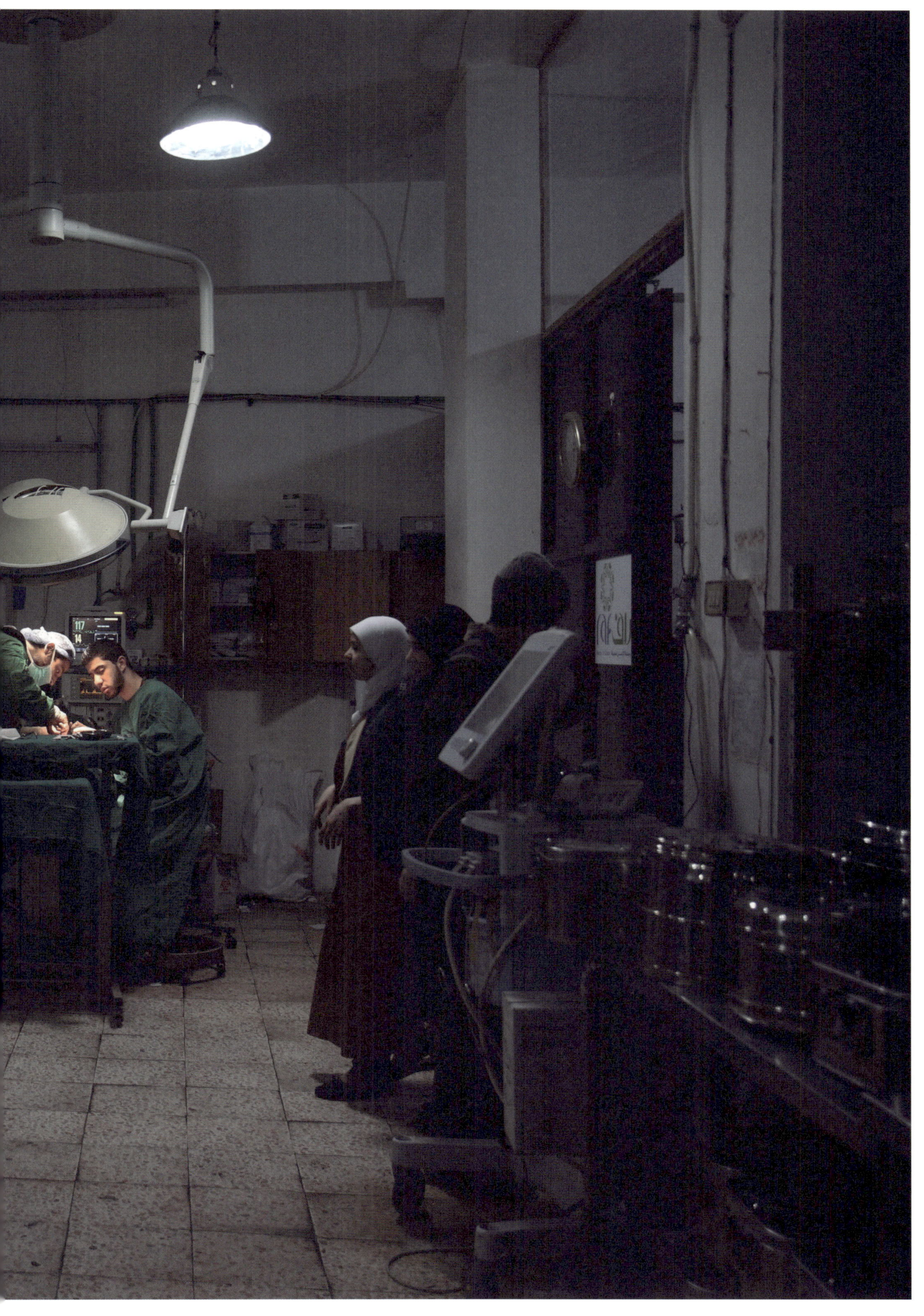

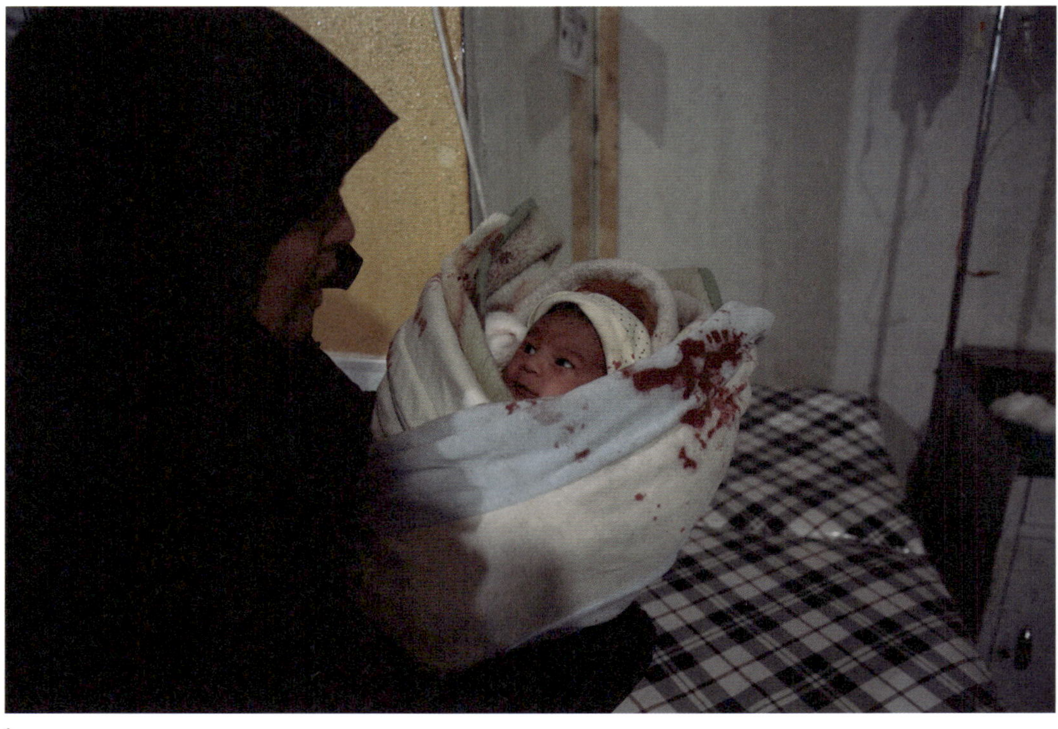

1

2

1 — December 13, 2015   **13 كانون الأول 2015**

Douma: A woman carries an injured baby born inside a field hospital after air and missile strikes.

دوما: امرأة تحمل طفلاً رضيعاً مصاباً داخل مشفى ميداني، بعد غارات جوية بصواريخ على المدينة.

2 — December 8, 2015   **8 كانون الأول 2015**

Douma: Babies lie in a field hospital's neonatal unit. The area blockade has made it difficult to access medical equipment needed for newborns and other vulnerable patients.

دوما: أطفال رضّع في وحدة عناية الأطفال حديثي الولادة في مشفى ميداني. أدى الحصار المطبق على المنطقة إلى صعوبة الوصول إلى المعدات الطبية اللازمة للأطفال حديثي الولادة، وهم الأكثر عرضةً للخطر من المرضى الآخرين.

3 — December 8, 2015   **8 كانون الأول 2015**

Douma: A baby lies in a field hospital's neonatal unit.

دوما: رضيع يستلقي في وحدة عناية الأطفال حديثي الولادة في مشفى ميداني.

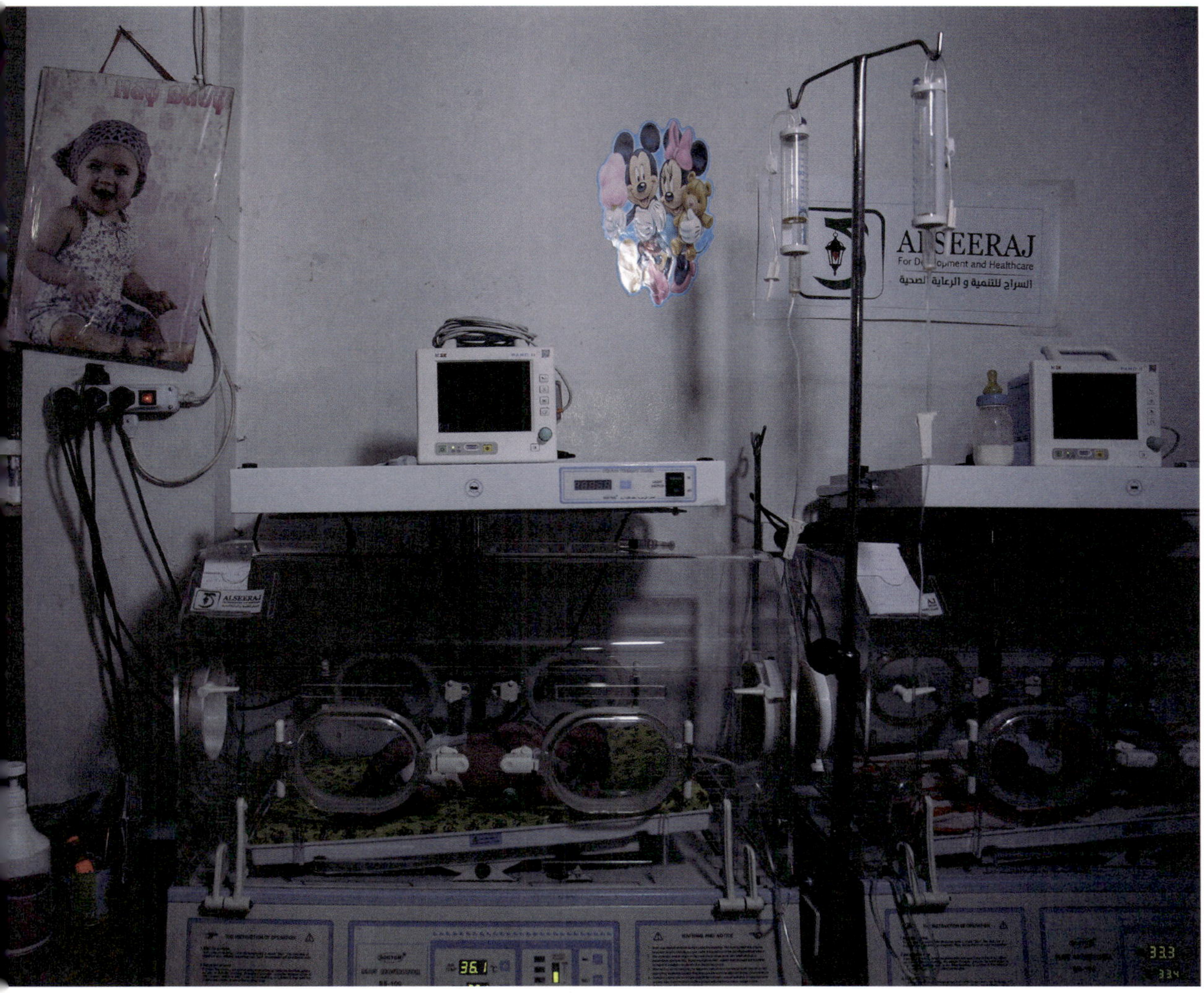

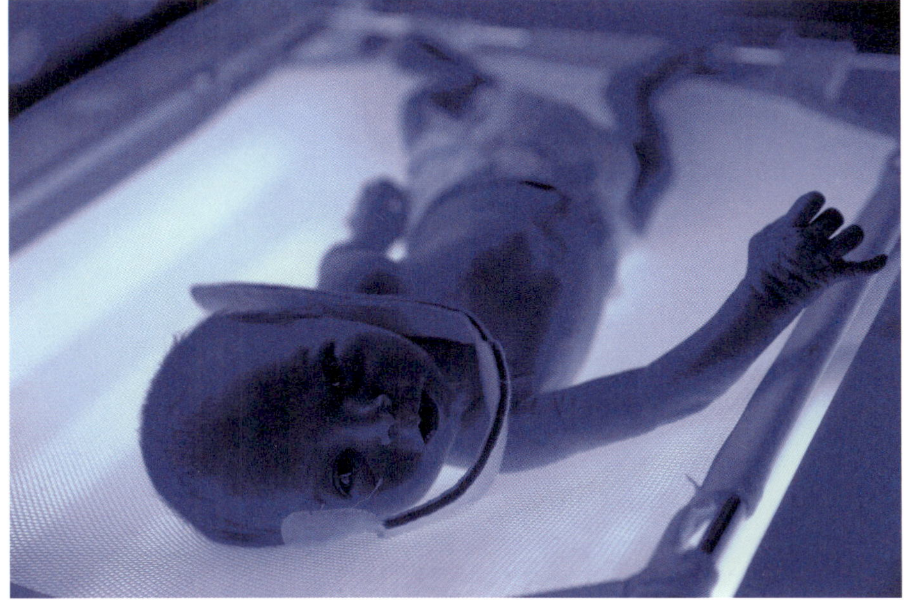

3

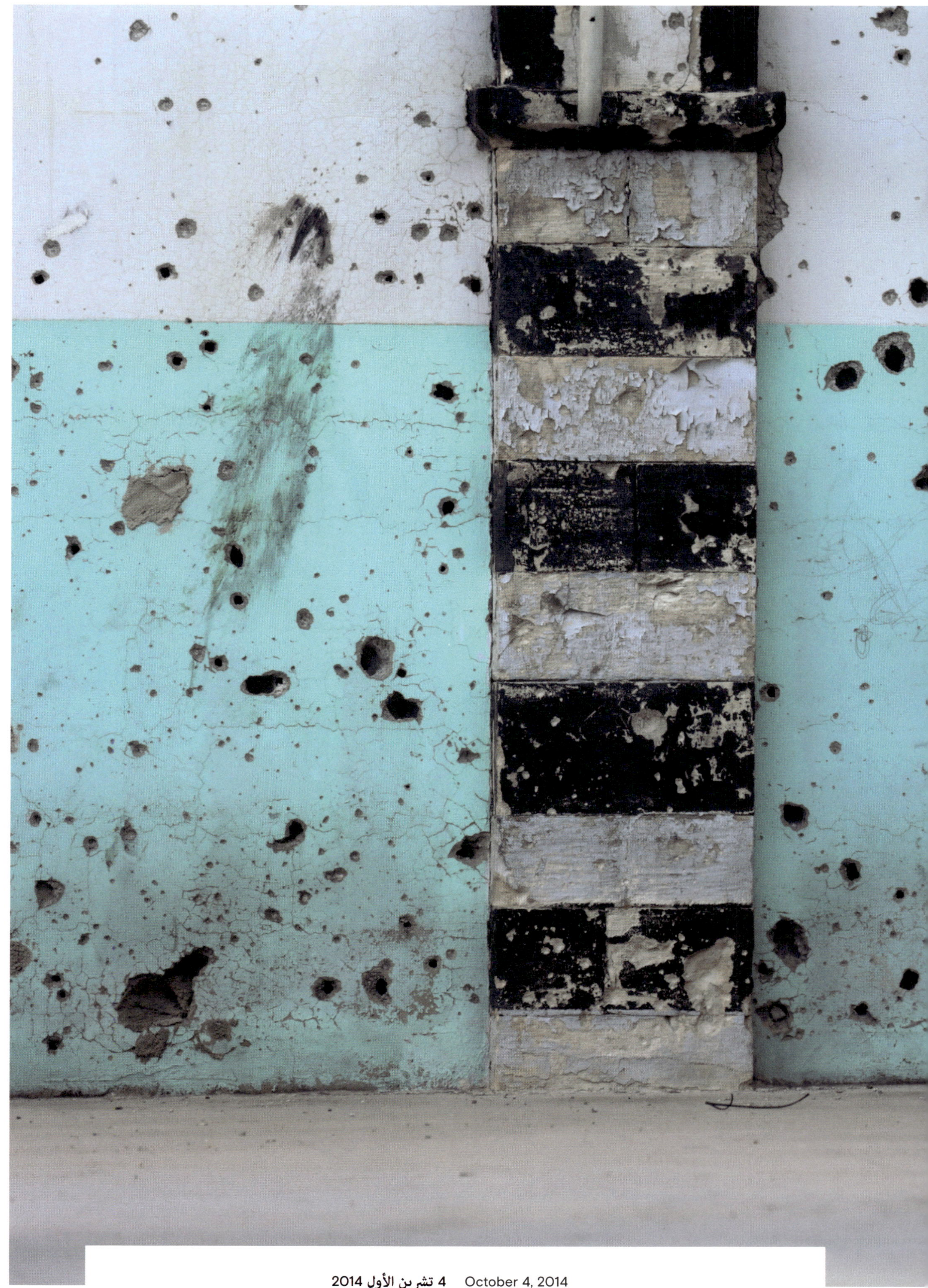

4 تشرين الأول 2014   October 4, 2014

دوما: طفل يجلس على عجلة أمام واجهة مسجد متضررة بفعل
شظايا القذائف، في أول أيام عيد الأضحى.

Douma: A boy sits on a tire in front of a mosque's bullet-riddled facade on the first day of the Eid al-Adha holy day.

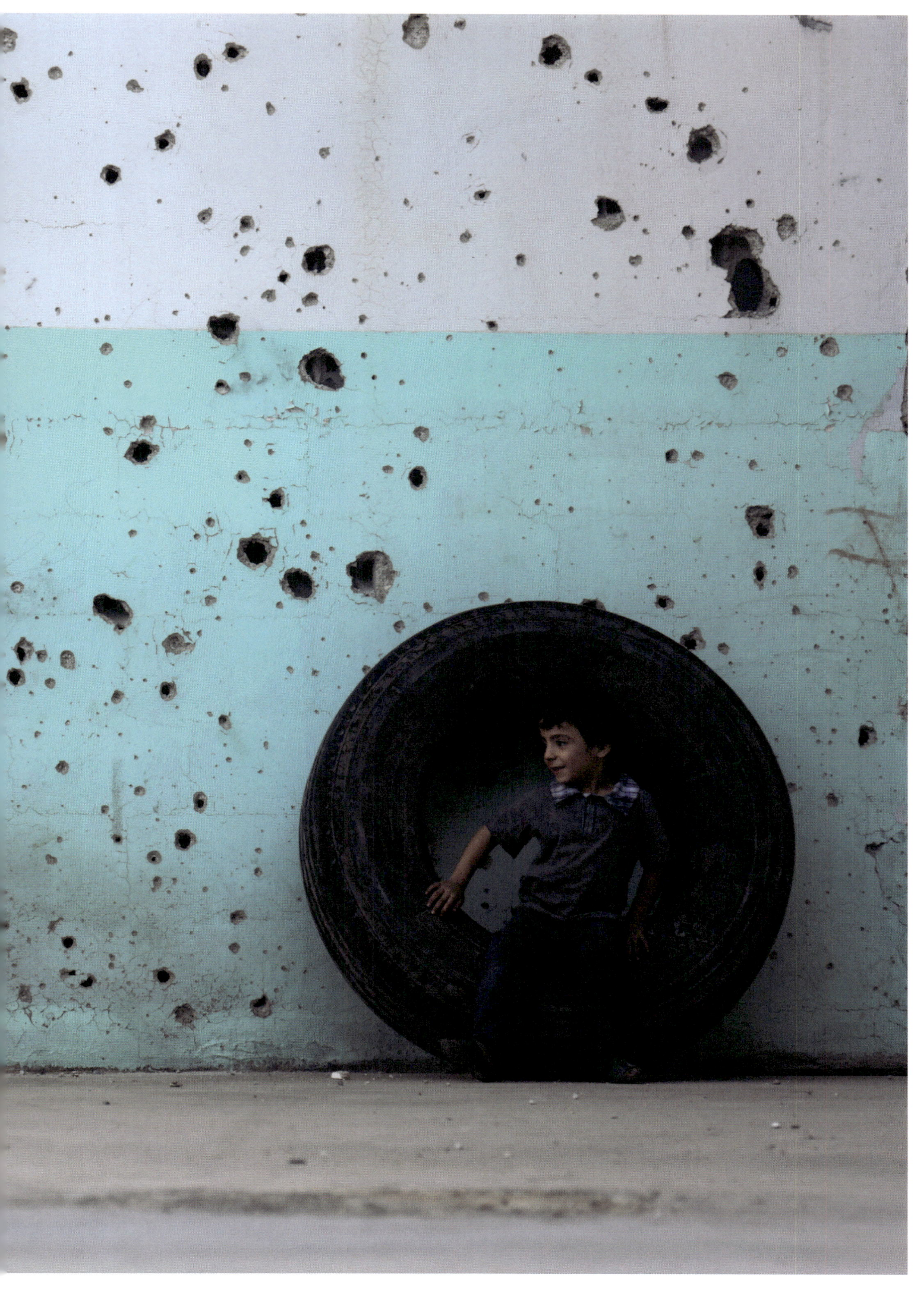

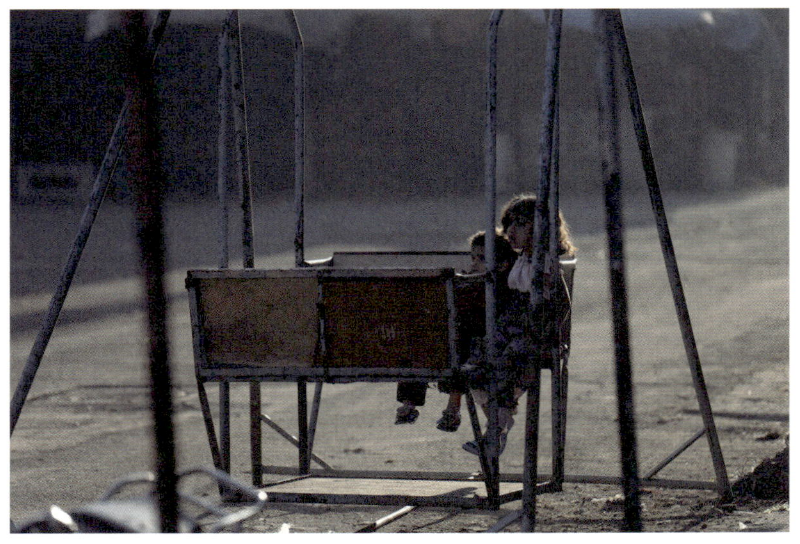

1

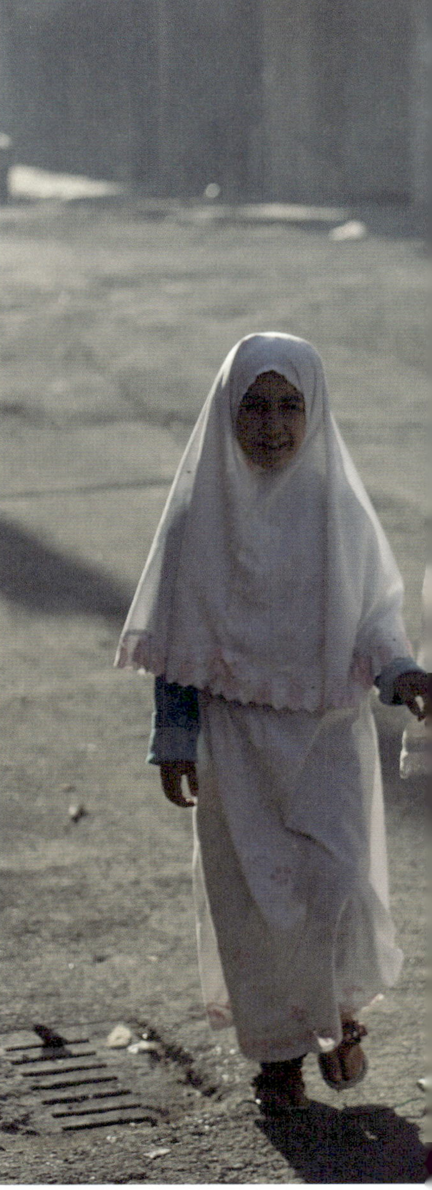

2

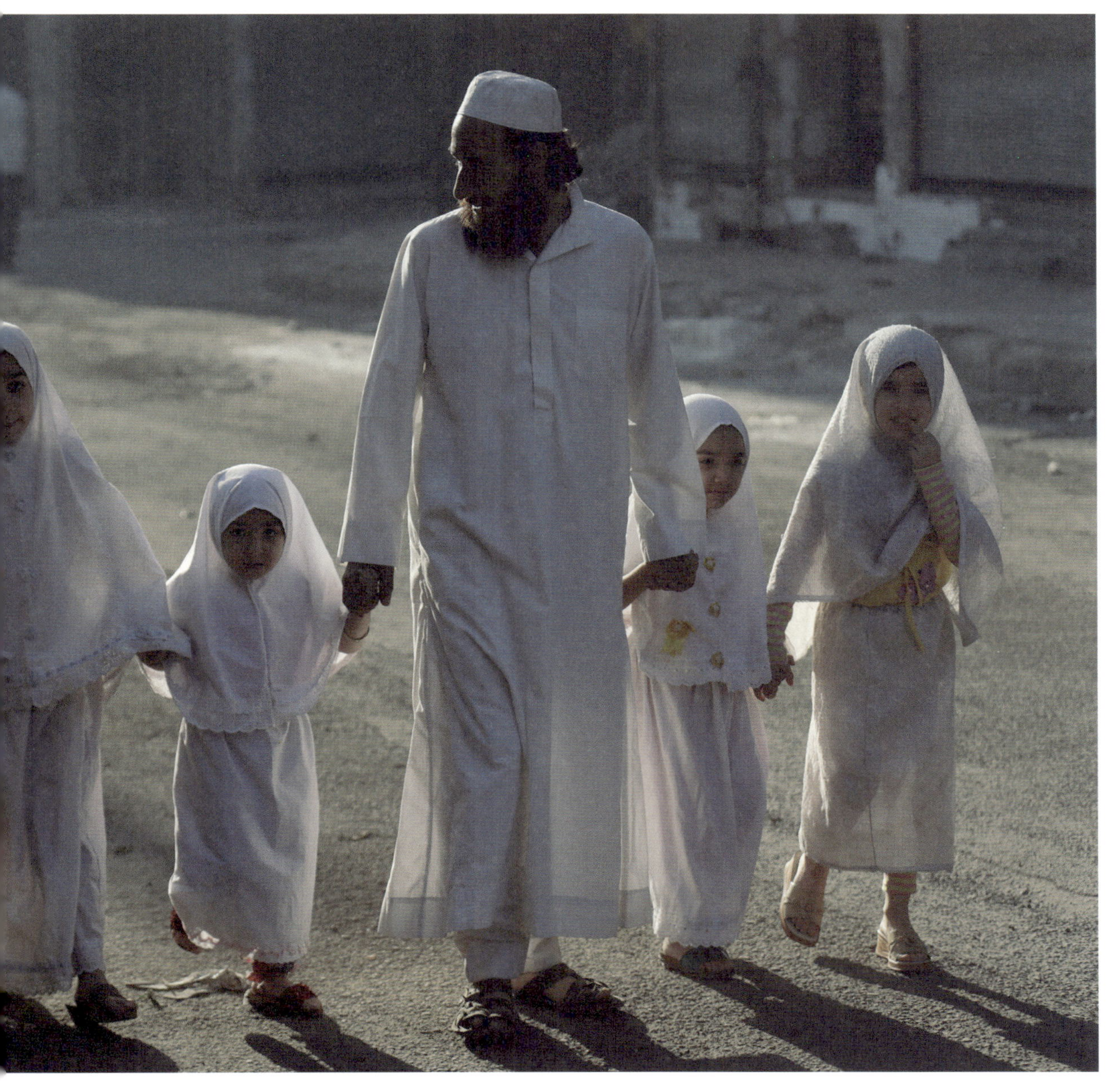

4 تشرين الأول 2014 — 1 — October 4, 2014

دوما: أطفال يجلسون على أرجوحة في شارع مهجور في أول أيام العيد.

Douma: Children sit on a swing along a deserted street on the first day of the holiday.

4 تشرين الأول 2014 — 2 — October 4, 2014

دوما: فتيات يمشين برفقة والدهن بعد حضور الصلاة في أول أيام العيد.

Douma: Children accompanied by their father walk together before attending prayers on the first day of the holiday.

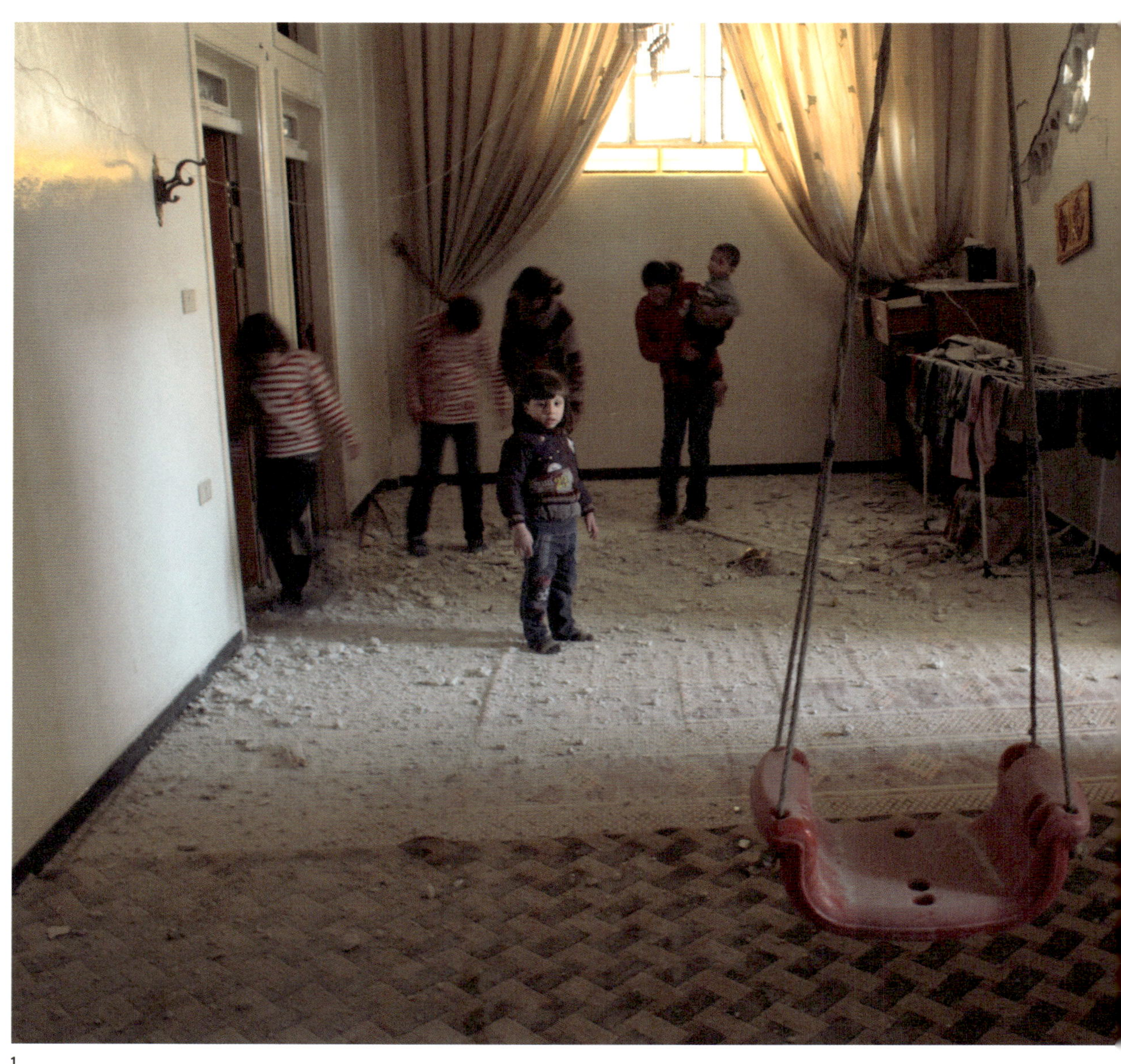

1

1 — February 5, 2014

Douma: Residents inspect the damage
inside their house after shelling by forces
loyal to Assad.

2 — March 10, 2014

Douma: A girl jumps rope.

3 — July 28, 2014

Douma: Children ride on a swing during Eid al-Fitr.
The festival marks the end of the Muslim holy
fasting month of Ramadan.

5 شباط 2014

دوما: سكان أحد المنازل المتضررة يتفحصون منزلهم بعد قصف
من قوات للرئيس الأسد.

10 آذار 2014

دوما: طفلة تلعب لعبة القفز بالحبل في أحد شوارع المدينة.

28 تموز 2014

دوما: أطفال يركبون أرجوحة في أحد أيام عيد الفطر. يأتي العيد
احتفالاً بنهاية شهر الصوم (رمضان) عند المسلمين.

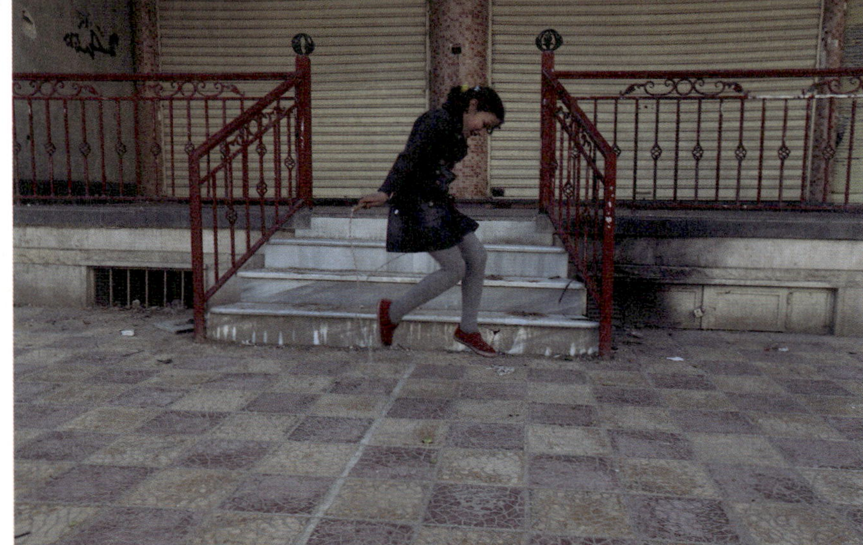

2

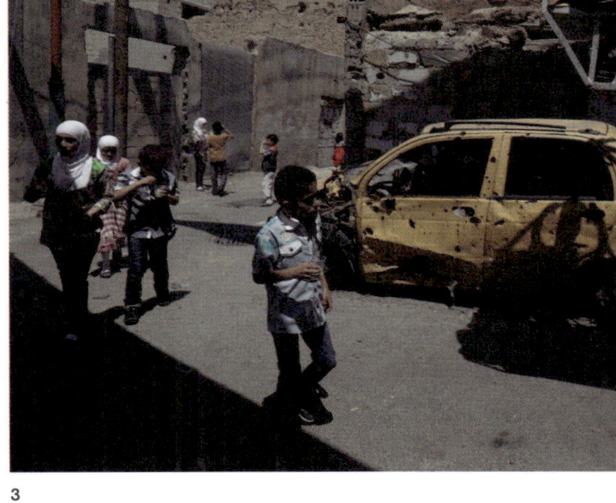

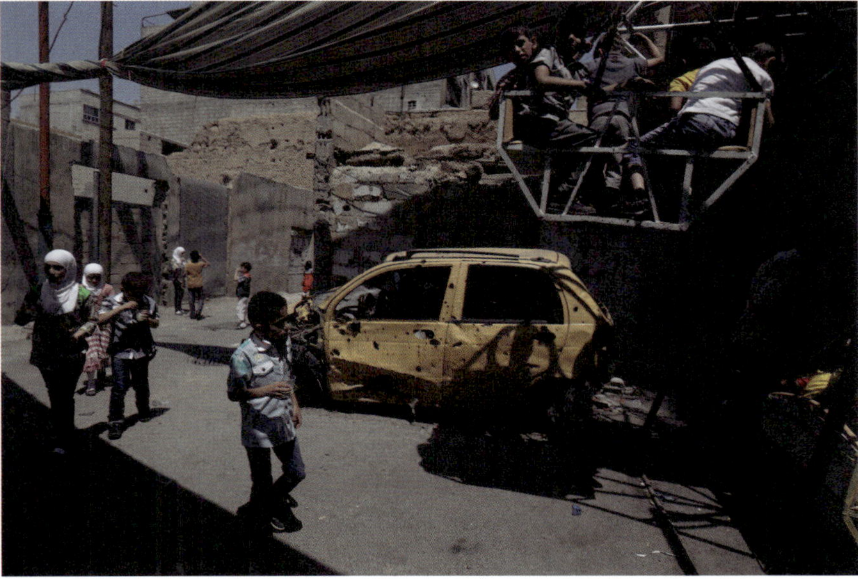

3

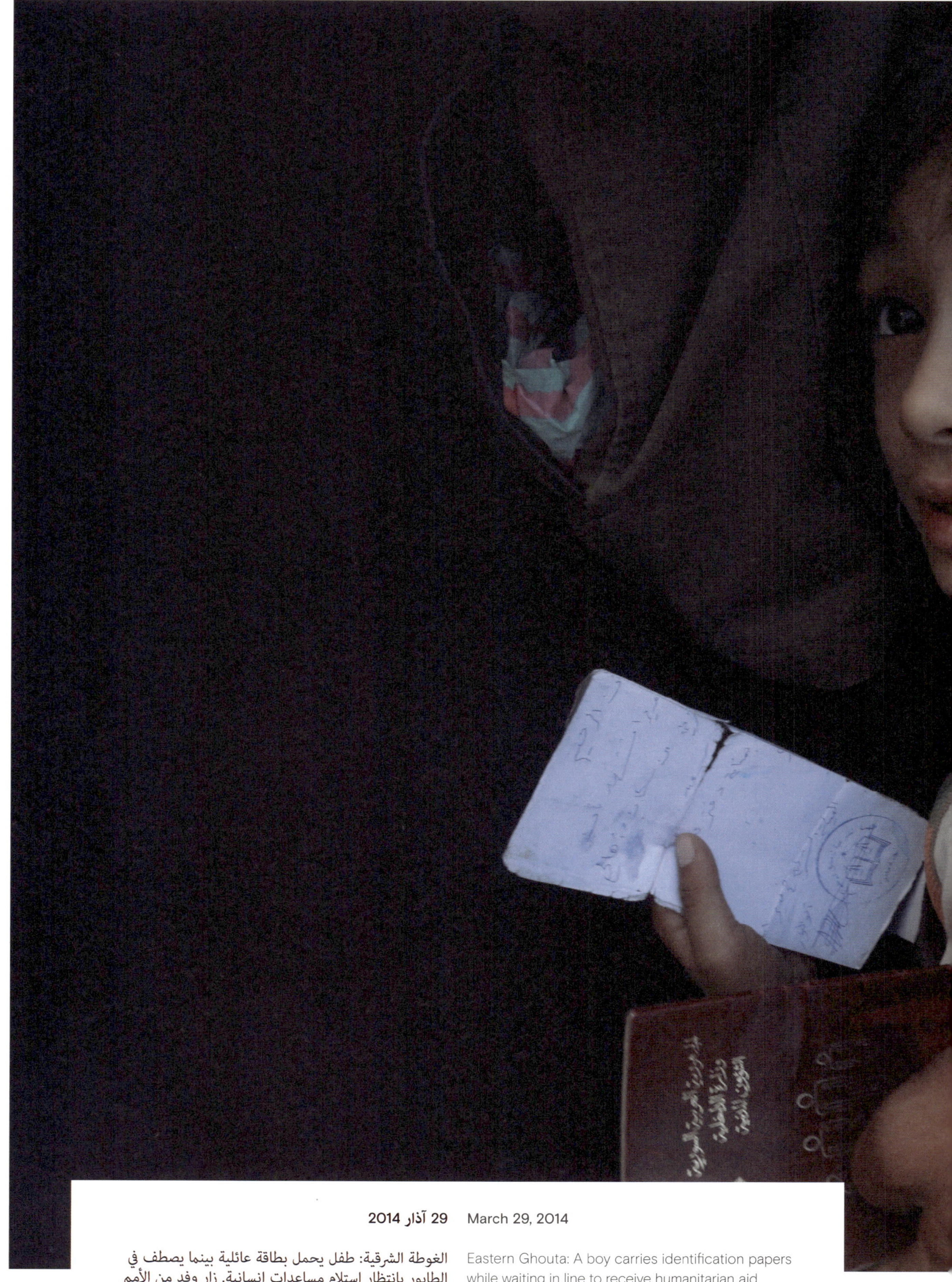

March 29, 2014   29 آذار 2014

Eastern Ghouta: A boy carries identification papers while waiting in line to receive humanitarian aid. A delegation from the UN, the World Food Programme, UNICEF, and the World Health Organization (WHO), accompanied by the Syrian Arab Red Crescent, visited Eastern Ghouta for the second time, carrying aid to distribute to the residents. Members of the FSA accompanied the delegation.

الغوطة الشرقية: طفل يحمل بطاقة عائلية بينما يصطف في الطابور بانتظار استلام مساعدات إنسانية. زار وفد من الأمم المتحدة من برنامج الغذاء العالمي ويونيسيف ومنظمة الصحة العالمية، برفقة الهلال الأحمر العربي السوري، الغوطة الشرقية للمرة الثانية، ومعهم المساعدات الإغاثية لتوزيعها على ساكني المنطقة. وكان أفراد من الجيش السوري الحر يتابعون عملية التوزيع.

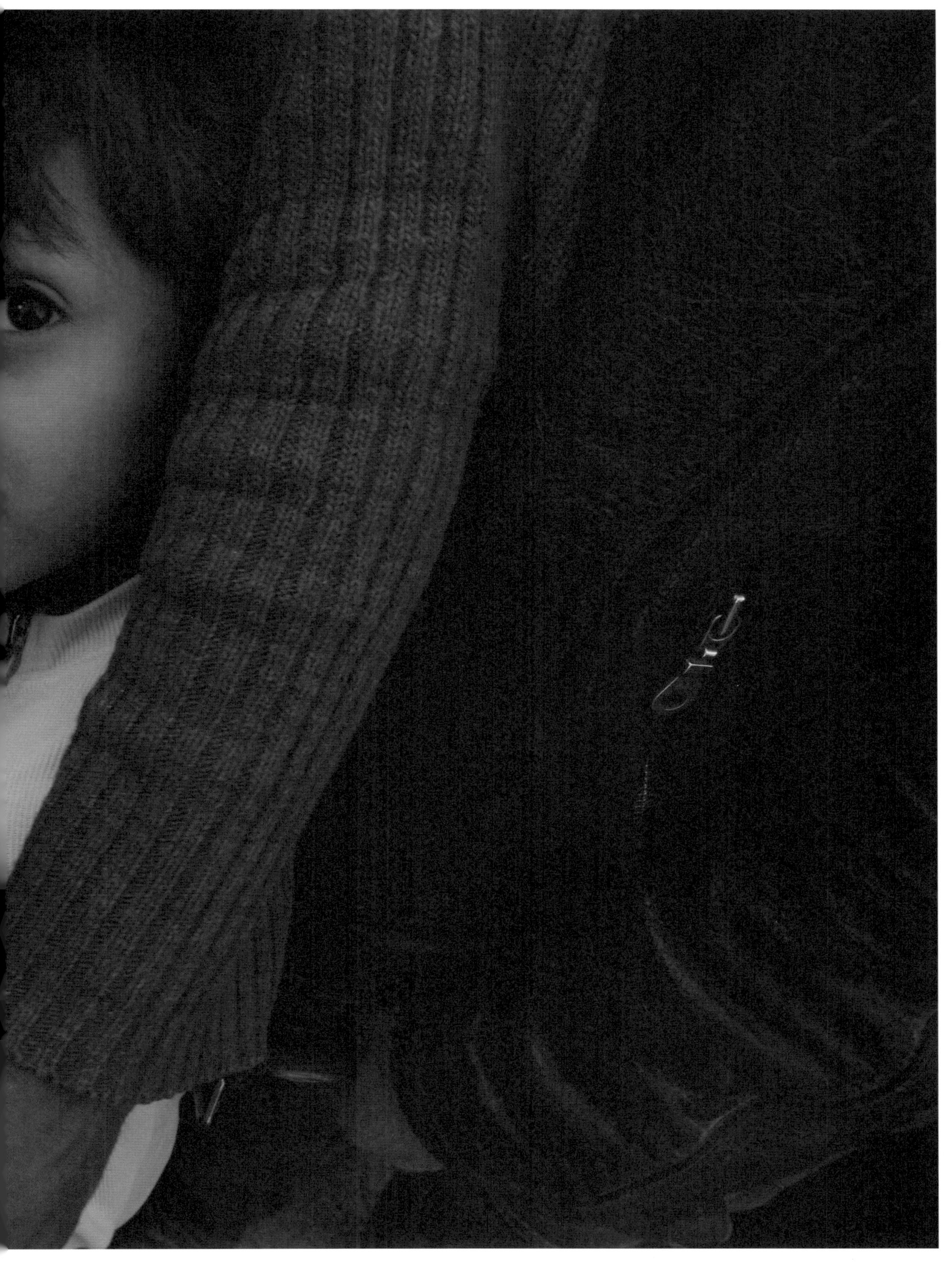

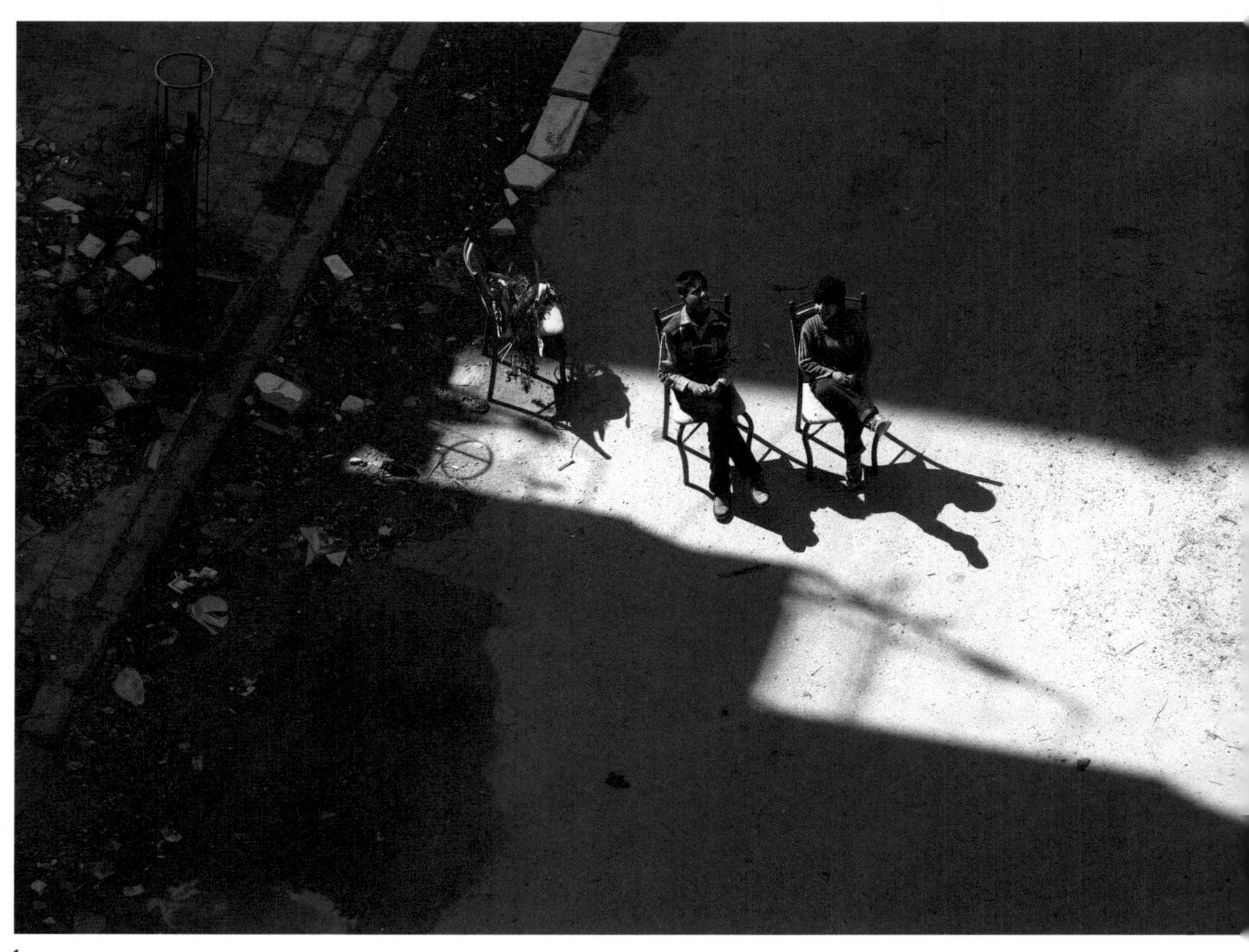

1

10 آذار 2014

دوما: أطفال يجلسون عند الأنقاض في أحد شوارع المدينة المتضررة من القصف.

14 آذار 2014

دوما: أطفال يركضون تحت الأمطار الغزيرة وهم يحملون علم المعارضة السورية (يسار) وعلم دولة أوكرانيا (يمين)، بعد مظاهرة تضامن مع الشعب الأوكراني ضد التدخل الروسي في الأزمة السياسية الأوكرانية.

15 حزيران 2014

دوما: طفل يقف بجانب سيارات تضررت في قصف على السوق المركزي في المدينة.

1 — March 10, 2014

Douma: Children sit near debris along a street.

2 — March 14, 2014

Douma: Children run in the heavy rain while carrying a Syrian opposition flag (L) and a flag in Ukraine's national colors (R) after a protest against both Assad's and Russia's intervention in Ukraine's political crisis.

3 — June 15, 2014

Douma: A boy stands beside cars damaged in shelling at a central market.

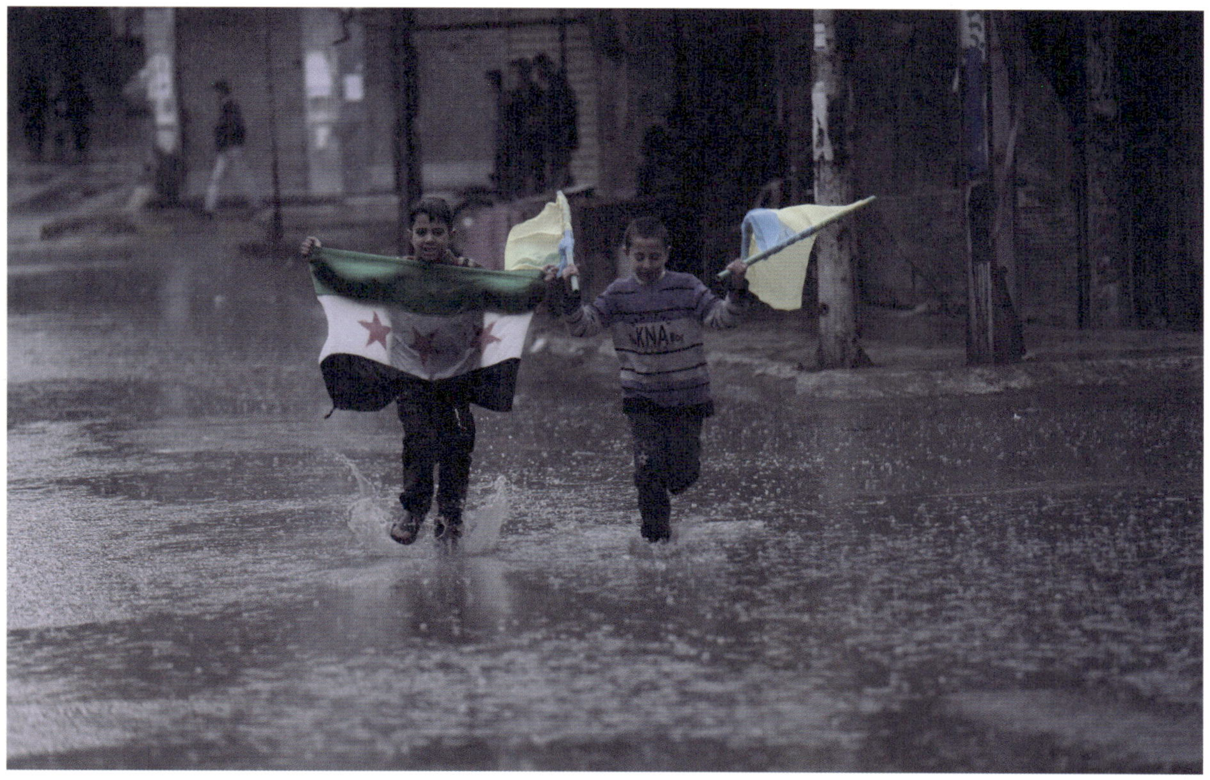

2

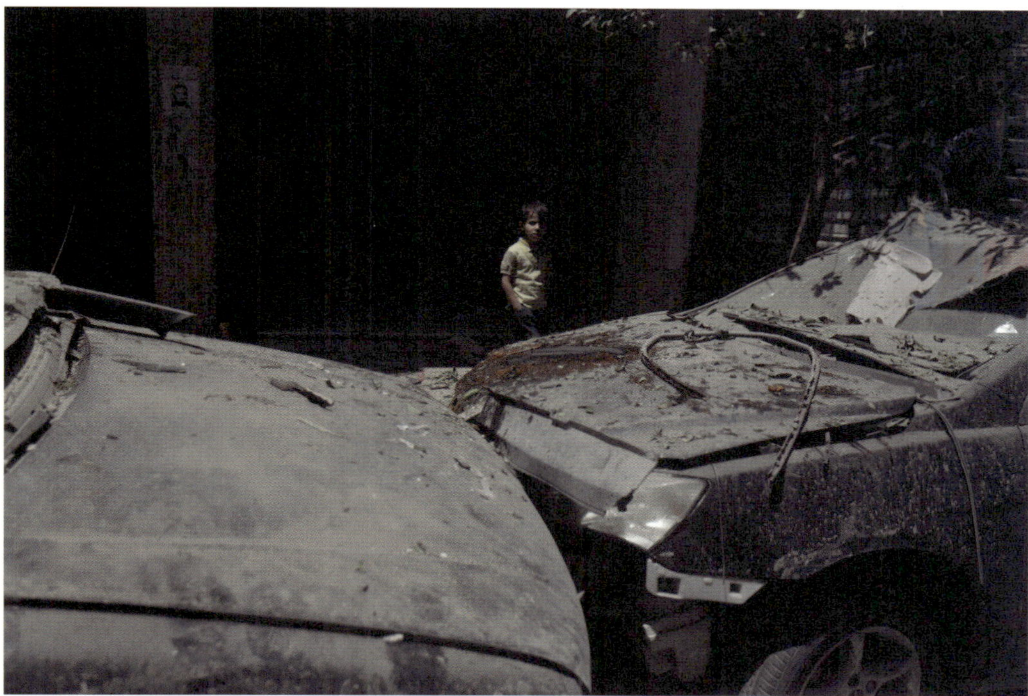

3

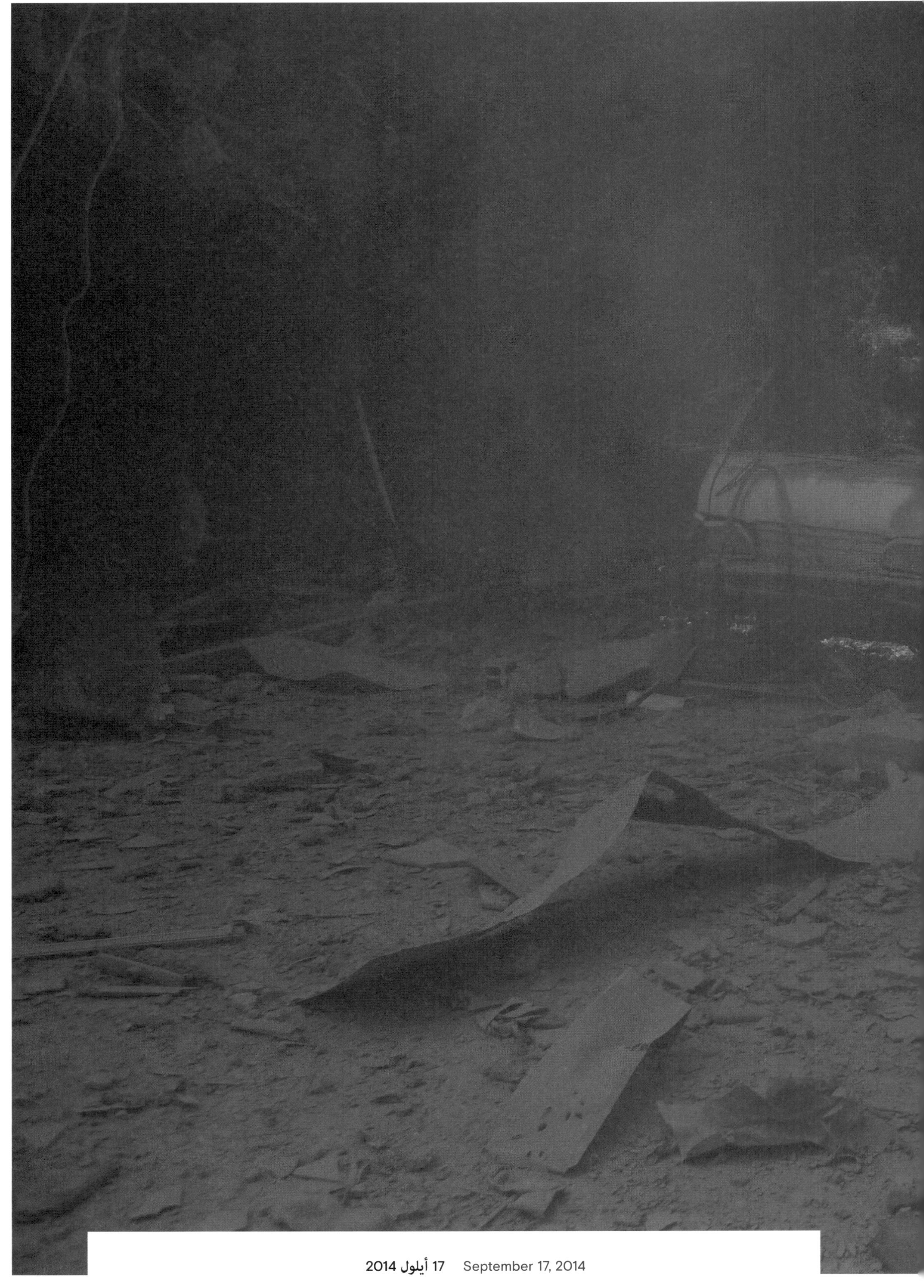

17 أيلول 2014   September 17, 2014

دوما: شاب يدفع دراجة هوائية بين الركام في السوق المركزي الذي تعرض للاحتراق عقب تنفيذ غارات جوية على أحياء وأسواق المدينة.

Douma: A youth pushes a bicycle past a body during a fire at a central market immediately following multiple airstrikes.

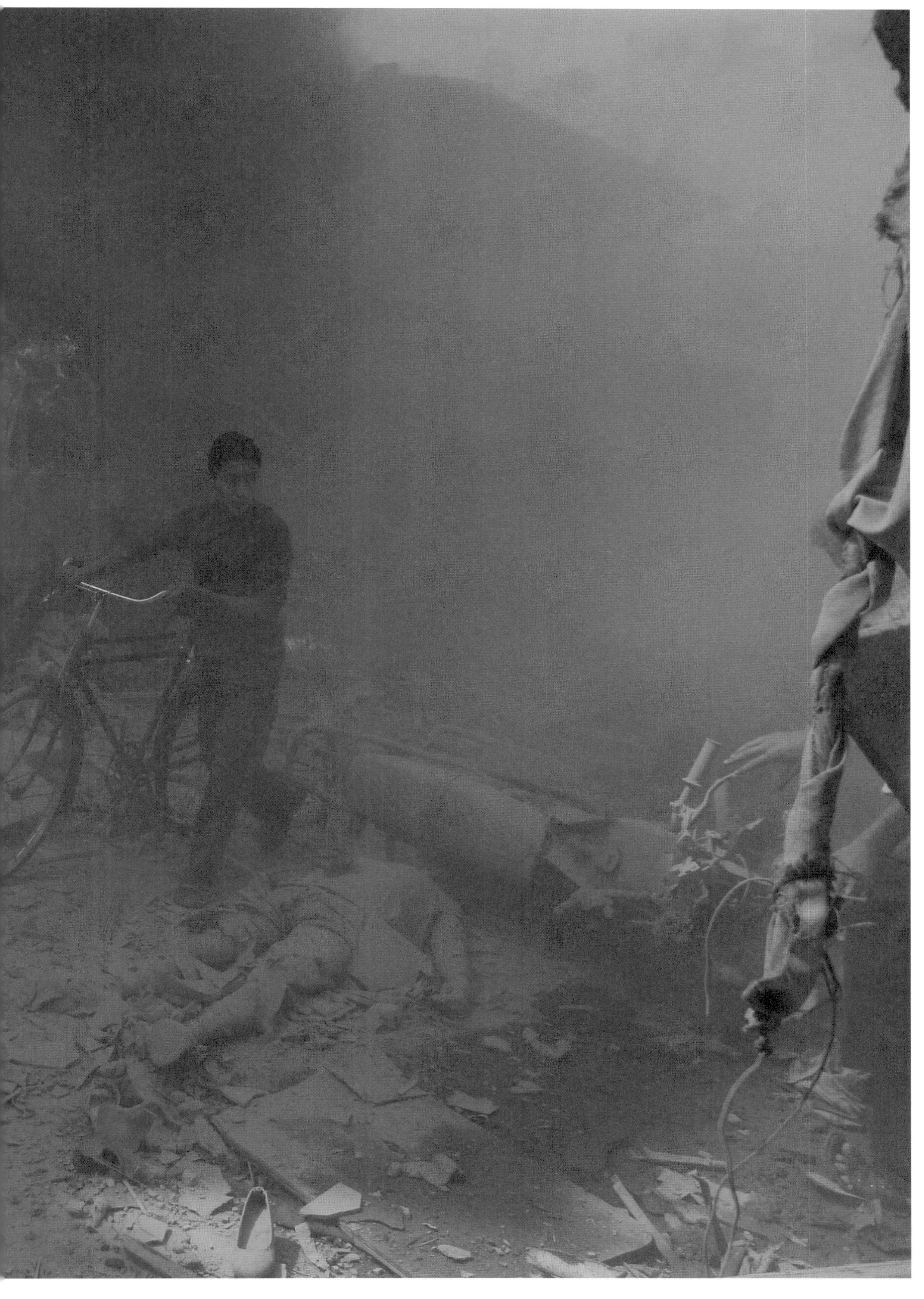

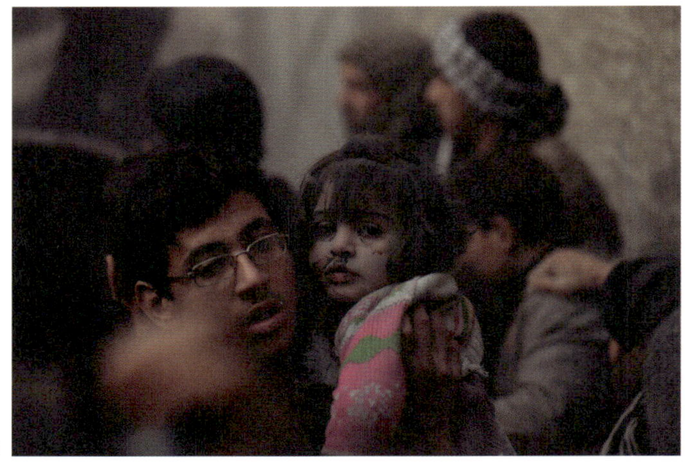

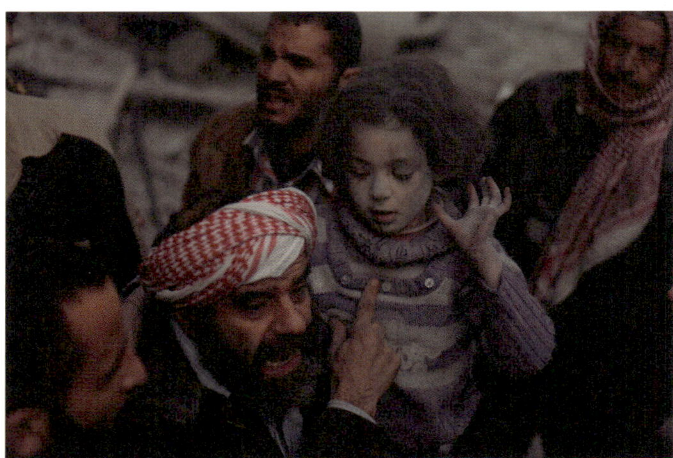

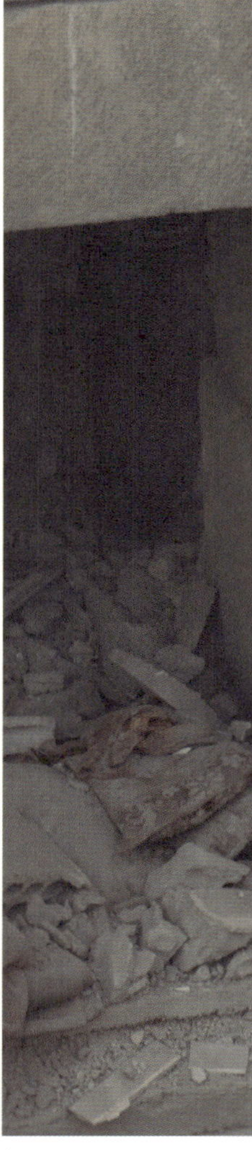

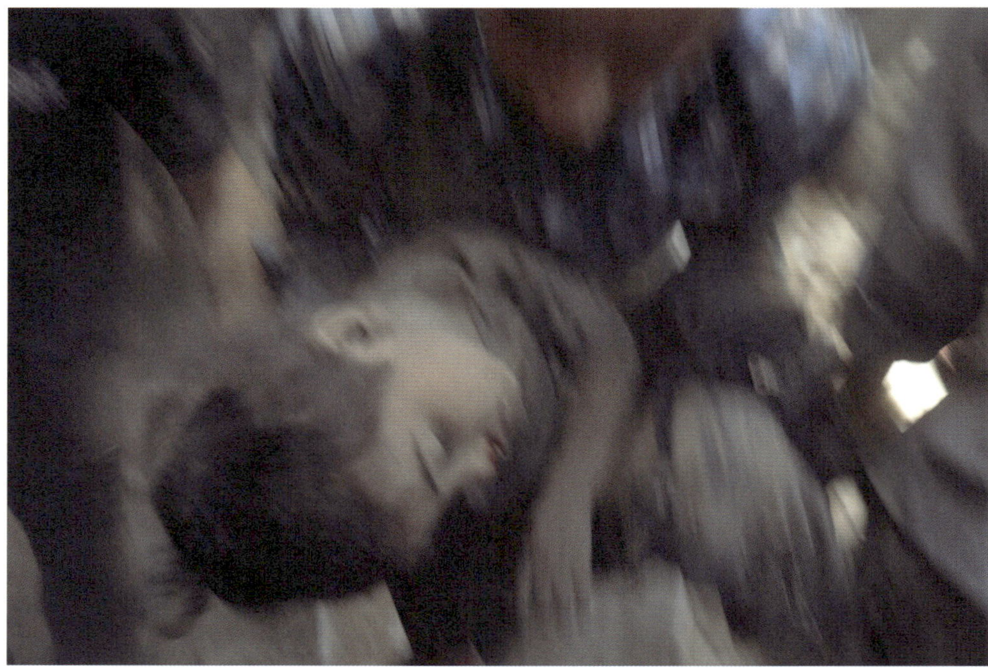

1 and 2 — January 7, 2014

Douma: Men carry wounded children who survived
an airstrike.

7 كانون الثاني 2014

دوما: رجال يحملون أطفالاً نجوا من غارة جوية نفذتها قوات
النظام السوري على الأحياء السكنية في المدينة.

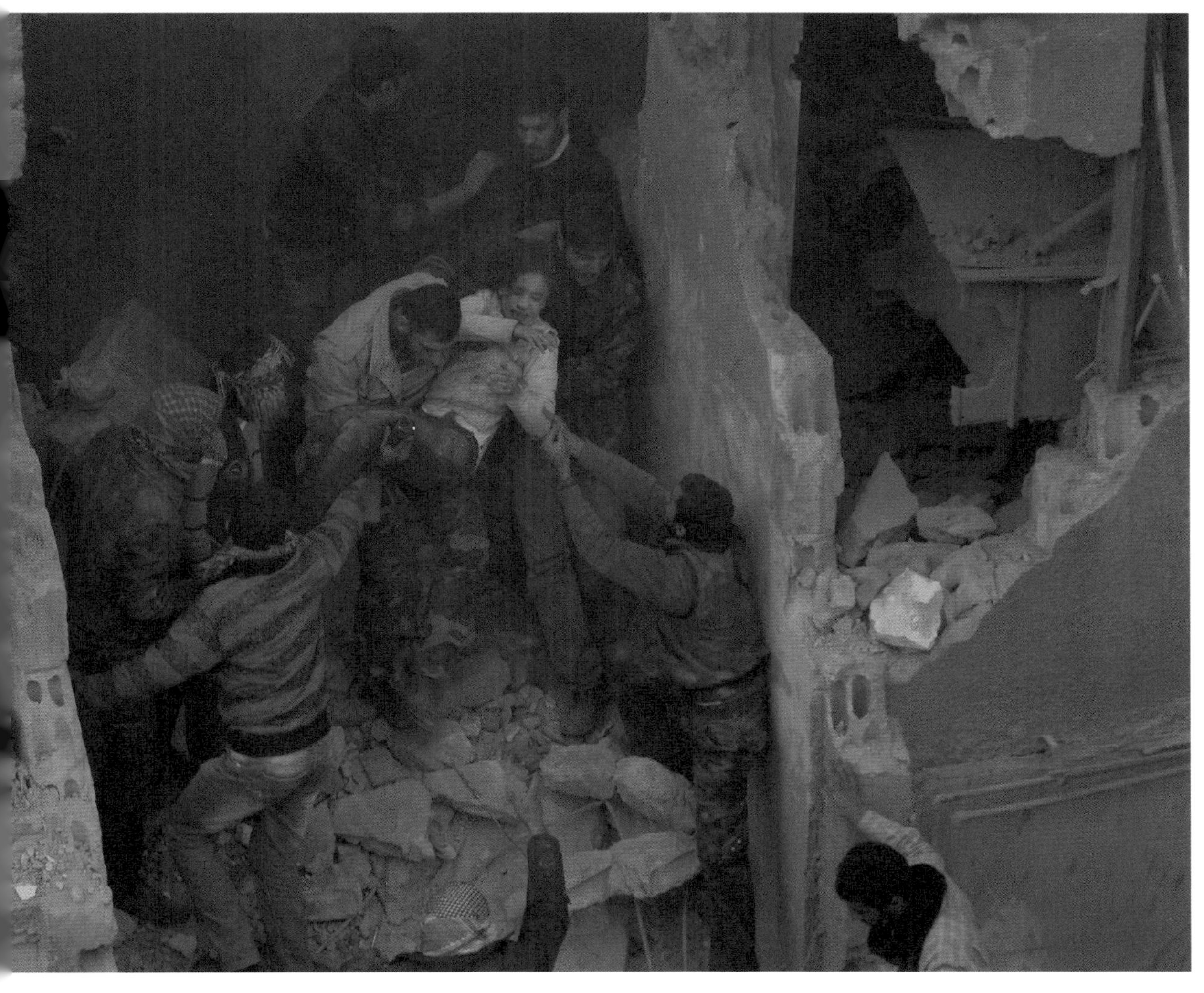

24 آب 2014   3 — August 24, 2014

دوما: شاب يحمل طفلاً قُتل في غارة جوية نفذتها قوات النظام
السوري على الأحياء السكنية في المدينة.

Douma: Men carry a child killed in
an airstrike.

7 كانون الثاني 2014   4 — January 7, 2014

دوما: رجال يسعفون فتاة مصابة من بناء سكني، بعد غارة
جوية نفذتها قوات النظام السوري على الأحياء السكنية.

Douma: Men rescue a wounded girl from a building
after an airstrike.

4

—

7 كانون الثاني
2014

التقطت هذه الصورة في دوما لرجلٍ يحمل طفلاً انتُشل من تحت الأنقاض، بعد غارة جوية شنتها قوات موالية للرئيس النظام السوري بشار الأسد.

أتذكر تماماً تفاصيل ذلك اليوم، إذ نُفذت غارات جوية على المدينة، أدت إلى مقتل وإصابة كثير من الناس. وأتذكر كذلك استهداف منزل صديق لي، وقد ذهبت معه لنُعاين الأضرار، وعندها شُنَّتْ غارة جوية ثانية في المنطقة، ركضنا معاً نحو البناء الذي استُهدف، كان هناك نساء وأطفال يصيحون ويصرخون.

تدفّق الناس إلى الشارع المستهدف لتقديم المساعدة، لأنّ المبنى كان مليئاً بالعائلات، ووصل متطوّعو (الخوذ البيضاء)، وبدؤوا بإجلاء الأطفال والجرحى، توفّي طفلان، ونجا كثيرون بأعجوبة، كان أحدهم هذا الطفل الرضيع (راتب) كان عمره شهراً واحداً، وجدَه متطوعو (الخوذ البيضاء) مغطًّى بالبطانية الظاهرة في الصورة، كان يبكي من هول الموقف لكنّه نجا دون إصابات.

كانت العائلة قد اضطرّت قبل ذلك إلى التنقل بين أربعة منازل، بسبب الغارات المتكررة على الأحياء السكنية في المدينة. شعرنا جميعاً، أسرة راتب والمسعفين وكل من هناك، بأنّ ذلك كان أشبه بمعجزة، عندما قاموا برفع الطّفل في الهواء معلنين نجاته من الموت. ولكن، بعد ذلك بعامين، قُتل والد راتب في الحرب المستمرة في الغوطة الشرقية، مخلّفاً وراءه زوجةً وثلاثة أطفال.

4

—

January 7
2014

I took this picture in Douma, of men holding a baby pulled from the rubble after an airstrike by forces loyal to Assad. I remember the day clearly. There were many airstrikes in Douma that day and many people were killed. The strikes targeted a friend's home. I was going with him to see what had happened when there was another airstrike. I ran with my friend to the building that the strike had hit and there were women and children screaming and shouting.

People poured out onto the street because the building was full of families. Members of the White Helmets arrived and started evacuating children. Two children died, but miraculously many survived. One was this baby, Rateb, who was only a month old. The White Helmets found him covered by the blanket in the photo. He was crying but he survived without injury. The family had already moved four times because of bombings. For the family, and those of us there, it felt like a miracle when Rateb was lifted into the air. Two years later Rateb's father was killed, leaving behind his wife and three children.

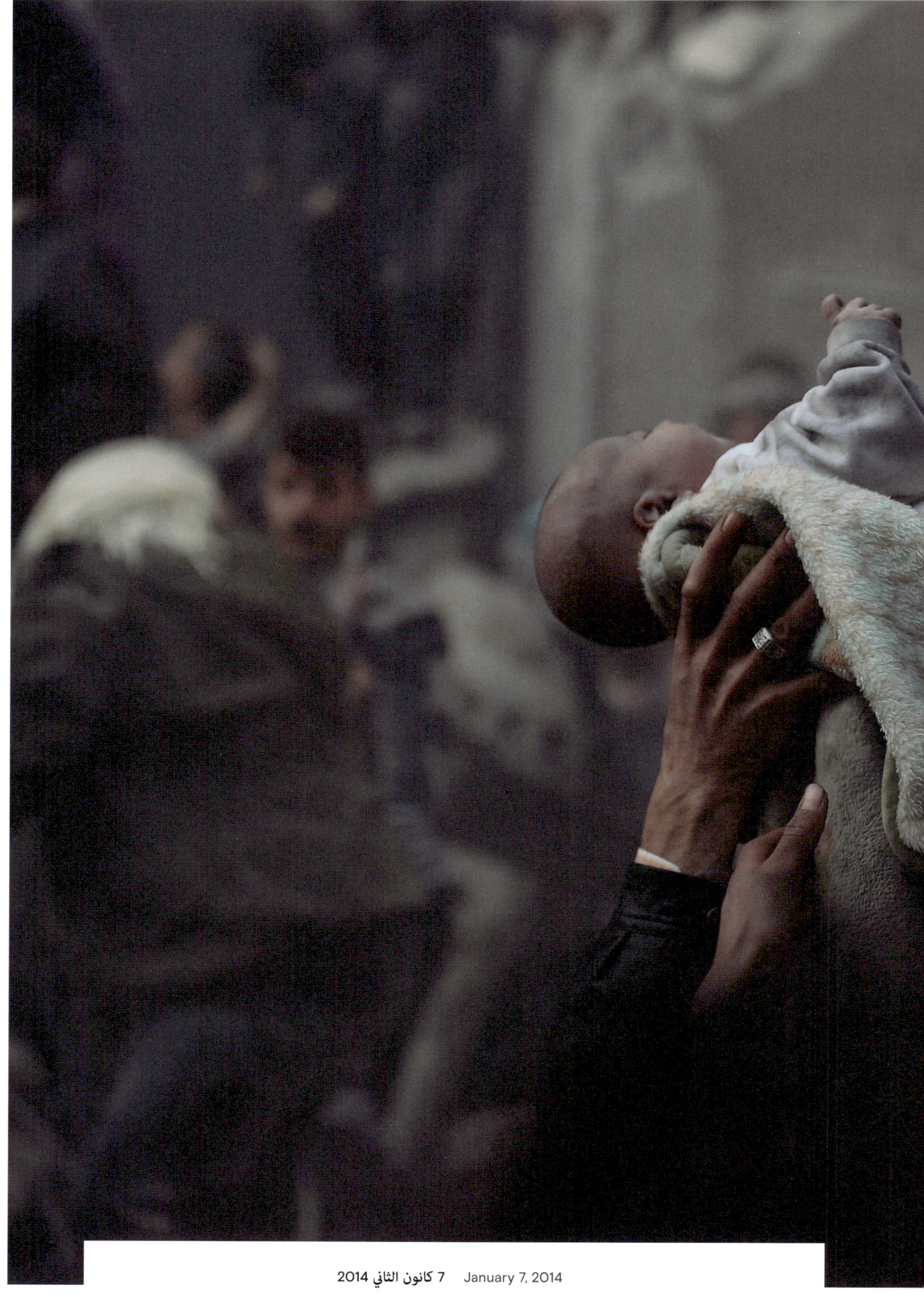

January 7, 2014

Douma: A baby discovered in the rubble after an airstrike is lifted in the air by White Helmets and community members.

7 كانون الثاني 2014

دوما: رجل من (الخوذ البيضاء) يحمل طفلاً رضيعاً نجا من غارة جوية على أحد الأحياء السكنية في المدينة.

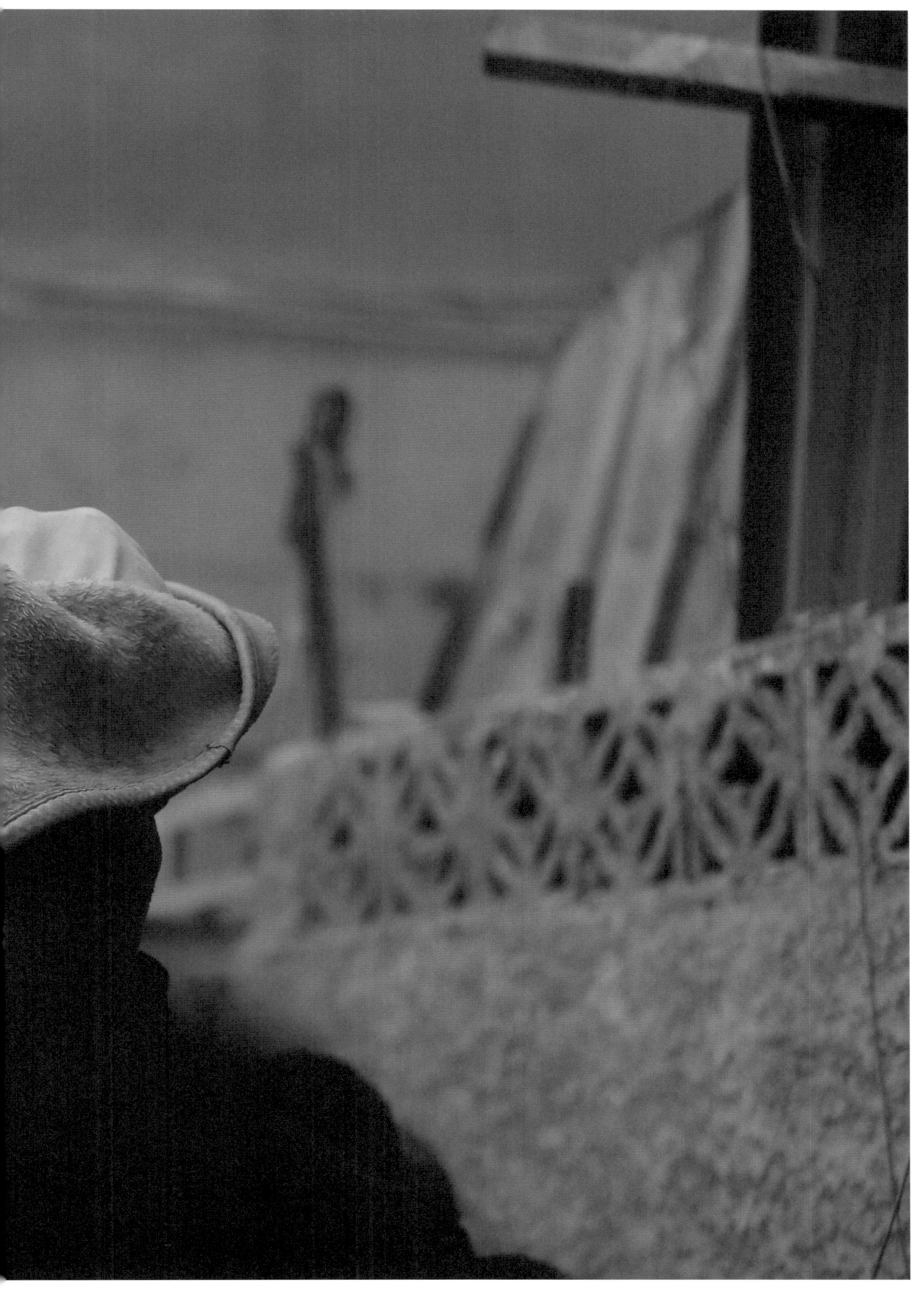

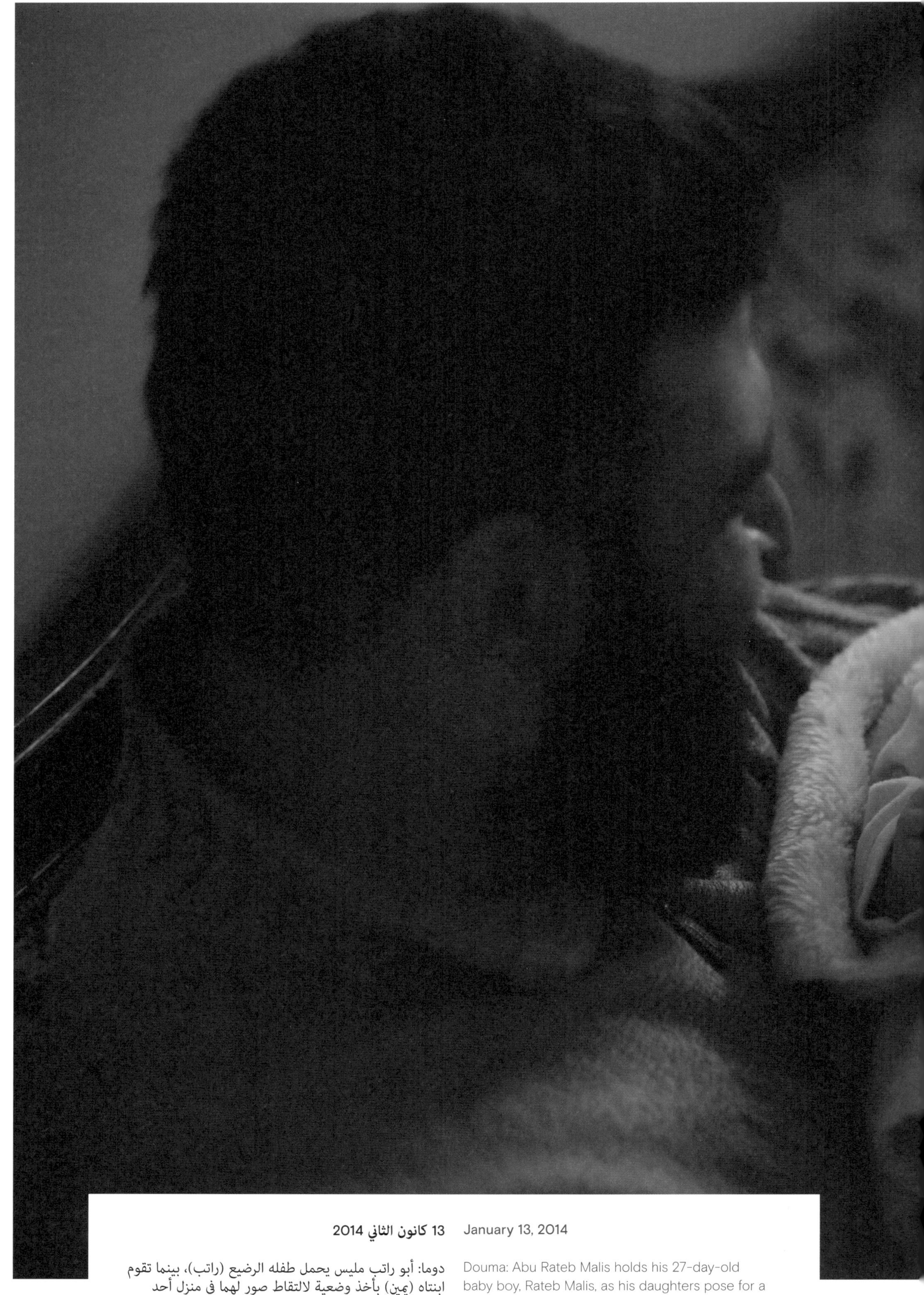

دوما: أبو راتب مليس يحمل طفله الرضيع (راتب)، بينما تقوم ابنتاه (يمين) بأخذ وضعية لالتقاط صور لهما في منزل أحد أقاربهم. الطفل الرضيع وأخته ماريا نجوا سابقاً من الموت تحت أنقاض منزلهم الذي استهدفته غارة جوية.

Douma: Abu Rateb Malis holds his 27-day-old baby boy, Rateb Malis, as his daughters pose for a photograph, at a relative's home. The baby and his sister Maria (R) had been buried under a collapsed building after an airstrike.

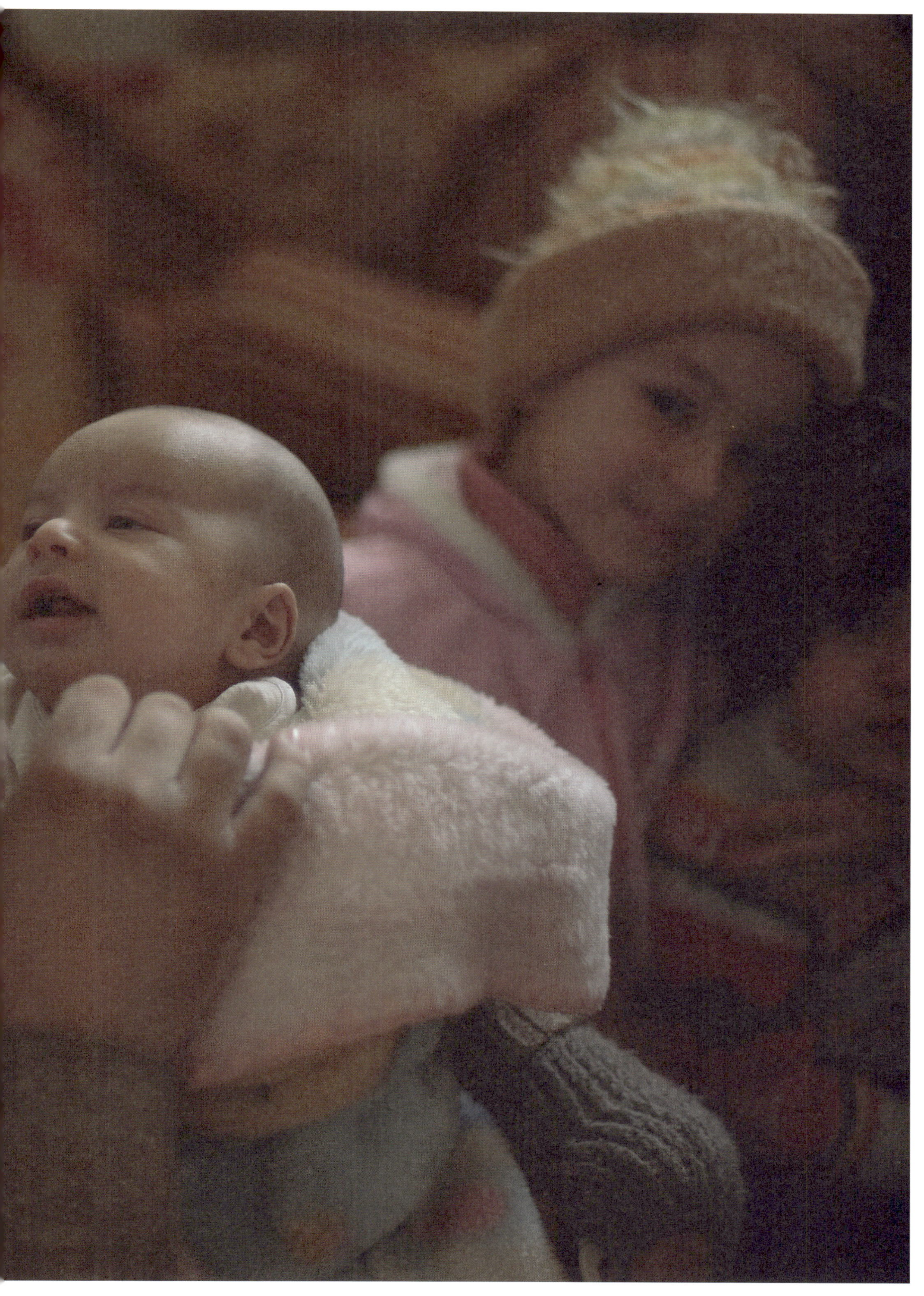

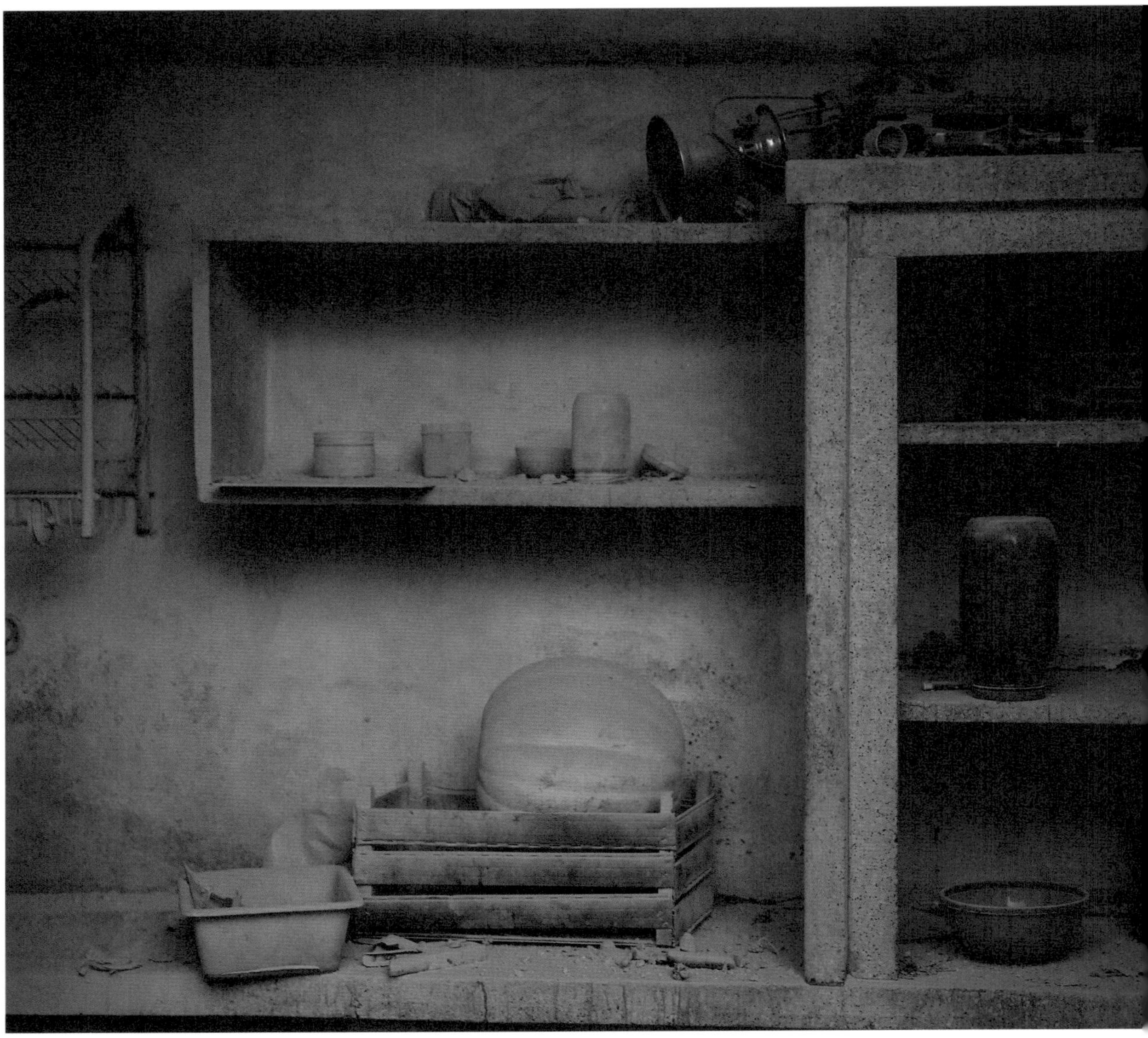

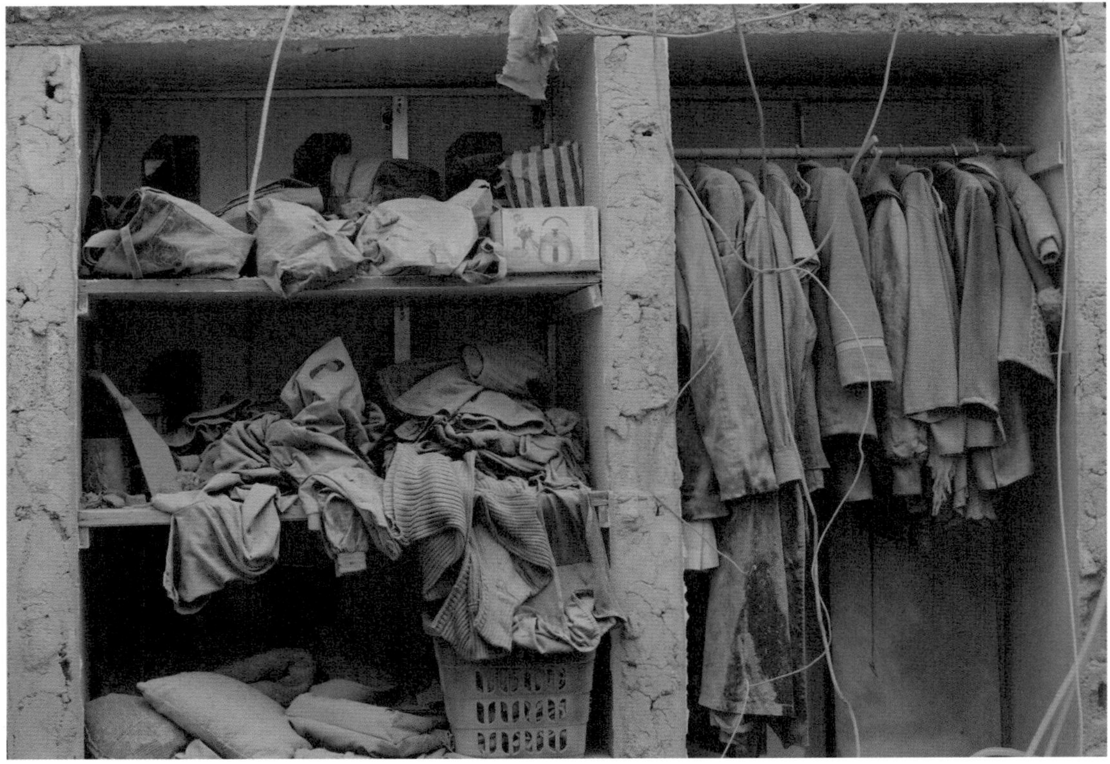

1

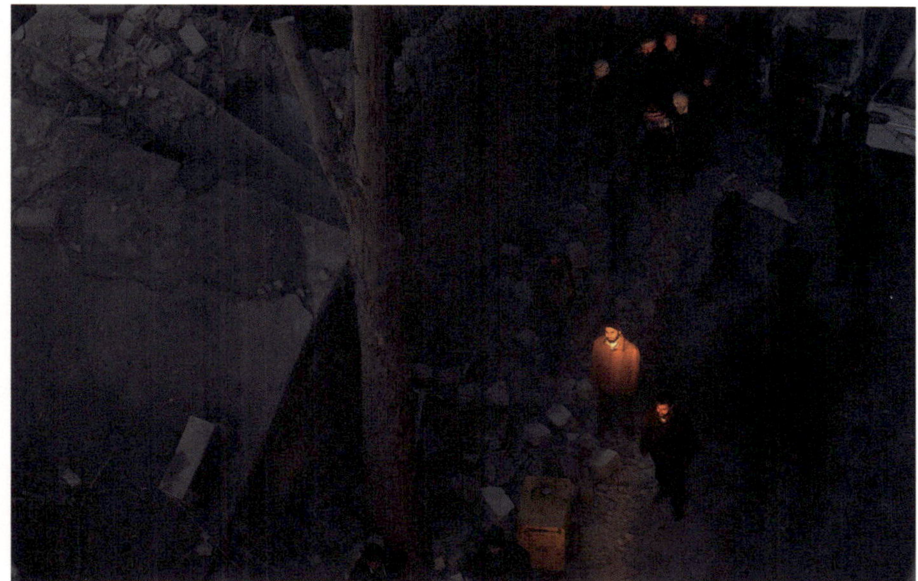

3

| | 7 كانون الثاني 2014 | 1 — January 7, 2014 |

7 كانون الثاني 2014

1 — January 7, 2014

دوما: غبار يغطي الملابس في بناء تضرر بفعل غارة جوية على أحد الأحياء السكنية في المدينة.

Douma: Dust covers clothes in a building damaged by an airstrike.

30 كانون الأول 2015

2 — December 30, 2015

دوما: مطبخ منزل مدمَّر بعد القصف.

Douma: Shelling leaves this kitchen heavily damaged.

7 كانون الثاني 2014

3 — January 7, 2014

دوما: سكان يقفون في أحد الشوارع المتضررة بعد غارة جوية على المدينة.

Douma: People gather after an airstrike.

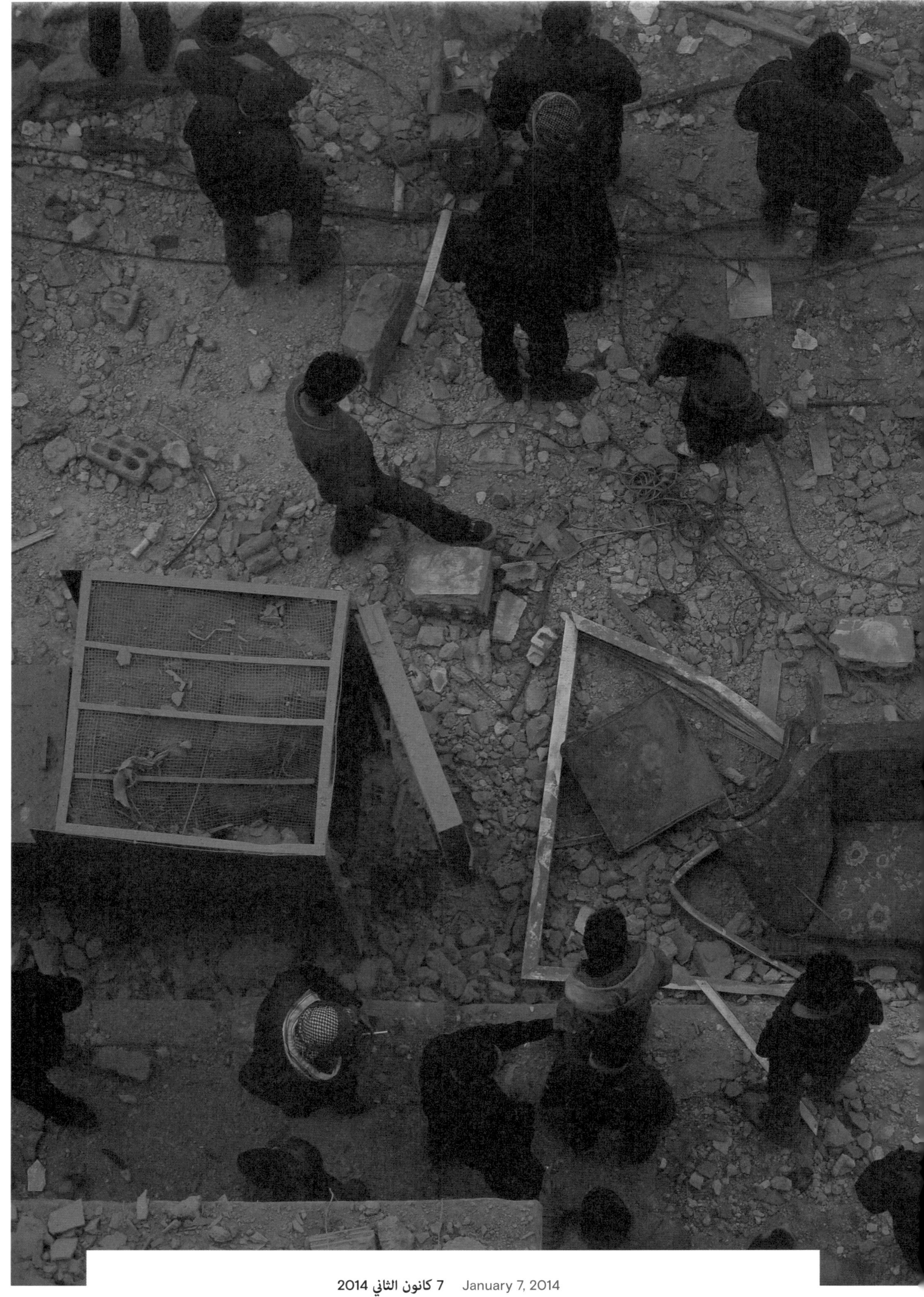

        WITNESSES TO WAR

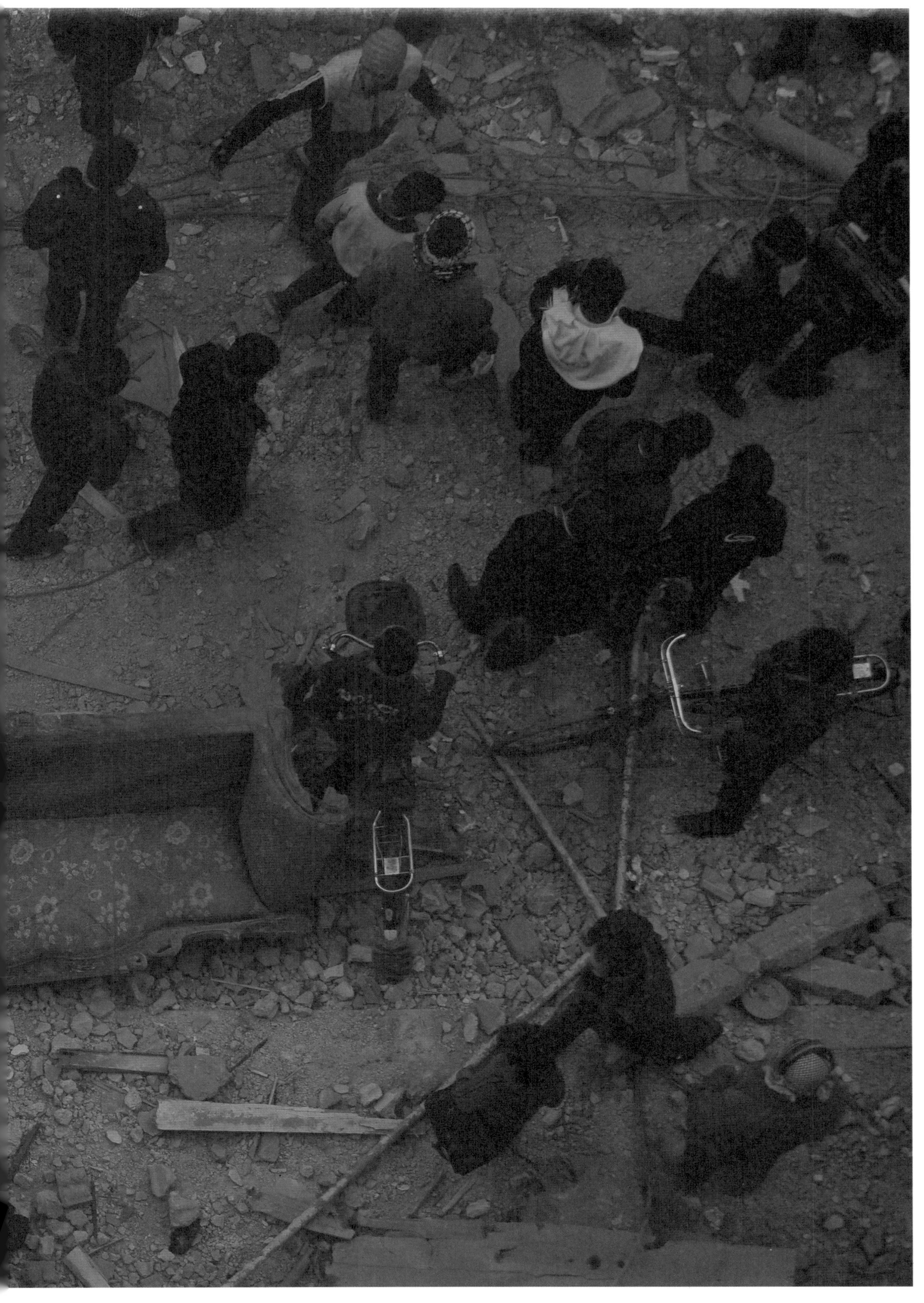

5

—

16 أيلول
2017

التقطت هذه الصورة في مدينة دوما، في أول أيام العام الدراسي. كنت أترقب قدوم هذا اليوم، لذا استيقظت باكراً من أجل تغطية قصة التعليم، أردت أن يعرف العالم أنَّ التعليم لا يزال مهمّاً هنا، مع أنَّ الوضع لم يكن مثالياً للدراسة، في ظل استمرار الحصار الخانق على المنطقة.

كانت هناك أوقات خلال الحصار والحرب تتصاعد فيها وتيرة الغارات والقصف، ويتم إغلاق المدارس أشهراً عدة. وفي أحيان أخرى، كان مسؤولو التّعليم يقومون بإلغاء الفصل الدراسي بأكمله، لخطورة وجود 20 إلى 30 طالباً في مكان واحد (الصف). ولكن مسؤولين، في بعض الأحياء، قرّروا نقل الطلاب إلى الأقبية، ليتمكنوا من متابعة تحصيلهم الدّراسي. وإضافة إلى كل ذلك، كانت كثير من لوازم المدرسة، من كتب وأقلام ودفاتر، تأتي عبر الأنفاق.

كنت متشوّقاً لإظهار مدى تحمّس الطلاب للعام الدراسي الجديد، التقطت صوراً في الشارع، وفي ساحة المدرسة، وفي الصفوف، ثم وجدت طلاباً في صفّ متضرر، كانوا يشعرون بخيبة أمل لعدم تمكّنهم من بدء دروسهم بسبب الدمار الذي أصاب صفّهم.

في ذلك اليوم، رأيت صوراً لمدراس في دمشق، بدا الطلاب سعداء للغاية وكانت مدارسهم مرتّبة ومجهّزة لاستقبالهم، لا شك في أنّهم كانوا محظوظين، لأنّهم كانوا يعيشون على الجانب الآخر من خطّ المواجهة. لكن شعور الحزن في ذلك الصفّ المدمّر كان طاغياً على كل شعور غيره، كان يفترض أن تكون تجربة هؤلاء التلاميذ مع المدرسة أفضل من ذلك، إنّها فترة لا تقدر بثمن، ولن تتكرر، ولا يمكن لأيّ شيء أنْ يعوّضهم عنها.

5

—

**September 16
2017**

I took this picture in Douma on the first day of school. I was waiting for this day to come and woke up early because I wanted to show the world that education still mattered, even if life was not normal under siege.

There were times during the war when the bombings escalated and schools would be shut down. Sometimes they would close for a month or more. Sometimes education officials canceled the whole semester because it was too dangerous to have 20 to 30 students in one classroom. In some neighborhoods, officials decided to move the students to a nearby basement. They had to smuggle in supplies and books through a tunnel.

I was eager to show how excited the students were about the new year in school. I took pictures in the street, in the schoolyard, and in their classrooms. Then I found students in a badly damaged classroom.

These children wanted to learn just like other children and were disappointed to not be able to start their classes. I saw pictures of the first day of school from near Damascus, and everything was quiet and the children were so happy and their school was so beautiful—just because they lived on the other side of the front line. I feel for the children living in war who do not get to have this universal experience. The time in school is very important and nothing can make it up. It comes just once in their lives.

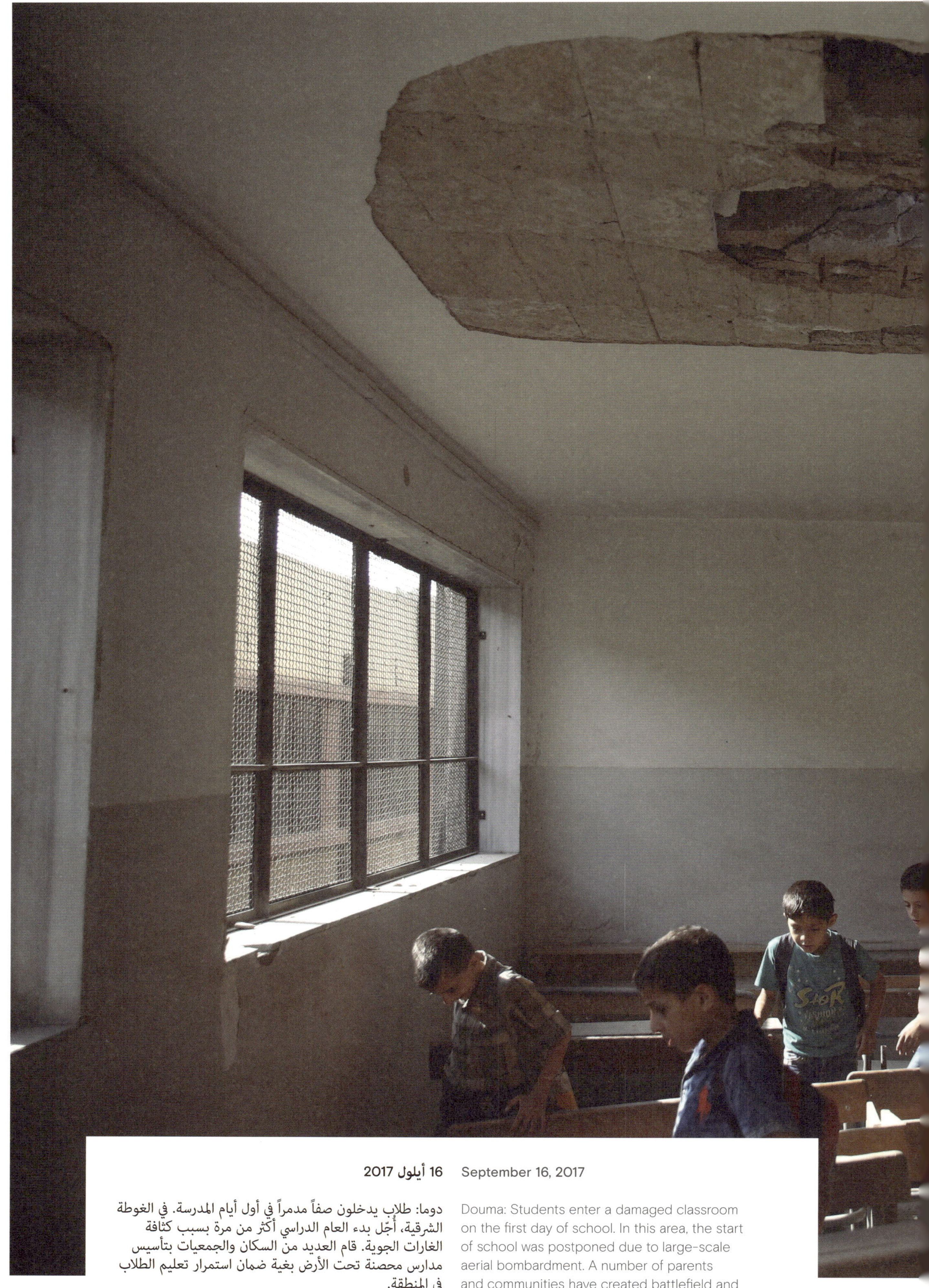

16 أيلول 2017 — September 16, 2017

دوما: طلاب يدخلون صفاً مدمراً في أول أيام المدرسة. في الغوطة الشرقية، أجِّل بدء العام الدراسي أكثر من مرة بسبب كثافة الغارات الجوية. قام العديد من السكان والجمعيات بتأسيس مدارس محصنة تحت الأرض بغية ضمان استمرار تعليم الطلاب في المنطقة.

Douma: Students enter a damaged classroom on the first day of school. In this area, the start of school was postponed due to large-scale aerial bombardment. A number of parents and communities have created battlefield and underground schools in the hopes of preventing a generation of Syrians from growing up without education.

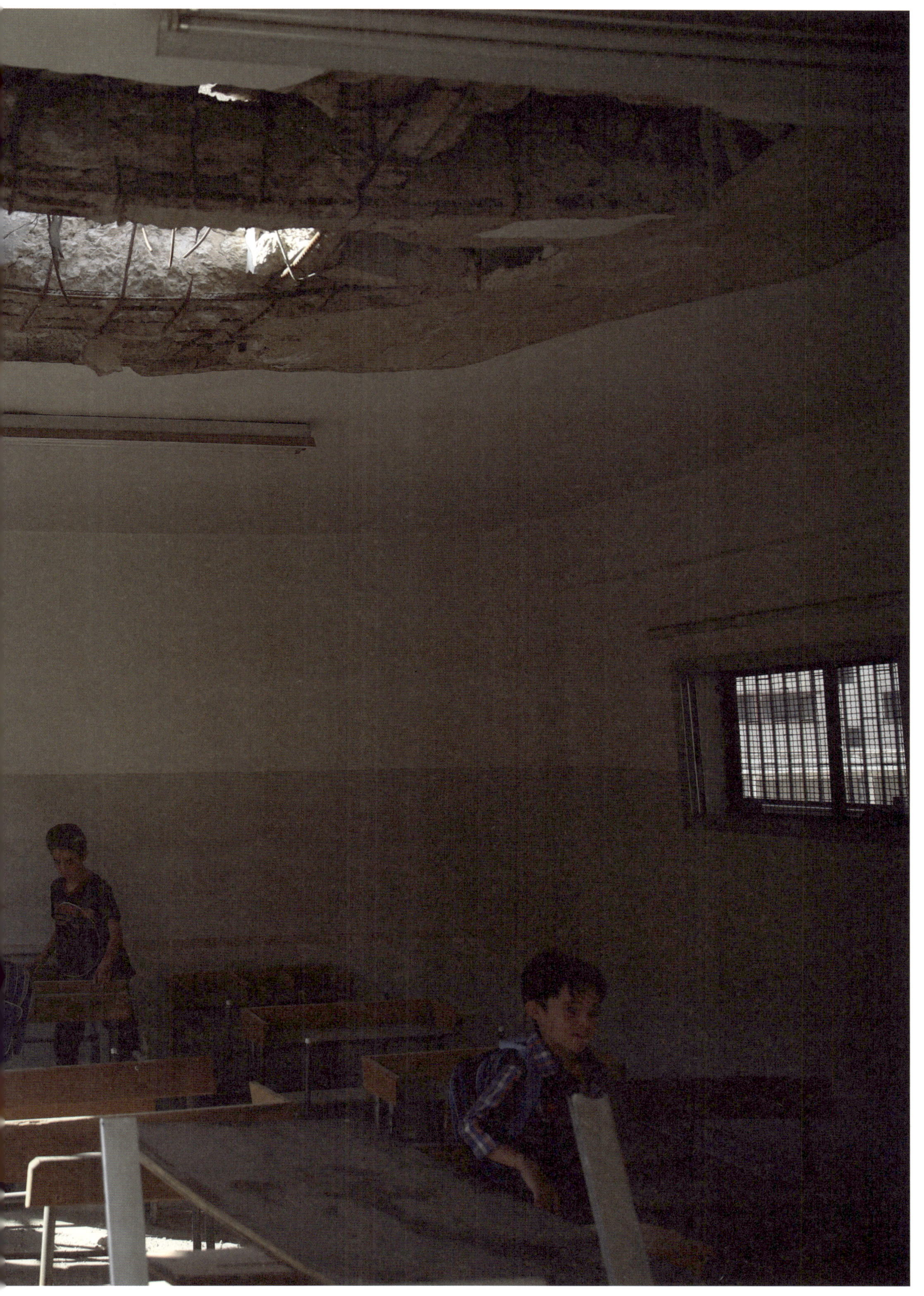

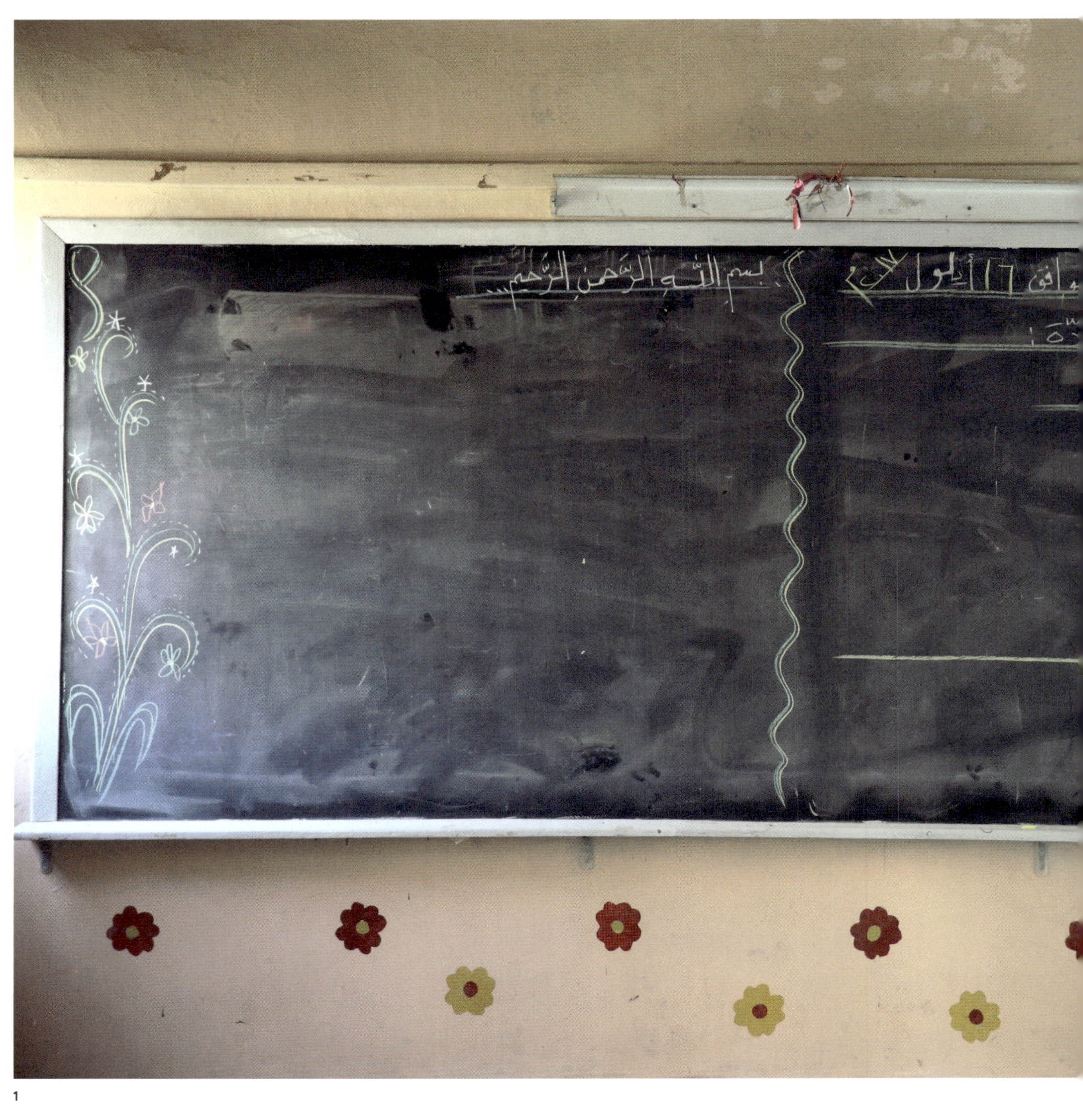

1

16 أيلول 2017

دوما: طلاب يحضرون الدروس في صف مدرسي في أول أيام السنة الدراسية.

1 and 2 — September 16, 2017

Douma: Students work in a classroom on the first day of school.

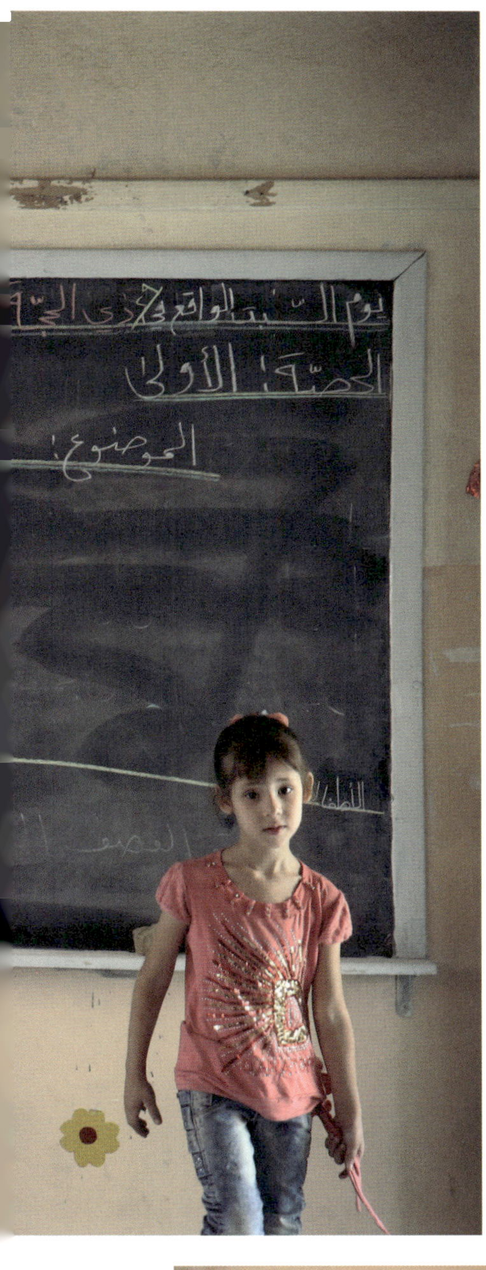

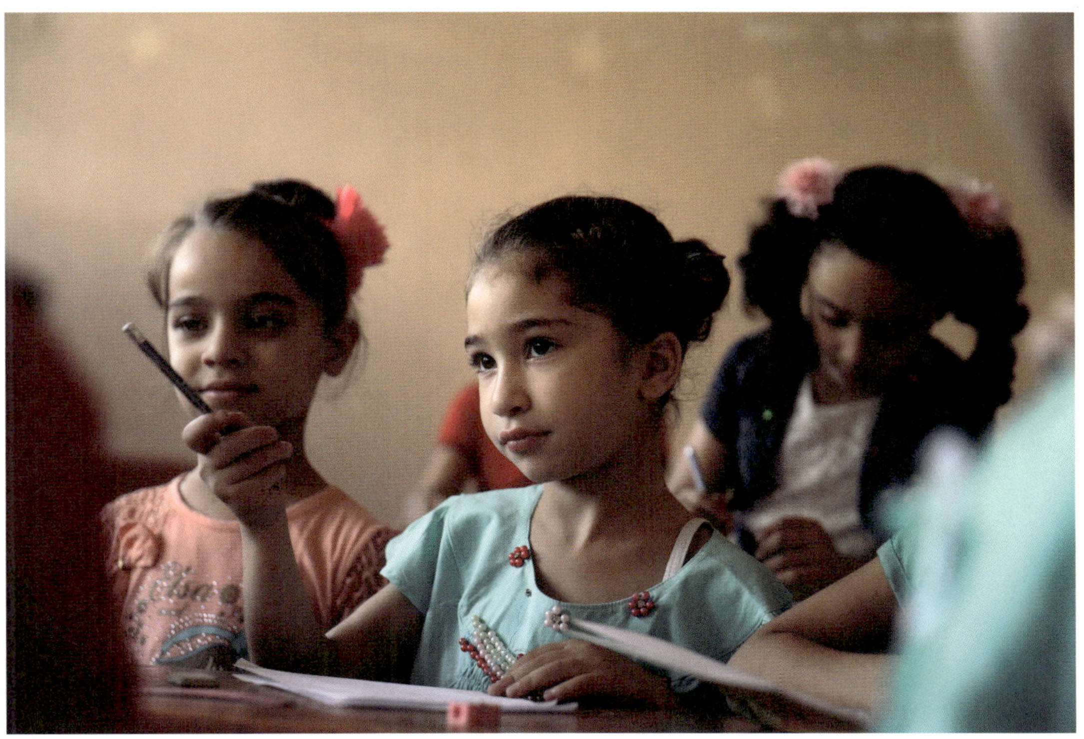

2

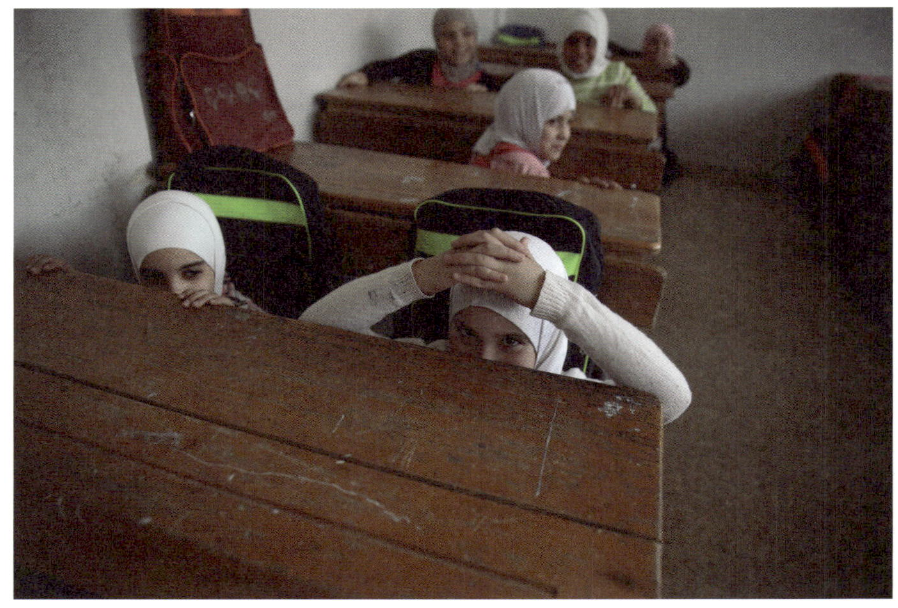

1

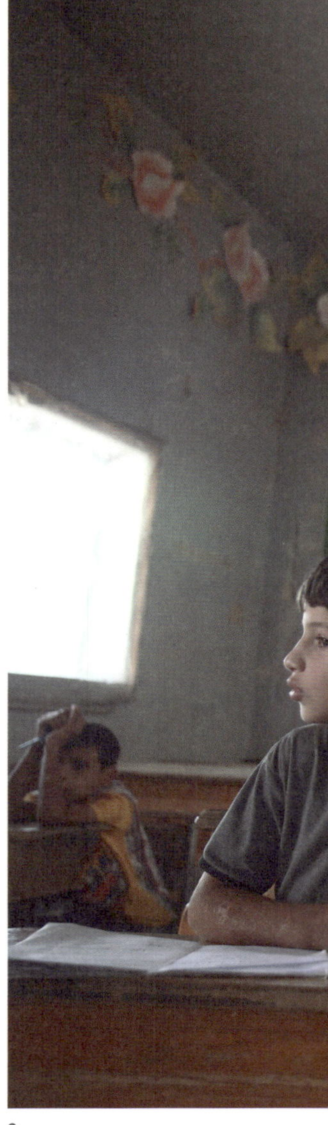

2

دوما: فتيات يحضرن دورة توعية عن "السلامة خلال الحرب"، أقيمت داخل إحدى مدراس المدينة.

Douma: Girls attend a wartime safety awareness course inside a school.

16 آب 2017   2 — August 16, 2017

دوما: أحمد (12 عاماً) يحضر مع زملائه درساً في أحد مدارس المدينة. أحمد فقد ذراعه في قصف قوات الحكومة السورية على المدينة.

Douma: Ahmad, 12, lost his arm during shelling by Syrian government forces. He and his fellow students attend class in a building that the war has left battered.

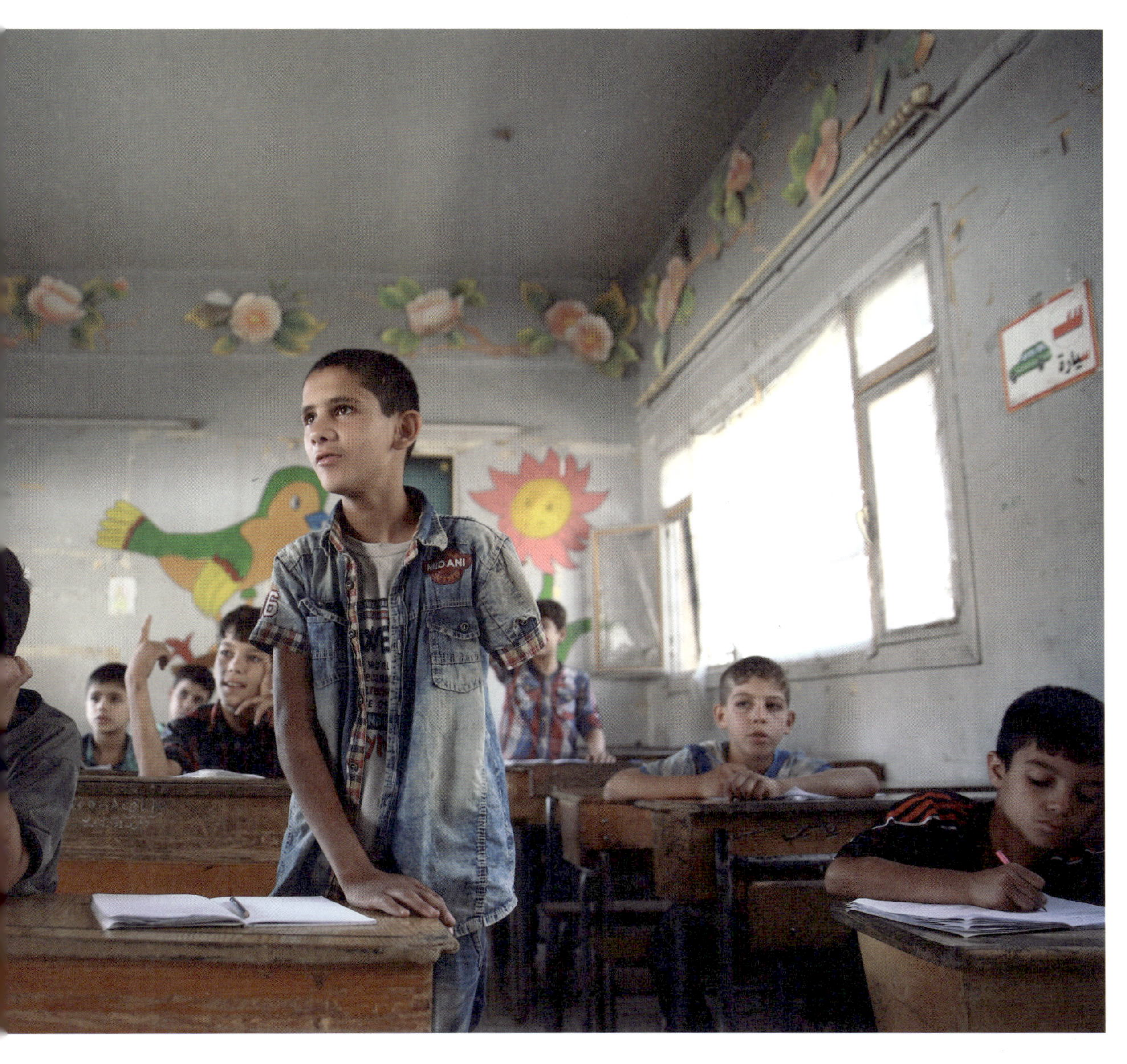
سيارة

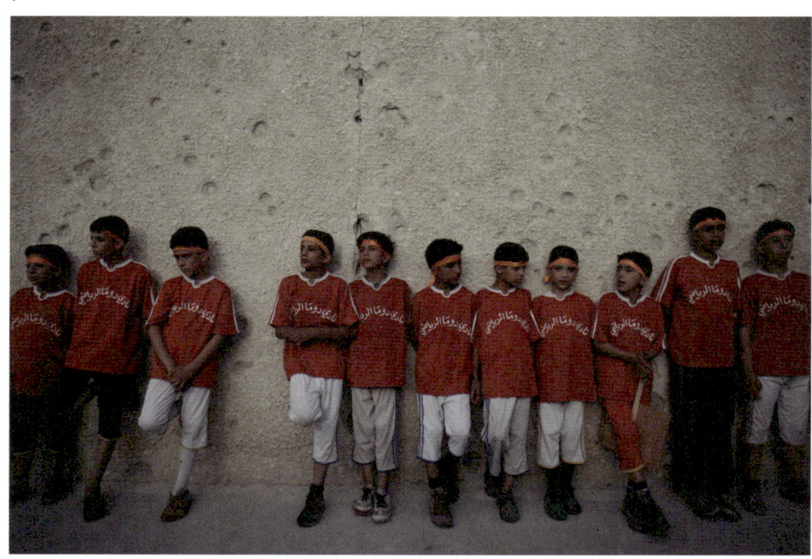

1

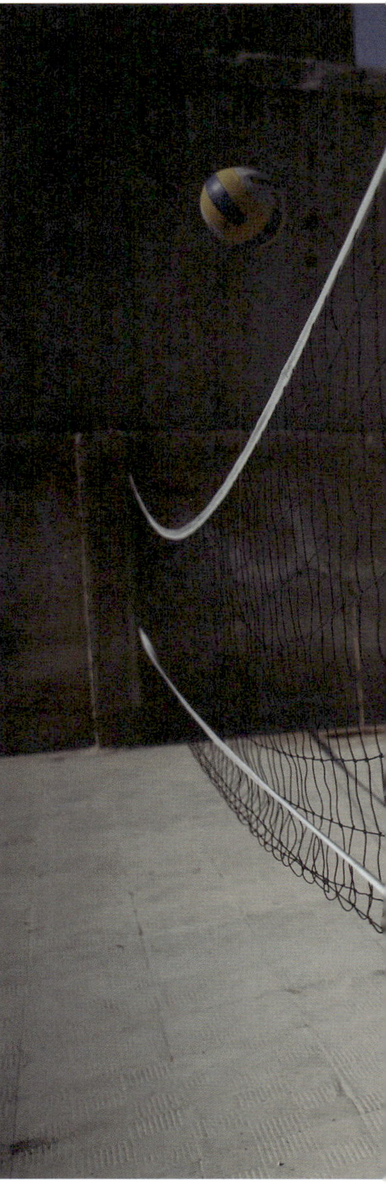

3

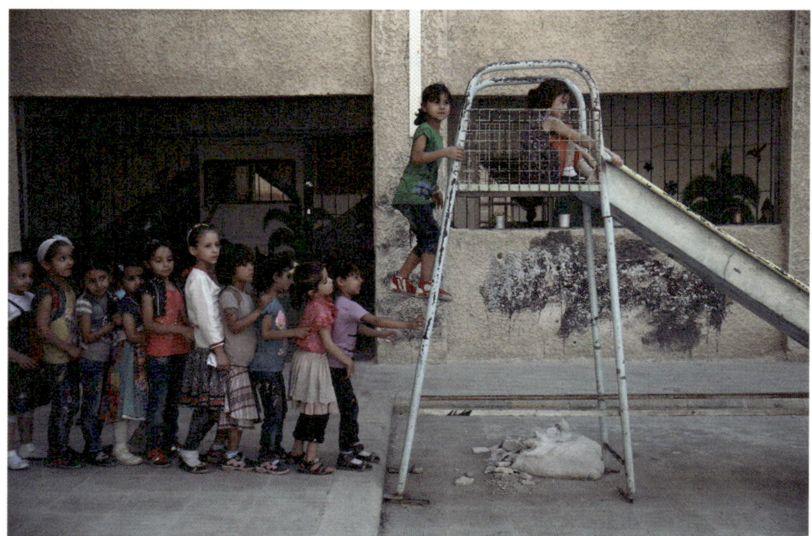

2

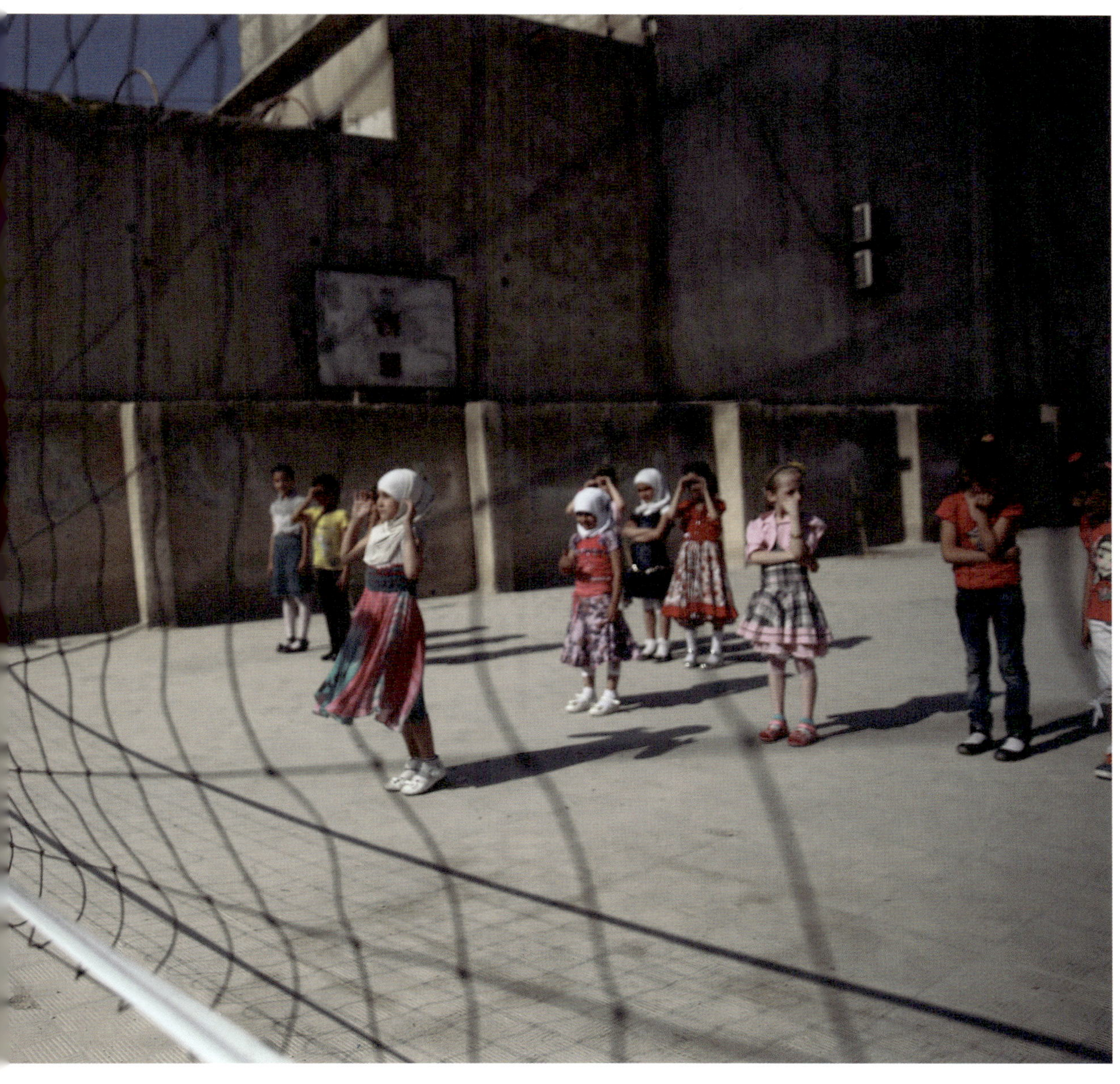

14 أيار 2016   1 — May 14, 2016

دوما: طلاب يقفون بالقرب من جدار متضرر بفعل شظايا القذائف، أثناء مشاركتهم في البطولة المدرسية النهائية لكرة القدم.

Douma: Boys stand by a bullet-riddled wall during a final soccer game in a school championship.

16 آب 2017   2 — August 16, 2017

دوما: طالبات يقفن بانتظام أثناء انتظار دورهن في لعبة التزحلق في باحة المدرسة.

Douma: Students wait their turn to slide on a school playground.

16 آب 2017   3 — August 16, 2017

دوما: طالبات يلعبن كرة الطائرة في باحة إحدى المدراس في المدينة.

Douma: Students play volleyball.

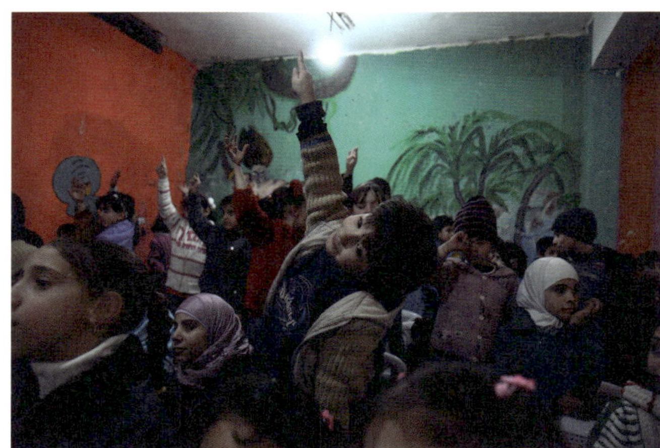

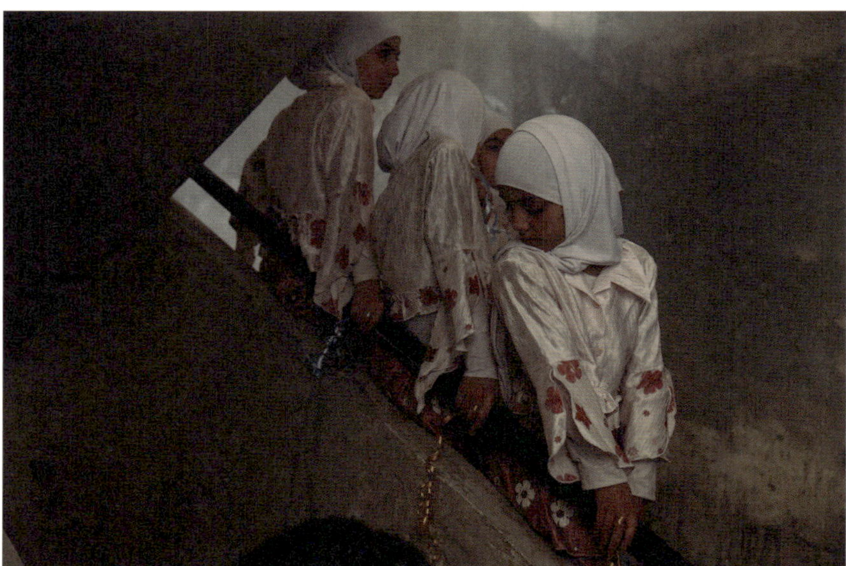

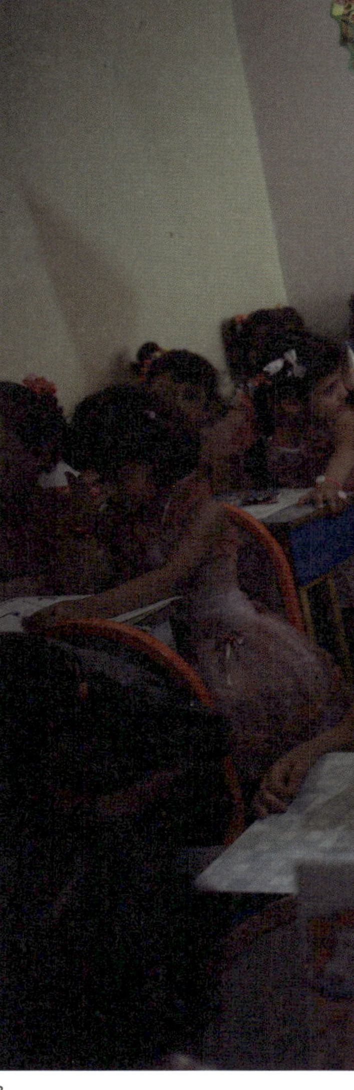

24 كانون الثاني 2016

دوما: أطفال يحضرون أحد أنشطة الدعم النفسي التي نظمها فريق الهلال الأحمر العربي السوري للأطفال الذين تأثّروا بظروف الحرب في المدينة.

21 أيار 2016

دوما: طالبات ينتظرن دورهنّ من أجل تأدية أحد العروض الغنائية في حفل نهاية العام الدراسي.

2 حزيران 2016

دوما: طالبات يحضرن احتفال نهاية العام في صف مدرسي بعد إتمامهن العام الدراسي بنجاح.

1 — January 24, 2016

Douma: Children affected by war and in need of psychological support attend a party organized by the Syrian Arab Red Crescent.

2 — May 21, 2016

Douma: Girls wait in line during a celebration marking the end of the school year.

3 — June 2, 2016

Douma: Girls attend a class celebration for successfully completing the school year.

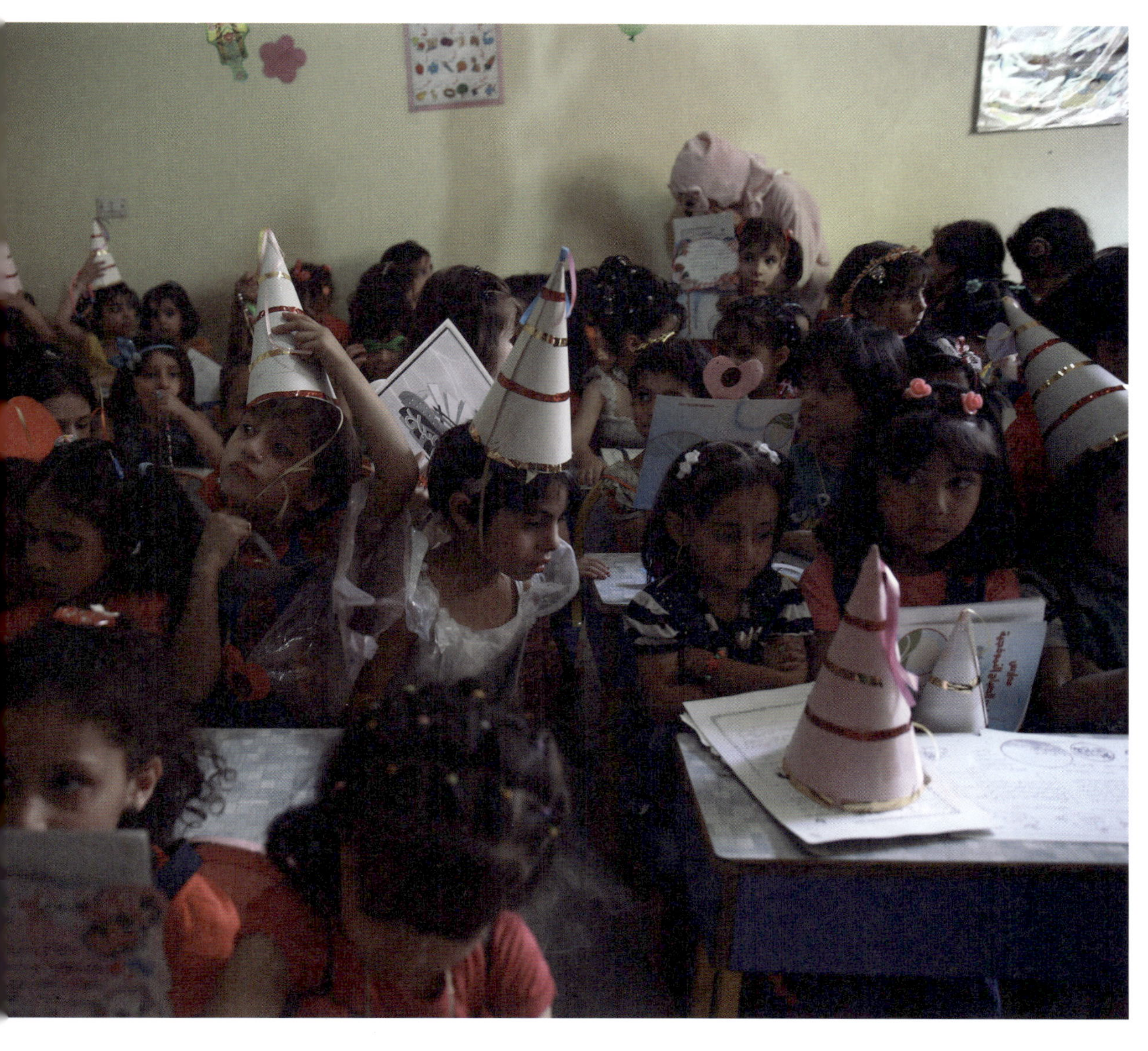

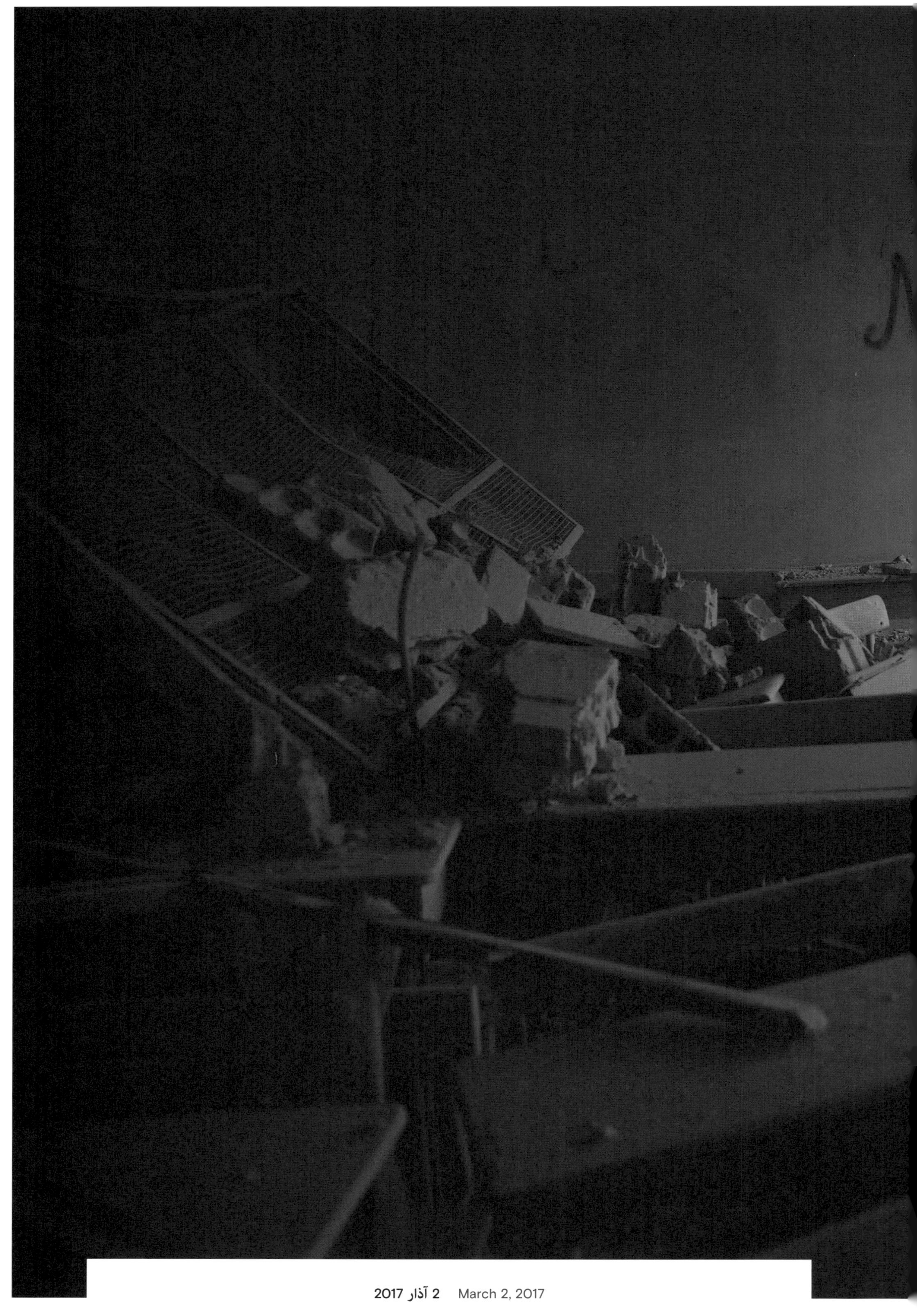

2 آذار 2017   March 2, 2017

دوما: صف مدرسي مدمر.   Douma: A classroom lies in ruins.

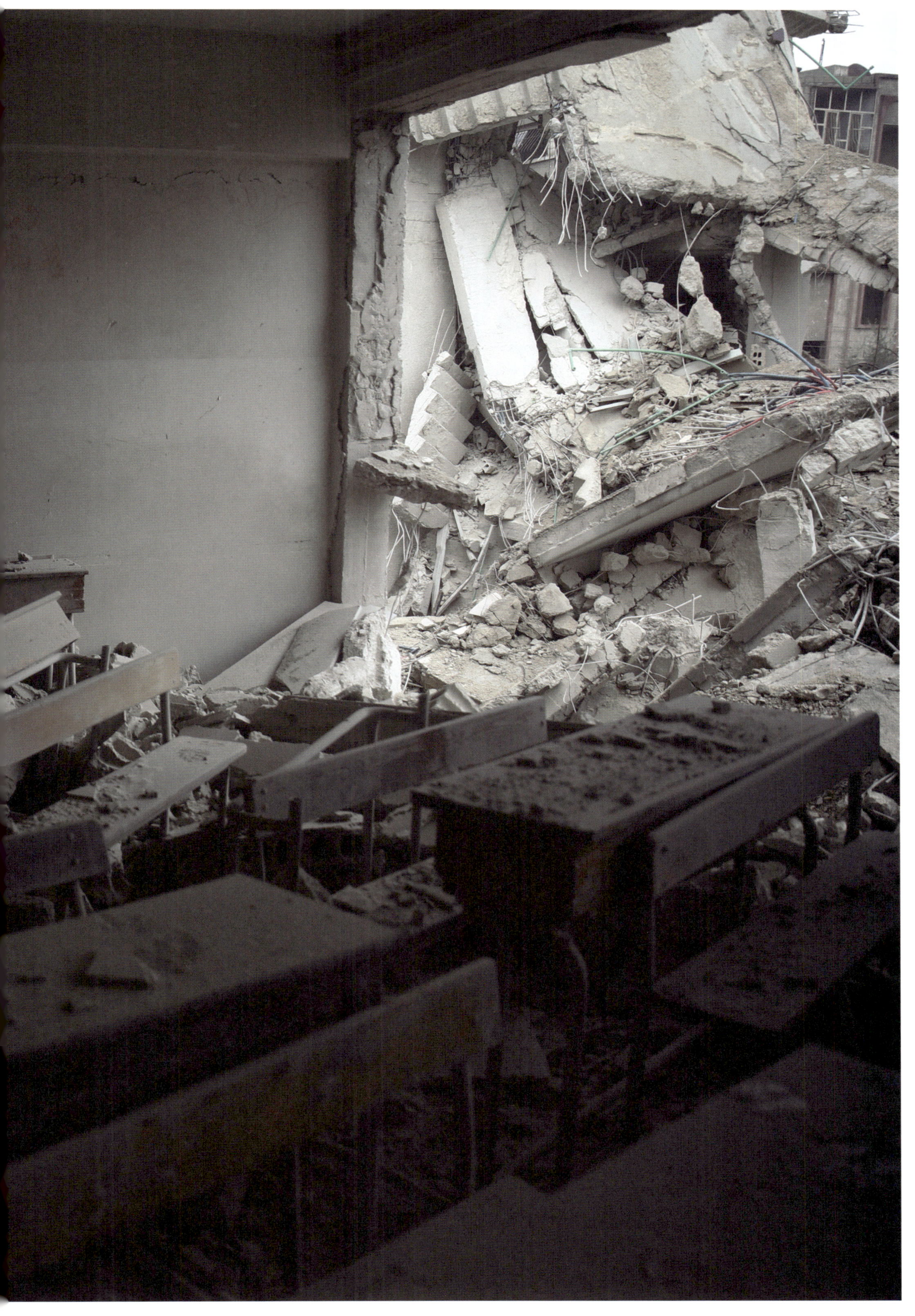

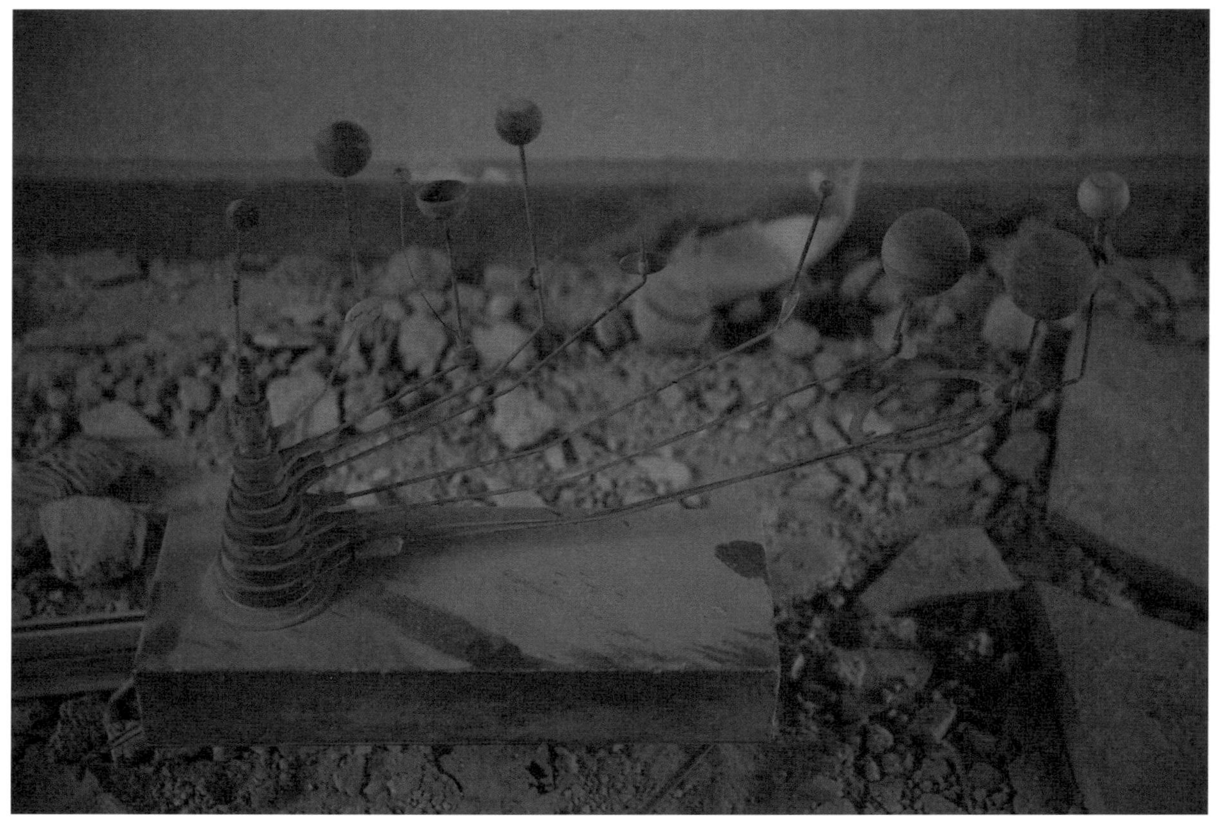

1

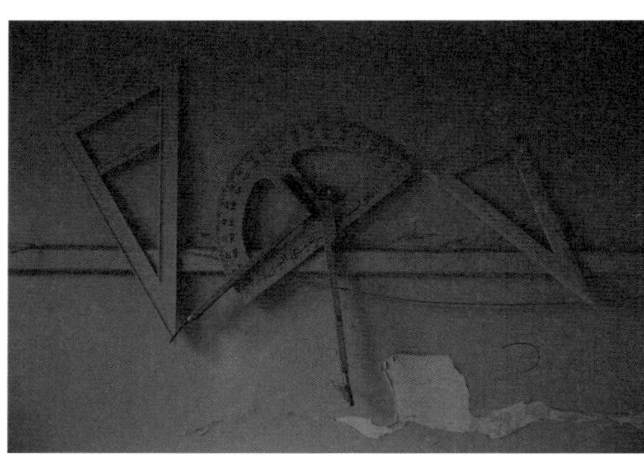

2

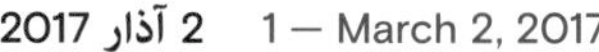

3

2 آذار 2017

دوما: نموذج مدمّر للنظام الشمسي نتيجة الغارات الجوية على إحدى المدارس.

19 تشرين الاول 2015

دوما: أدوات هندسية مغطاة بالغبار معلقة على جدار صف مدرسي.

6 تشرين الثاني 2016

حرستا: حذاء ملقى بجانب بقعة دم، في باحة روضة أطفال استُهدفت بغارة جوية. إبّان الحرب، استهدف النظام السوري المدارس والمشافي ومساكن المدنيين من دون تمييز.

1 — March 2, 2017

Douma: A damaged model of the solar system rests on the floor in a bombed school.

2 — October 19, 2015

Douma: Airstrikes leave geometry instruments covered in a layer of dust.

3 — November 6, 2016

Harasta: A shoe lies next to a bloodstain on the floor of a kindergarten after an airstrike. Throughout the war, deadly force has hit schools, hospitals, and civilian residences indiscriminately.

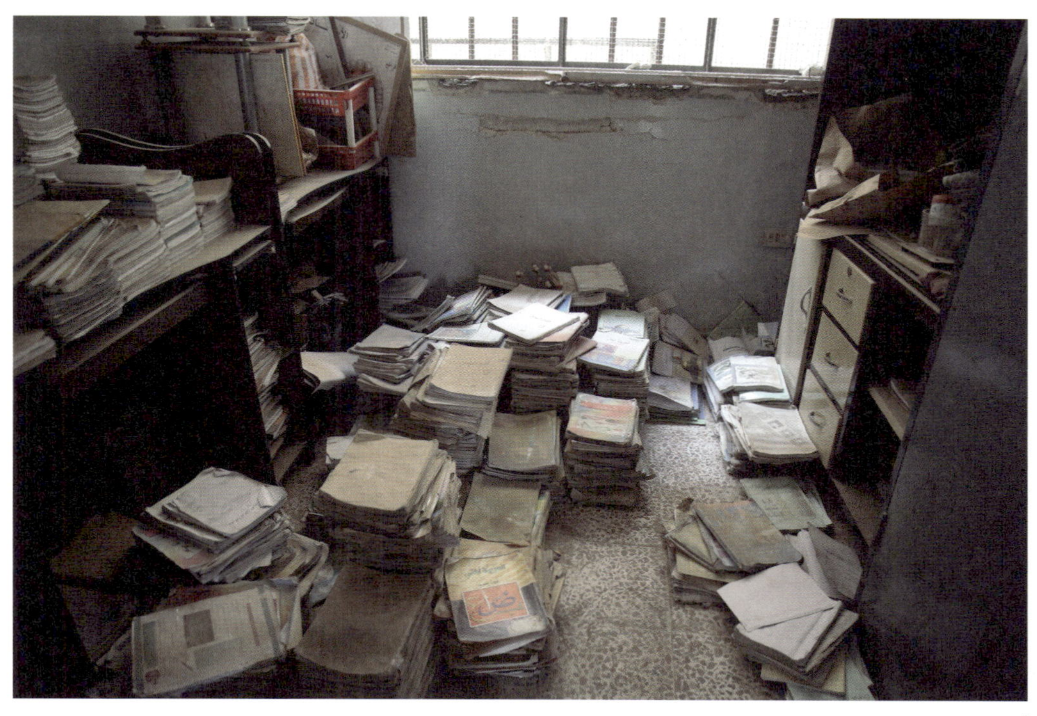

4

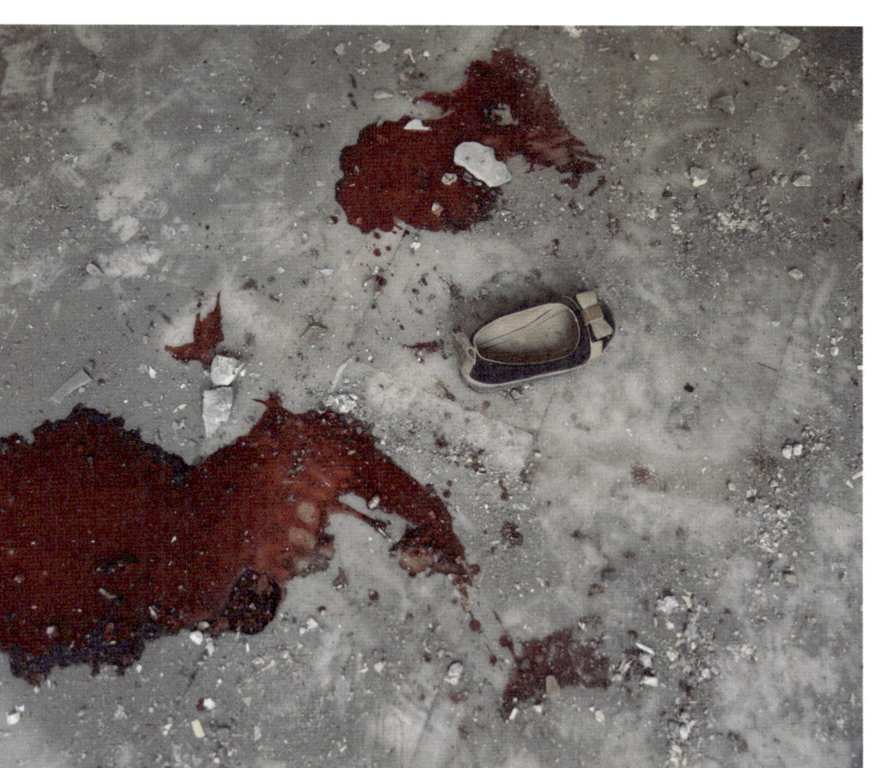

6

—

7 نيسان
2017

التقطت هذه الصورة بعد أربع سنوات على الهجوم الكيمياوي الفظيع الذي استهدف الغوطة الشرقية. دائماً ما كان المرور بـ (عين ترما) مهيباً بالنسبة إليّ، الأحياء التي أصيبت مباشرة بقصف الغاز ظلّت خاوية على عروشها. أدى الهجوم الكيمياوي إلى مقتل أكثر من 1400 شخص، أما الناجون فقد غادروا هرباً من ألم الذكريات، أو خوفاً من تكرار الهجمات مرة أخرى. أصبحت أجزاء من المدينة مجرد فراغ مرعب.

من وقت لآخر، كنت أزور تلك المنطقة، لكونها تبعد 15 دقيقة فقط عن دوما، حيث كنت أعيش. لم أكن أعتقد أنّ هناك قصة تُحكى، كنت أغطي قصص القصف والحصار، لكنّ هذا المكان كان لا يشبه غيره، فعلى الرغم من أنّ المباني لم تتضرر، شعرت بأن الموت قد عبر من خلال تلك المنازل الفارغة، حيث إن الأسلحة الكيمياوية، على عكس الأسلحة الأخرى، لا تترك خلفها أضراراً مادية. حينئذ بدأت أفكر في إظهار كيف أنّ النظام السوري استخدم وسائل الإبادة الجماعية لتفريغ الحي، وكيف حاول تخويف الناس بتلك الأسلحة المحرمة، لذا قررت أن أصوّر قصة عن القليل المتبقي هناك. وقتذاك، علمت بقصّة (أبو مالك) الرجل الذي يظهر في هذه الصورة. نجا أبو مالك من هجوم الغاز، لكنّه لم يرغب في مغادرة منزله، حتى بعد إصابته في هجوم بقذائف الهاون فقد فيه ساقه.

زرت هذا الحيّ في 21 آب/ أغسطس 2013، بعد الهجوم الكيمياوي مباشرة. لم تتغيّر معالم المدينة منذ ذلك الوقت كثيراً، ما زلت أتذكر يومها كيف تكومت جثث الناس في كل مكان، أزهق النظام مئات الأرواح من دون أدنى شعور بالذنب. لقد كانت لحظة مليئة بالقهر والحزن، لا مدارس، لا أسواق ولا أطفال، كان الموت يجول في كل مكان، ويُظهر مدى بشاعة استخدام الأسلحة الكيمياوية، لقد قتلوا كل شيء حيّ، الناس والحيوانات، تلاشت أرواحهم وماتوا.

6

—

**April 7
2017**

I took this picture four years after a deadly chemical attack wiped out Ain Tarma, a town in Eastern Ghouta. It was very scary to be there because it was empty. The chemical attack killed more than 1,400 people. The ones who survived left because of the pain of memory or the fear that it could happen again. Parts of Ain Tarma are now a great void.

From time to time I would come through here because it was only 15 minutes from Douma, where I lived. I never thought there was a story here. I was covering war and this did not look like war. The buildings were not damaged, but I felt a feeling of death from these empty houses. Unlike other weapons, chemical weapons leave no physical damage behind.

Then I started thinking about showing how the Syrian regime used genocide to clear out a neighborhood—how they tried to scare people with terrifying types of weapons. I decided to do a story on what little is left, and that is when I learned about Abu Malek, the man in this picture. He survived the gas attack, but could not or did not want to leave, even after suffering injury in a mortar attack and losing his leg. He was still living there, nearly alone.

I visited this neighborhood in 2013 immediately after the attack, and it was just like it was the day I took this picture. It was an emotional moment for me to see how the Syrian regime killed the life and the livelihood of this town. No schools. No children playing. No supermarkets. Death is visible everywhere, and it shows how awful it is to use chemical weapons against people, even in wartime. Chemical weapons kill everything that breathes. People, animals—everything just dies.

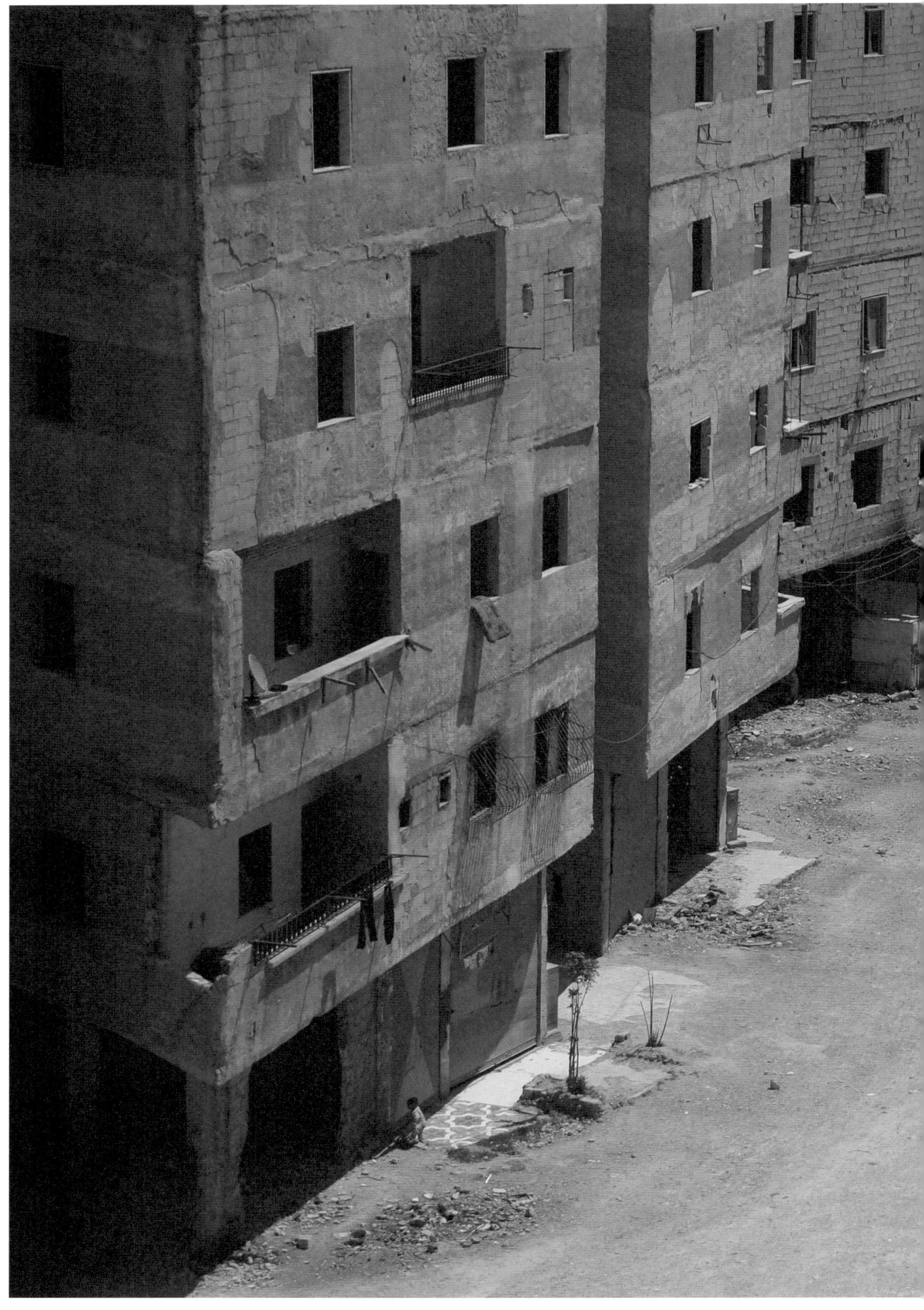

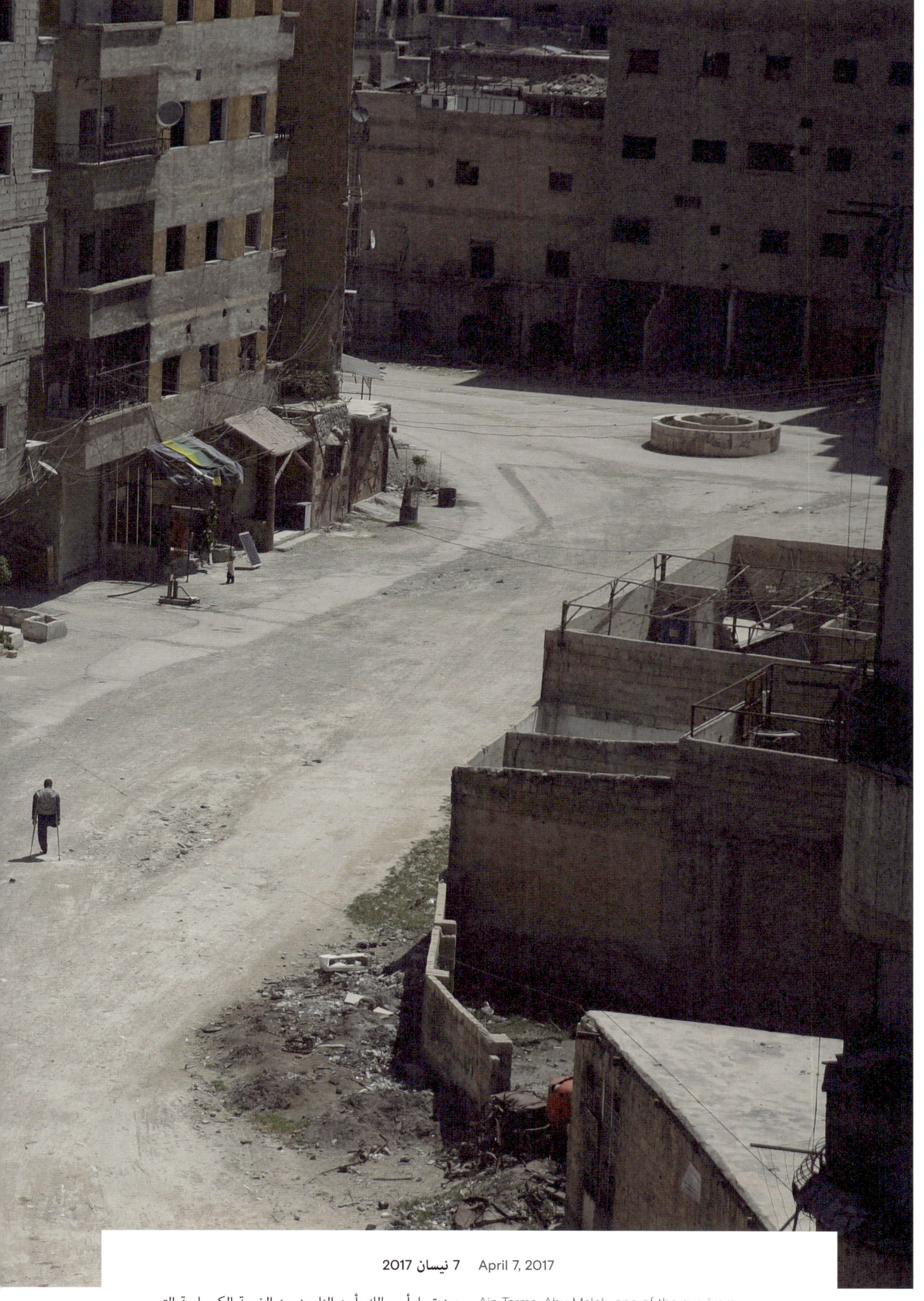

عين ترما: أبو مالك، أحد الناجين من الضربة الكيمياوية التي
حدثت في هذا الموقع عام 2013، يستخدم عكازاته للمشي وسط
حي مهجور.

Ain Tarma: Abu Malek, one of the survivors
of a chemical attack that took place in this location in
2013, uses his crutches to walk along a deserted street.

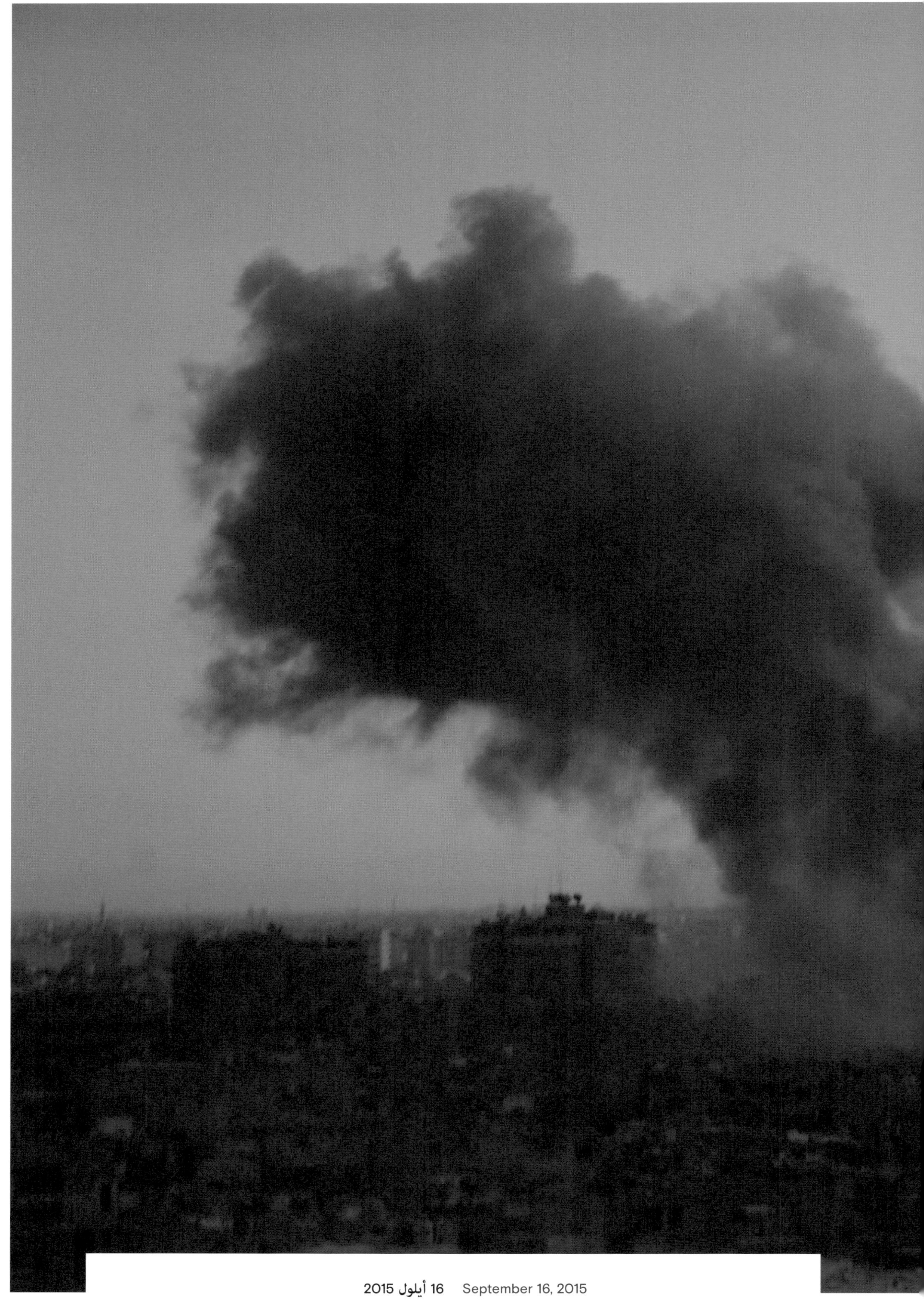

دوما: تصاعد سحابة من الدخان بعد غارة جوية من قوات الرئيس الأسد على أحد أحياء المدينة.

Douma: Smoke rises after an airstrike by forces loyal to Assad.

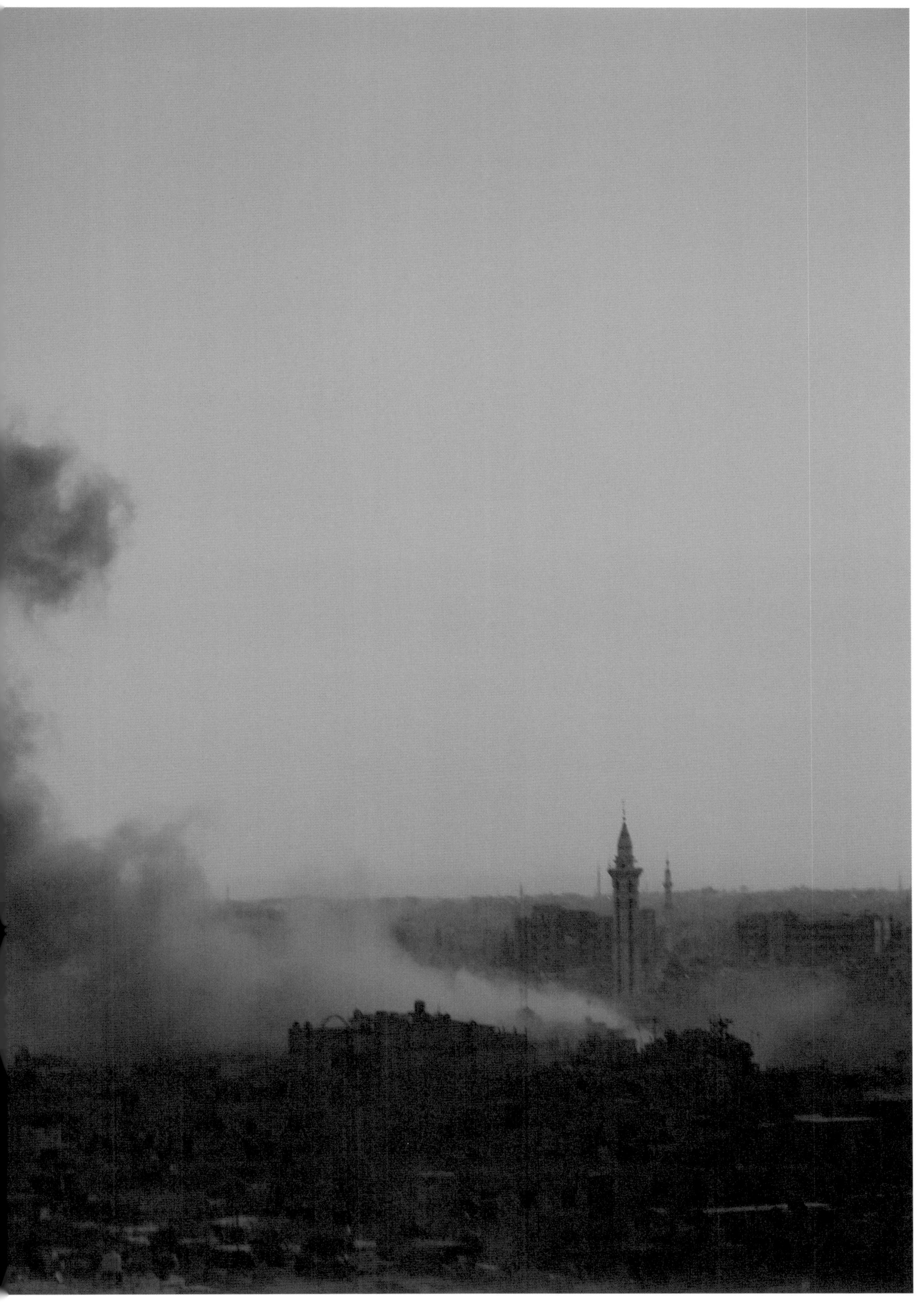

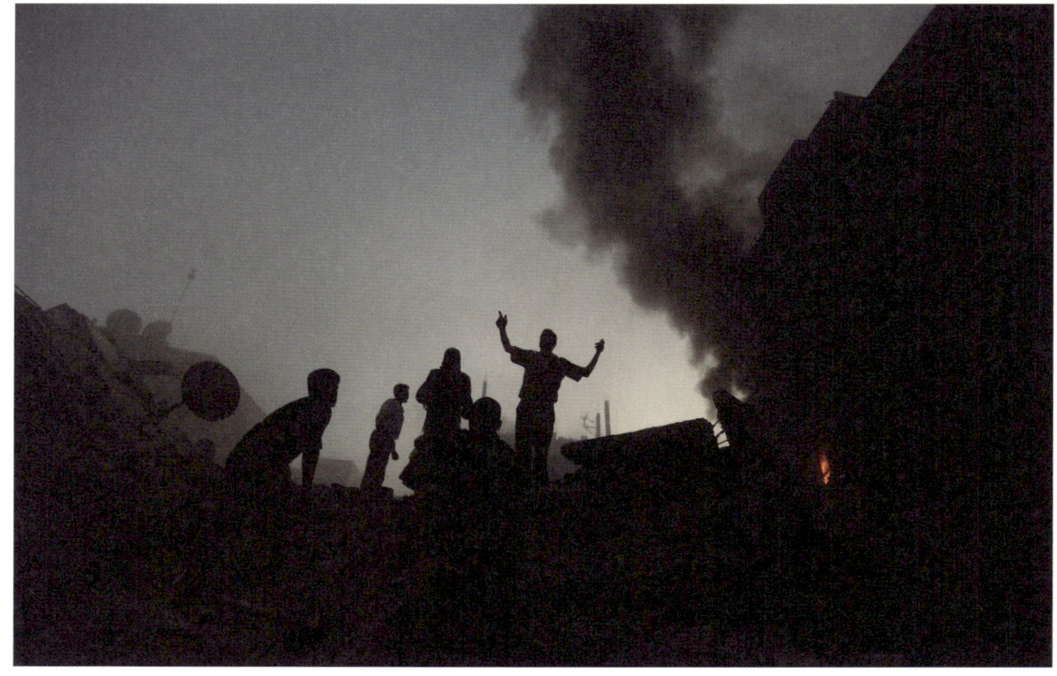

1

2

16 حزيران 2015   1 — June 16, 2015

دوما: رجل يشير بيديه طلباً للنجدة، بينما يسرع الناس إلى مكان استُهدف بقصف عنيف.

Douma: A man gestures as people rush to a site hit by heavy shelling.

15 آذار 2015   2 — March 15, 2015

دوما: رجل يقف وسط ركام أبنية منهارة بعد غارة جوية قُتل فيها أكثر من 25 شخصاً وأُصيب آخرون.

Douma: A man looks for survivors amid the rubble of collapsed buildings after an airstrike that killed more than 25 people and left many more injured.

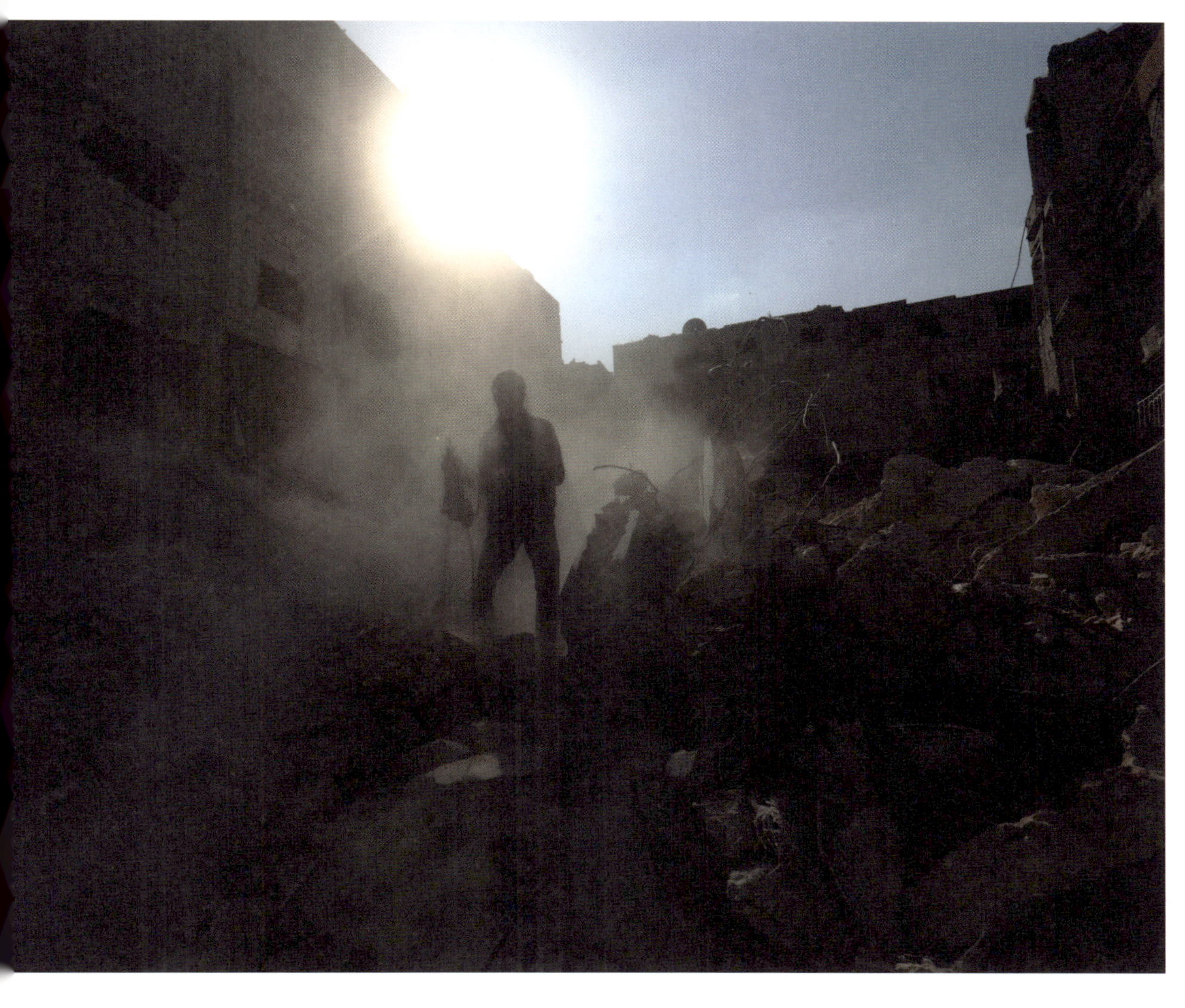

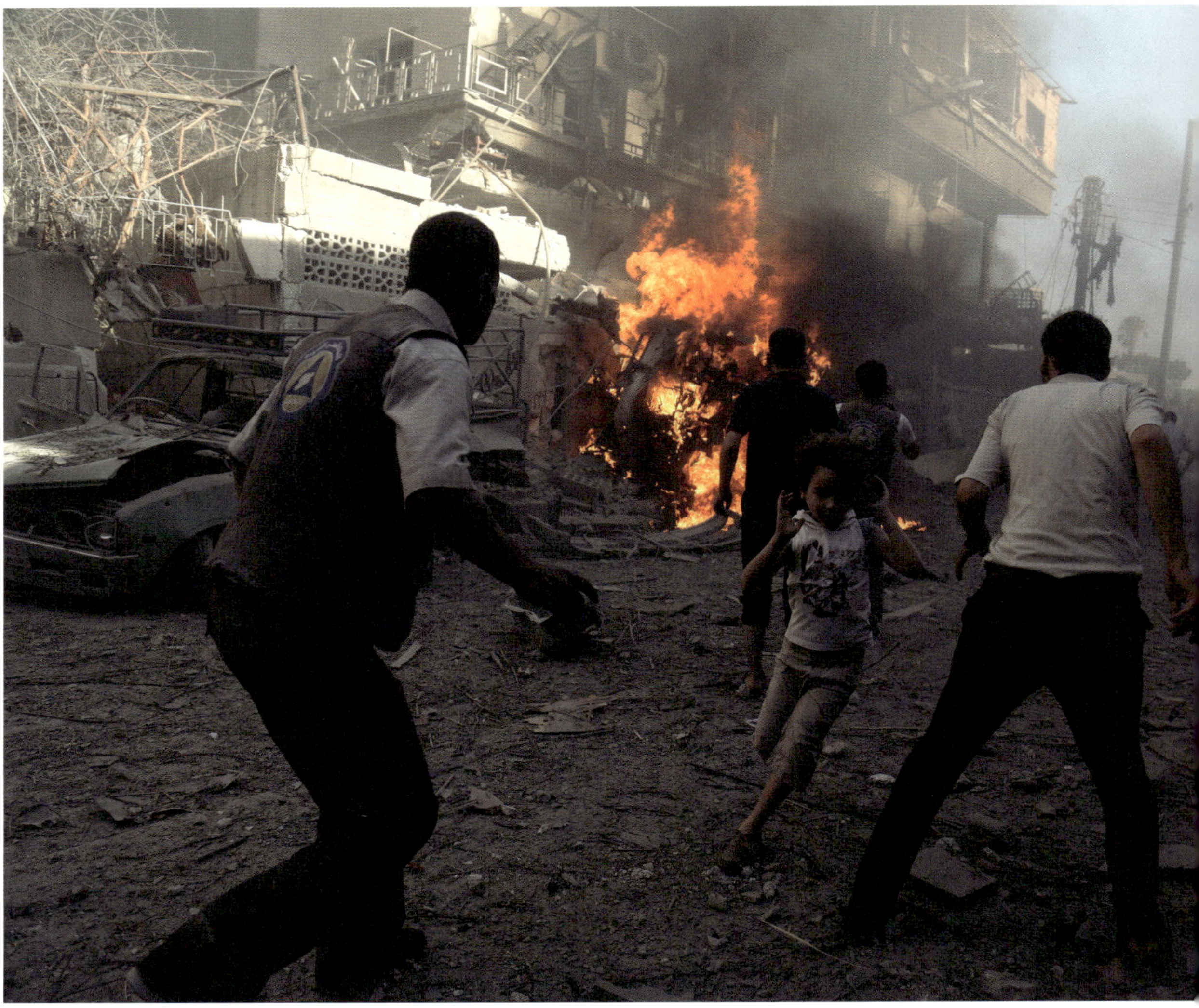

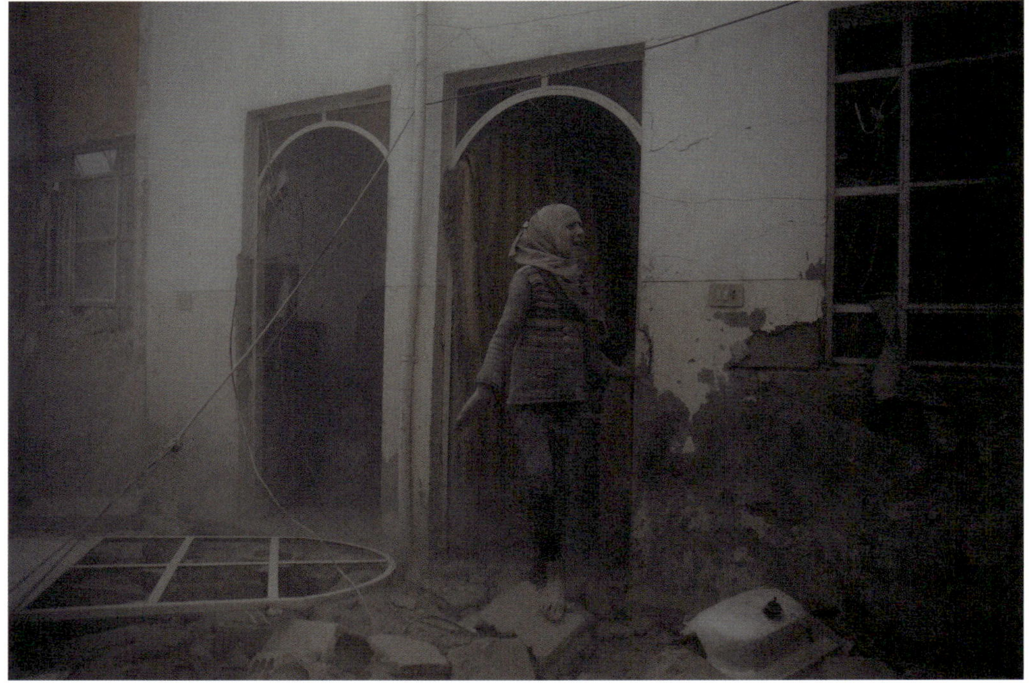

1

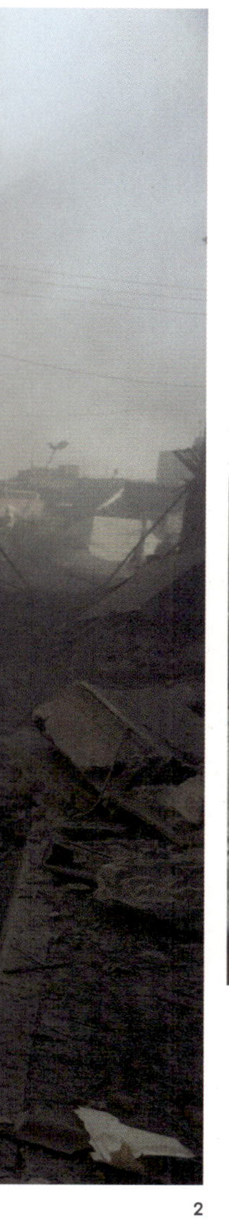

2

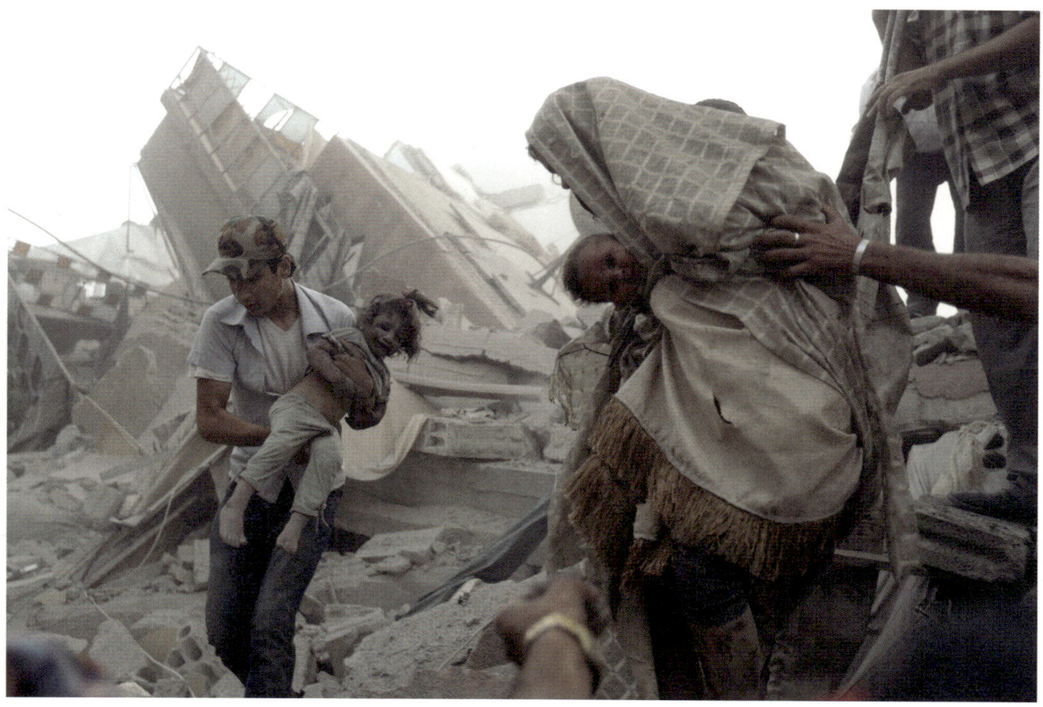

3

1 — November 7, 2016   7 تشرين الثاني 2016

Douma: An injured girl walks through a site hit by an airstrike.

دوما: فتاة مصابة تمشي في منزلها الذي استهدفته غارة جوية.

2 — August 24, 2015   24 آب 2015

Douma: A boy runs for safety from airstrikes during a bombing raid.

دوما: طفل يركض بحثاً عن ملجأ من الغارات الجوية التي نفذتها قوات النظام السوري على أحد أحياء المدينة.

3 — June 16, 2015   16 حزيران 2015

Douma: A mother (R) lifts her child away from rubble after heavy shelling.

دوما: أمّ تحمل طفلها بعد إنقاذهما من تحت الأنقاض، نتيجة غارات جويّة استهدفت أحياء المدينة.

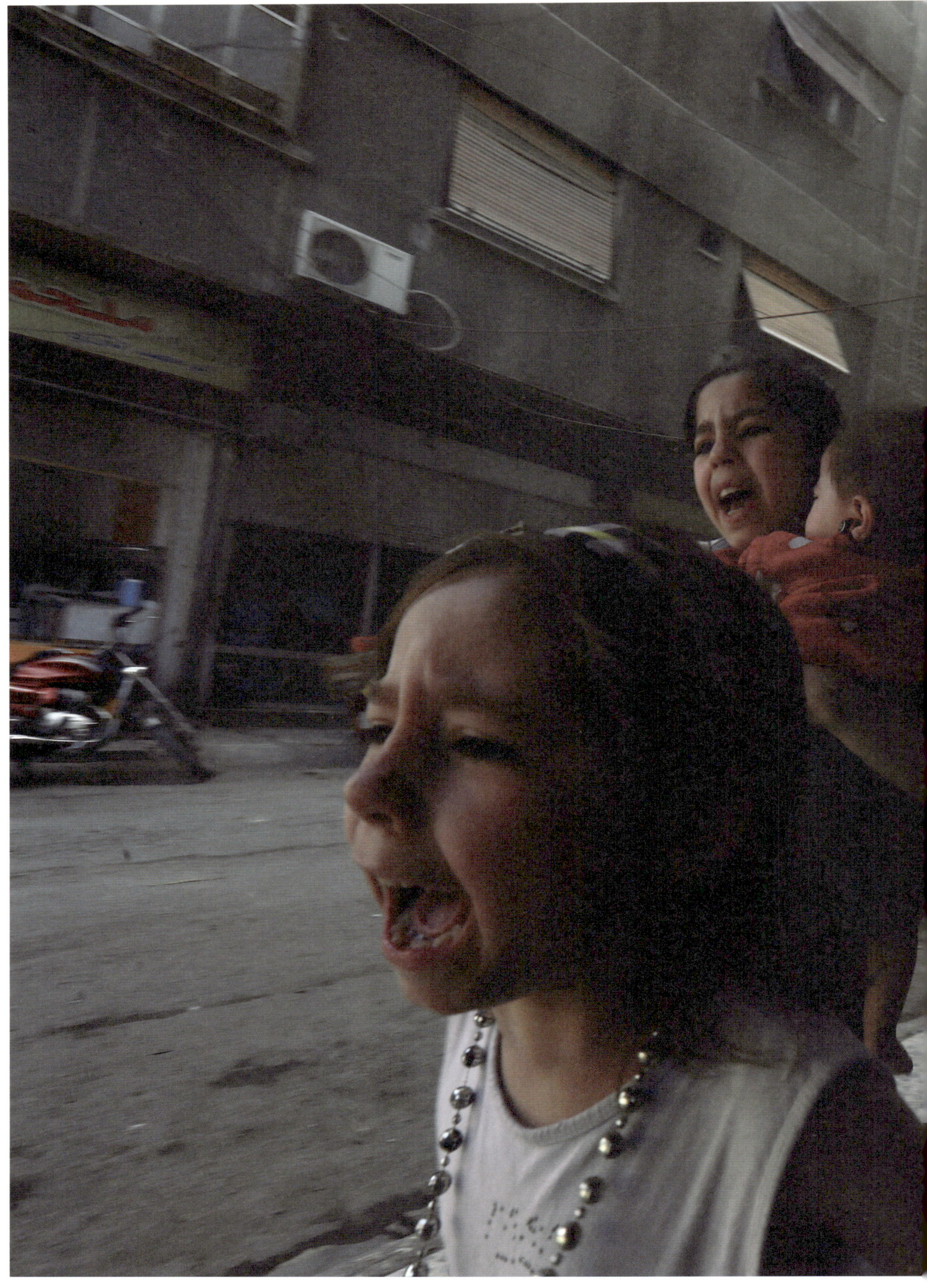

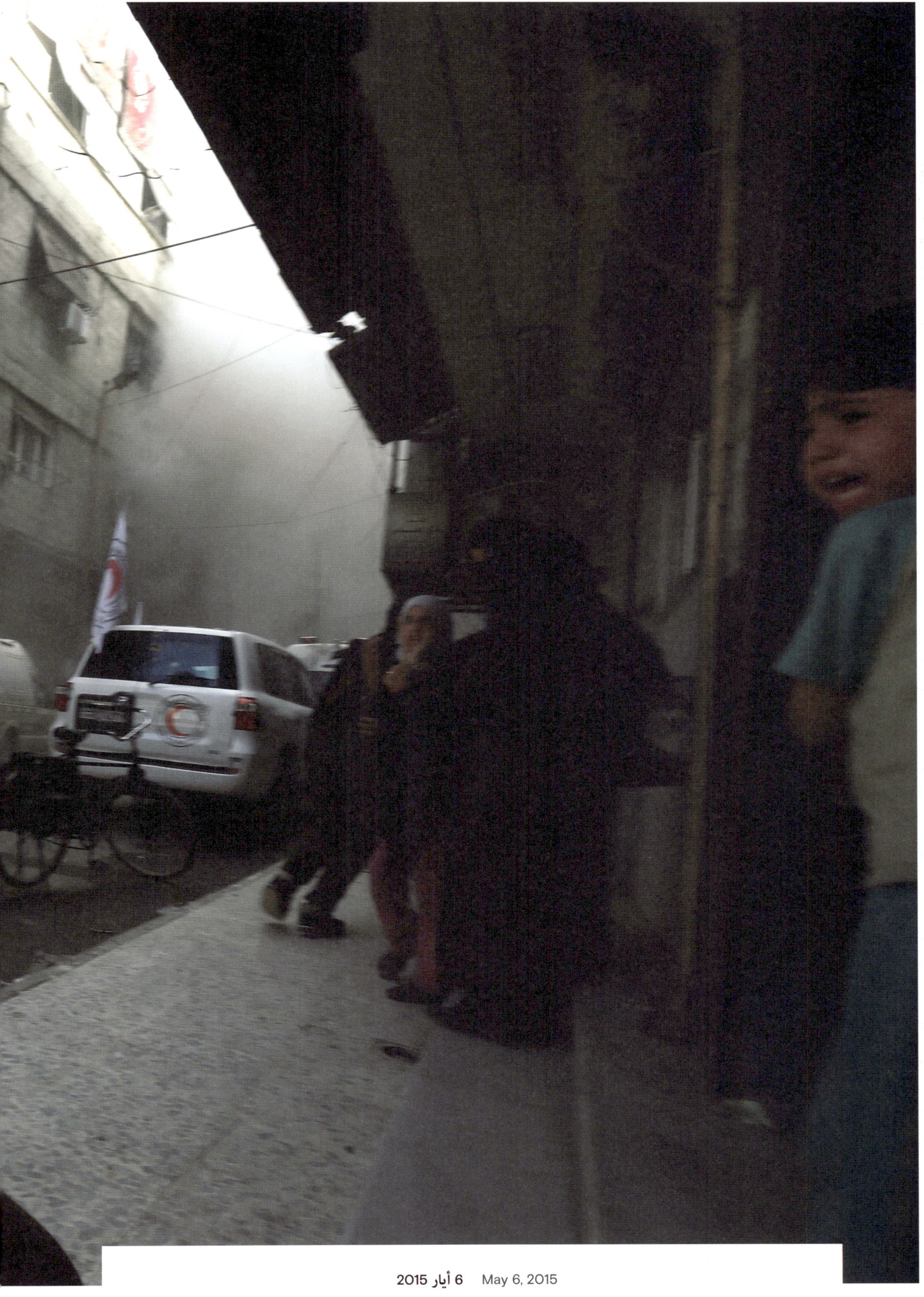

دوما: غزل (4 سنوات)، وجودي (7 سنوات) تحمل الطفلة سهير (8 أشهر) يصرخن في أثناء هروبهن، بعد قصف نفذته قوات النظام السوري على مقر للهلال الأحمر في المدينة.

Douma: Ghazal, 4 (L), and Judy, 7 (R), carry 8-month-old Suhair after shelling by government forces.

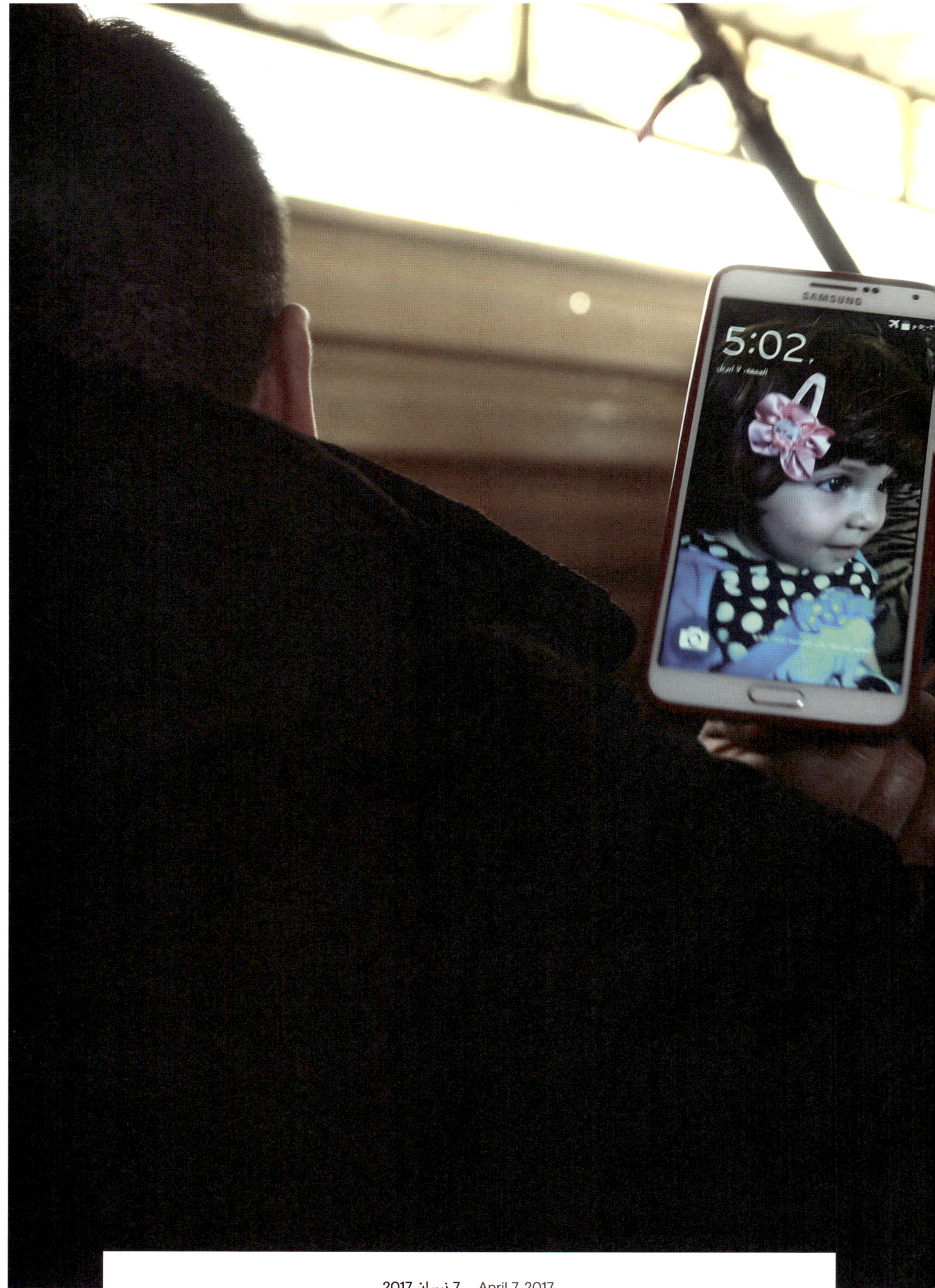

7 نيسان 2017   April 7, 2017

دوما: رجل يعرض صورة لابنته أميرة (18 شهراً) التي قُتلت في غارة جوية نفذتها قوات النظام السوري على أحد أحياء المدينة.

Douma: Salah shows a photo of his daughter Amira, 18 months old, who has just died in an airstrike.

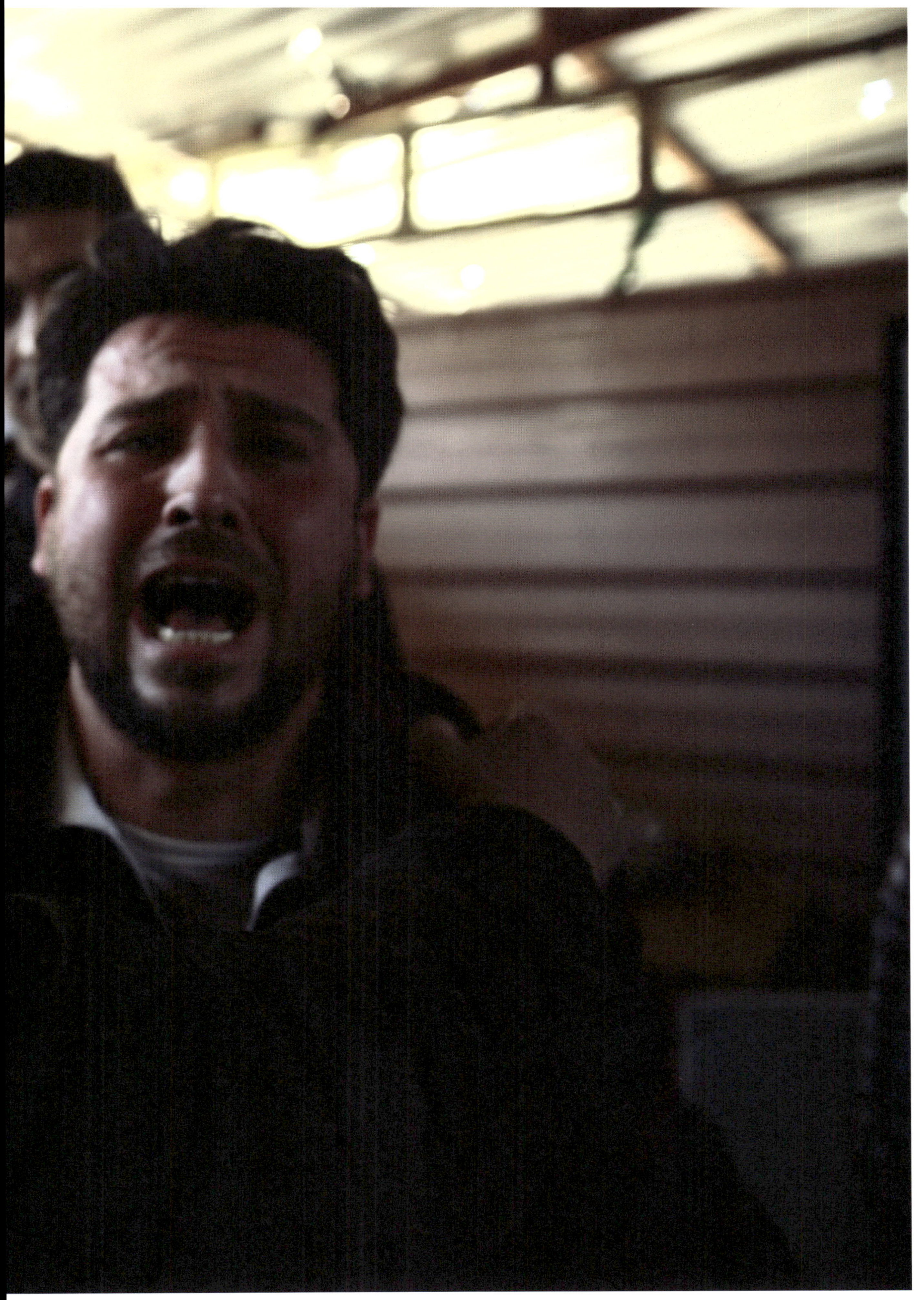

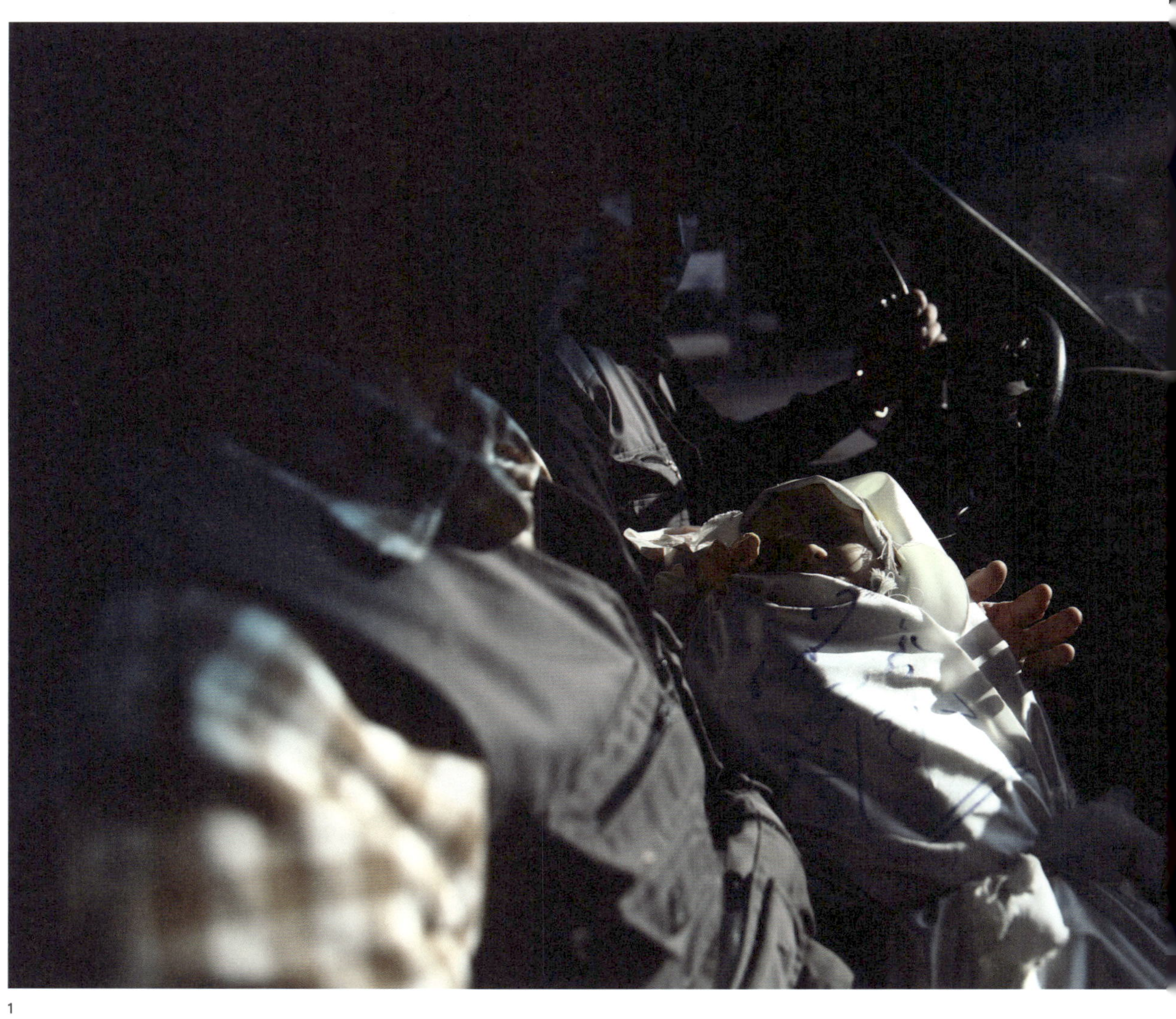

1

7 نيسان 2017   1 — April 7, 2017

Douma: A member of the White Helmets holds the body of 18-month-old Amira prior to her burial.

دوما: أحد أفراد فريق الدفاع المدني السوري (الخوذ البيضاء)، يحمل جثة الطفلة أميرة (18 شهراً) قبل دفنها بقليل.

7 نيسان 2017   2 to 4 — April 7, 2017

Douma: Salah grieves over the death of Amira as he prepares her for burial.

دوما: والد أميرة يبدو مفجوعاً بوفاة ابنته أميرة أثناء تجهيزها للدفن.

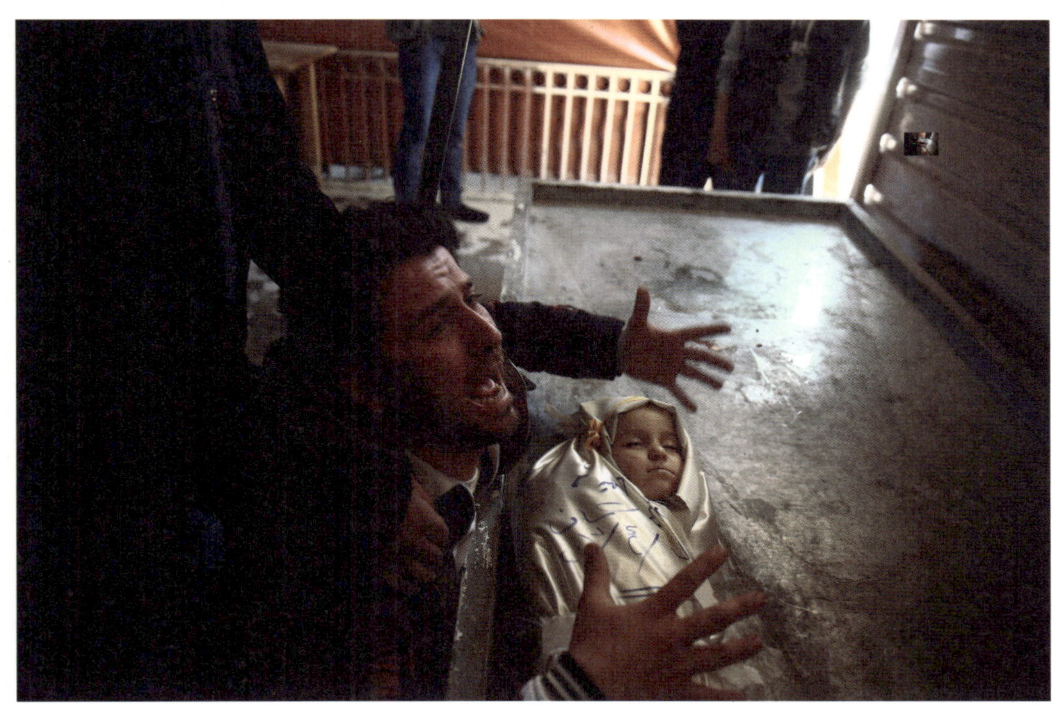

2

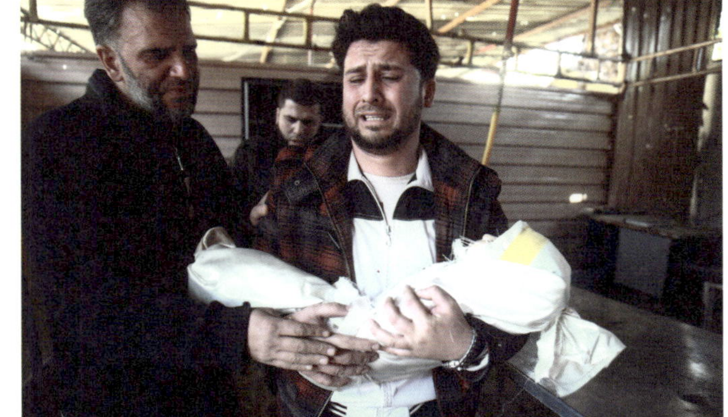

3

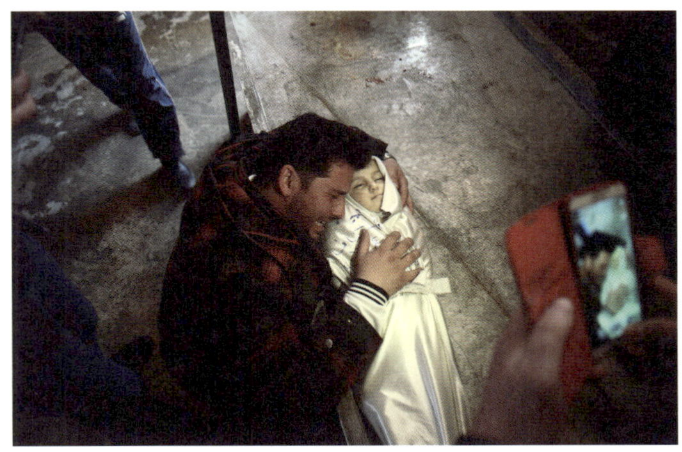

4

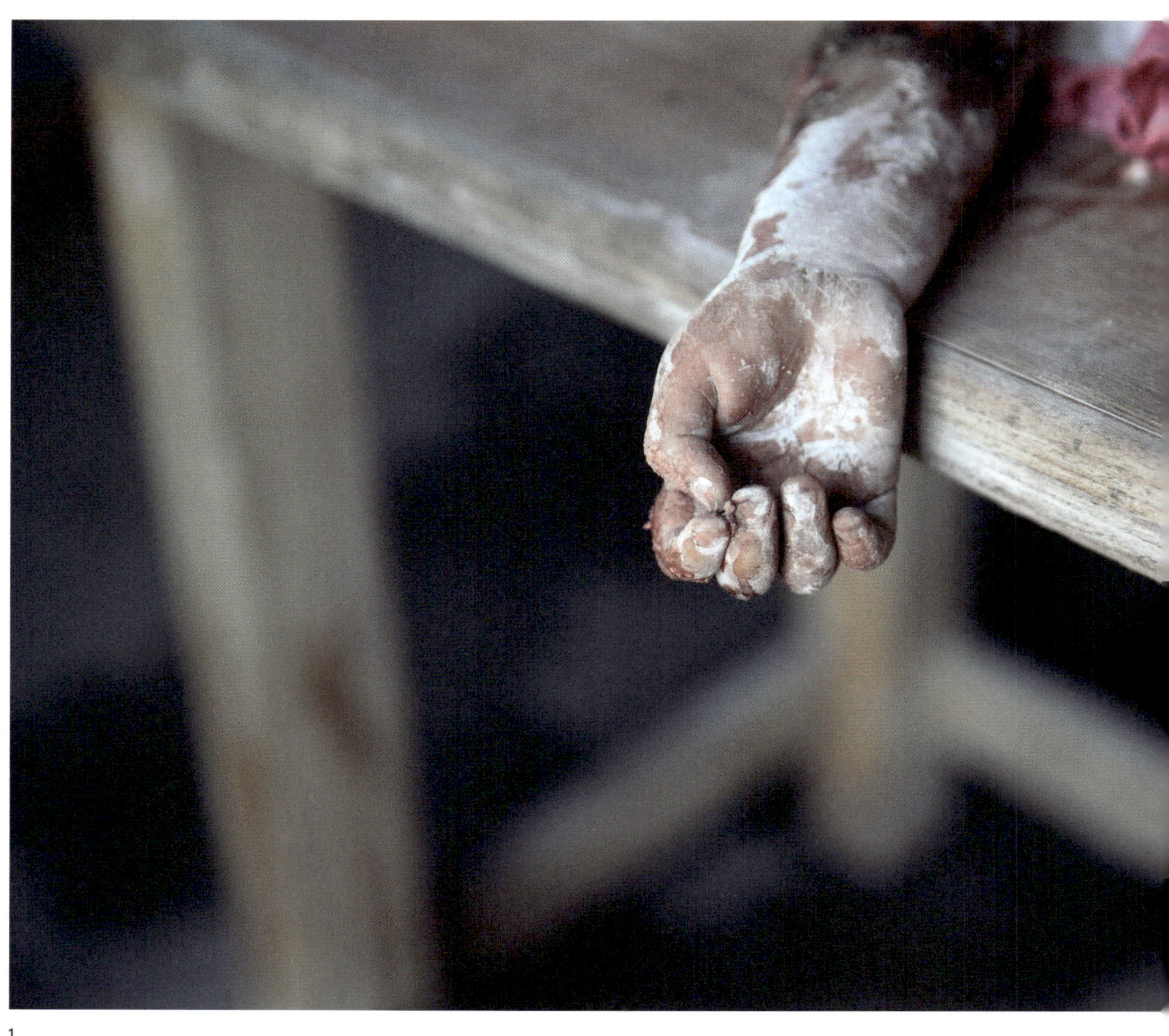

1

20 تشرين الأول 2016

1 — October 20, 2016

دوما: يد طفلة تبدو عليها آثار الغبار، بعد أن قُتلت في غارة نفذتها قوات النظام السوري.

Douma: The dusty hand of a child killed by a bomb dangles over a table's edge.

30 تشرين الأول 2015

2 — October 30, 2015

دوما: أشخاص يحاولون التعرف إلى جثث في مركز للدفاع المدني، بعد أن استهدفت قوات النظام السوري سوقاً مزدحماً بغارات جوية أدت إلى مقتل ما لا يقل عن 40 شخصاً وجرح 100 آخرين.

Douma: People attempt to identify bodies gathered at a civil defense center after Syrian government forces fired missiles on a busy marketplace. The attack killed at least 40 people and wounded approximately 100.

24 تشرين الأول 2016

3 — October 24, 2016

دوما: تجهيز جثمان الطفل محمود بركة (11 عامًا) للدفن، بعد مقتله في قصف استهدف أحياء المدينة. قُتل والد محمود في العام السابق في قصف مشابه.

Douma: The body of 11-year-old Mahmoud Barakeh awaits burial after a bomb killed him. A bombing in the same town killed Mahmoud's father the year before.

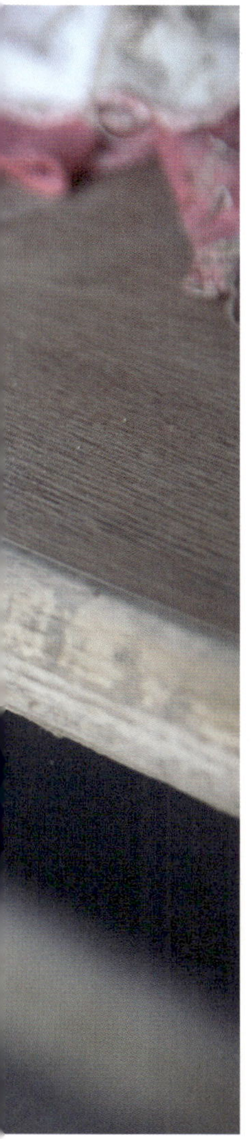

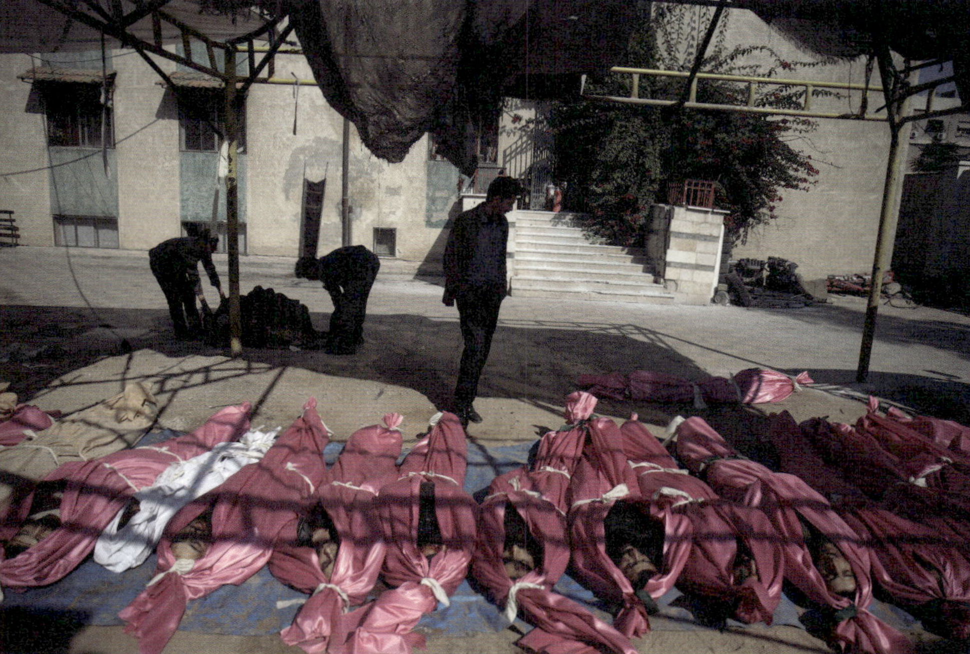

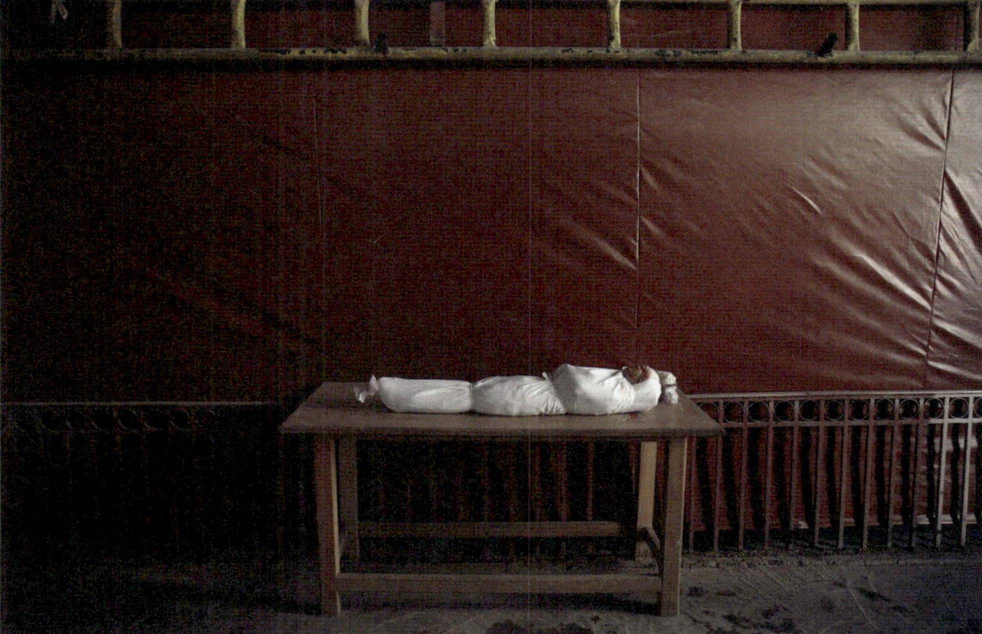

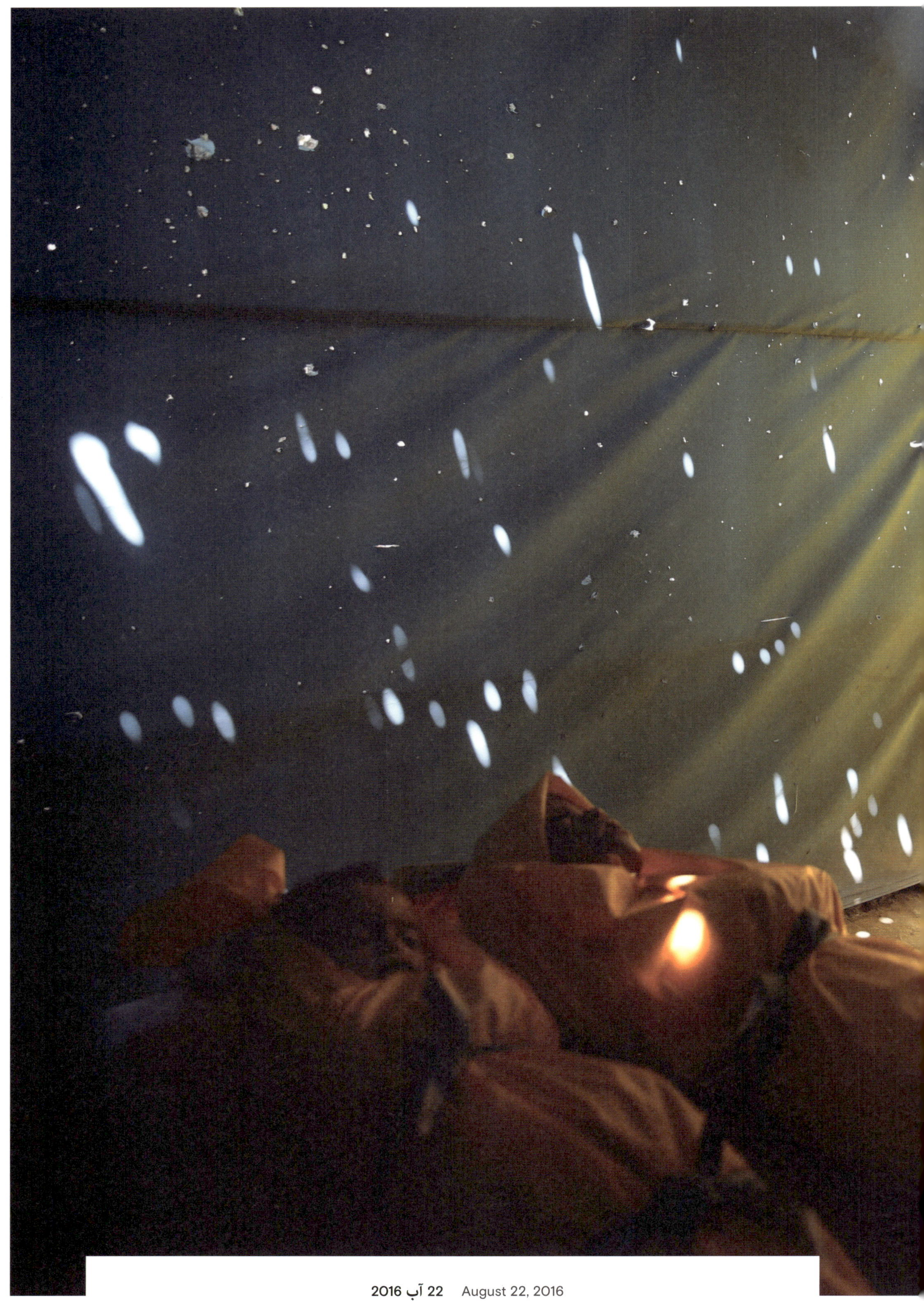

2016 آب 22   August 22, 2016

دوما: رجل يقف عند جثامين أطفال من أقربائه، قُتلوا في غارة جوية استهدفت أحياء المدينة.

Douma: A man stands near the bodies of his young relatives, killed during an airstrike.

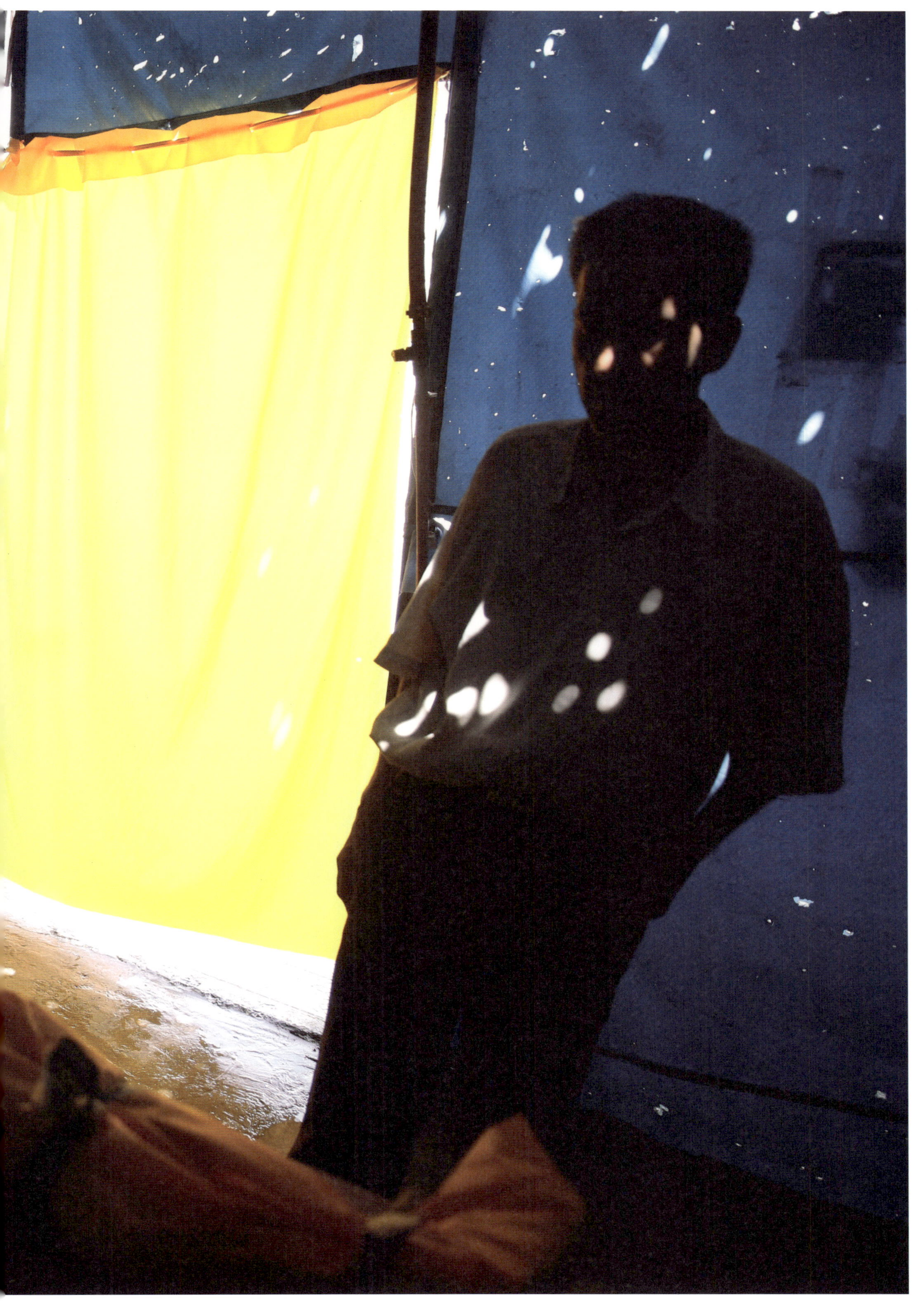

8 كانون الثاني
2018

بين الحين والآخر، كانت القوات التابعة للنظام السوري تقطع إمدادات الطعام القادمة عبر المعابر إلى الغوطة الشرقية المحاصرة. وكانت قوافل الأمم المتّحدة التي تحمل المواد الغذائية والمستلزمات الطبية نادرةً، ولا تكاد تفي بالغرض. في الوقت الذي التقطت فيه هذه الصورة كان قد مضى زمن طويل على دخول آخر قافلة إلى المنطقة، وخلال تلك المدة، أُغلقت جميع الطرقات والمعابر، ودُمّرت جميع الأنفاق التي كانت تستخدم لتهريب اللوازم والإمدادات. وكان هناك نقص كبير في المواد الغذائية، وبدأت مظاهر المجاعة تظهر على أجسام بعض الأطفال. وبدا أن النظام السّوري تعمّد استخدام هذا التكتيك للضغط على قوات المعارضة.

قابلتُ هبة عموري، في المشفى الميداني في مدينة دوما، وحدّثتني كيف أنّ أطفالها كانوا يتضورون جوعاً، عندما خرجتْ معهم إلى السوق تبحث عن طعام يسدّ رمقهم، لحظة استهداف السوق الشعبي في سقبا. أصيب ابنها البالغ من العمر عامين إصابة بالغة في رأسه، وفارق الحياة في الطريق إلى المشفى الميداني في دوما. في الصورة، يمكن رؤية دم الطفل على يد والدته.

عندما تحدثت مع هبة، أخبرتني أنّها تشعر بالذنب، لأنّ ابنها مات جائعاً. كانت رضيعتها تبكي من الجوع أيضاً، لذا وضعت هبة إصبعها في فم ابنتها لتخفف بكائها، كما لو أنّها كانت تطعمها شيئاً، لم تستطع هبة أن تُرضع طفلتها، لأنّها هي أيضاً كانت تتضوّر جوعاً، ولم يعد بإمكانها الاستمرار في الرضاعة.

بعد ذلك، بدأ النظام السوري عملية عسكريّة كبيرة، وقسّم الغوطة الشرقية إلى ثلاثة أقسام، ولم يعد بإمكاني الوصول إلى المنطقة التي كانت تسكن هبة فيها، ولم أعرف لاحقاً ماذا حدث لها ولعائلتها. في تلك المدة، كنت أشعر بأن الصور لم تعد تجدي نفعاً، قمت بتغطية قصص مماثلة من قبل، ولم يتغير شيء، بل كنّا نمضي نحو الأسوأ. لكني شعرت أيضاً أنّه ربّما يكون لعملي هذا يوماً ما أهميّة في توثيق تلك القصص، كي يعرف الناس حقيقة ما حدث هناك، ذلك جعلني أشعر بمسؤوليّة أكبر تجاه الأطفال، وتجاه ما عانوه في سنوات الحرب.

7

—

January 8
2018

From time to time, the Syrian regime would cut off food coming into Eastern Ghouta. Sometimes a UN convoy would bring in food and medical supplies. But at the time I took these pictures, there was no UN convoy and no food in the markets, and all roads were closed. The tunnel we used to smuggle in supplies was also closed. The huge food shortage led to starvation. The Syrian regime used this tactic to put pressure on the opposition.

I met Heba Amouri at a medical center in Douma. Her children were starving, so the family went into the street to find food when there was an attack in the market. Her 2-year-old son suffered a head injury and died on the way to the hospital. In the photo, the blood of her son is visible on Heba's hand.

When I talked with Heba, she told me she felt guilty because her son had died hungry. Her daughter was crying from hunger, so Heba put her finger in the baby's mouth to calm her, to create an illusion that she was getting food, that she was eating something. Heba was not able to breastfeed because she was starving as well and was not producing milk.

After this, the Syrian regime started a military operation and cut Eastern Ghouta into three sections, and I no longer had access to this area. I don't know what happened to this family—whether they survived or not.

During the period in which I took this picture, I was starting to feel that my photos were not helping because I had covered similar stories and nothing had changed. But I was also feeling that maybe my work would be important one day in documenting these moments so that people would know what actually happened here. I felt a responsibility to the children.

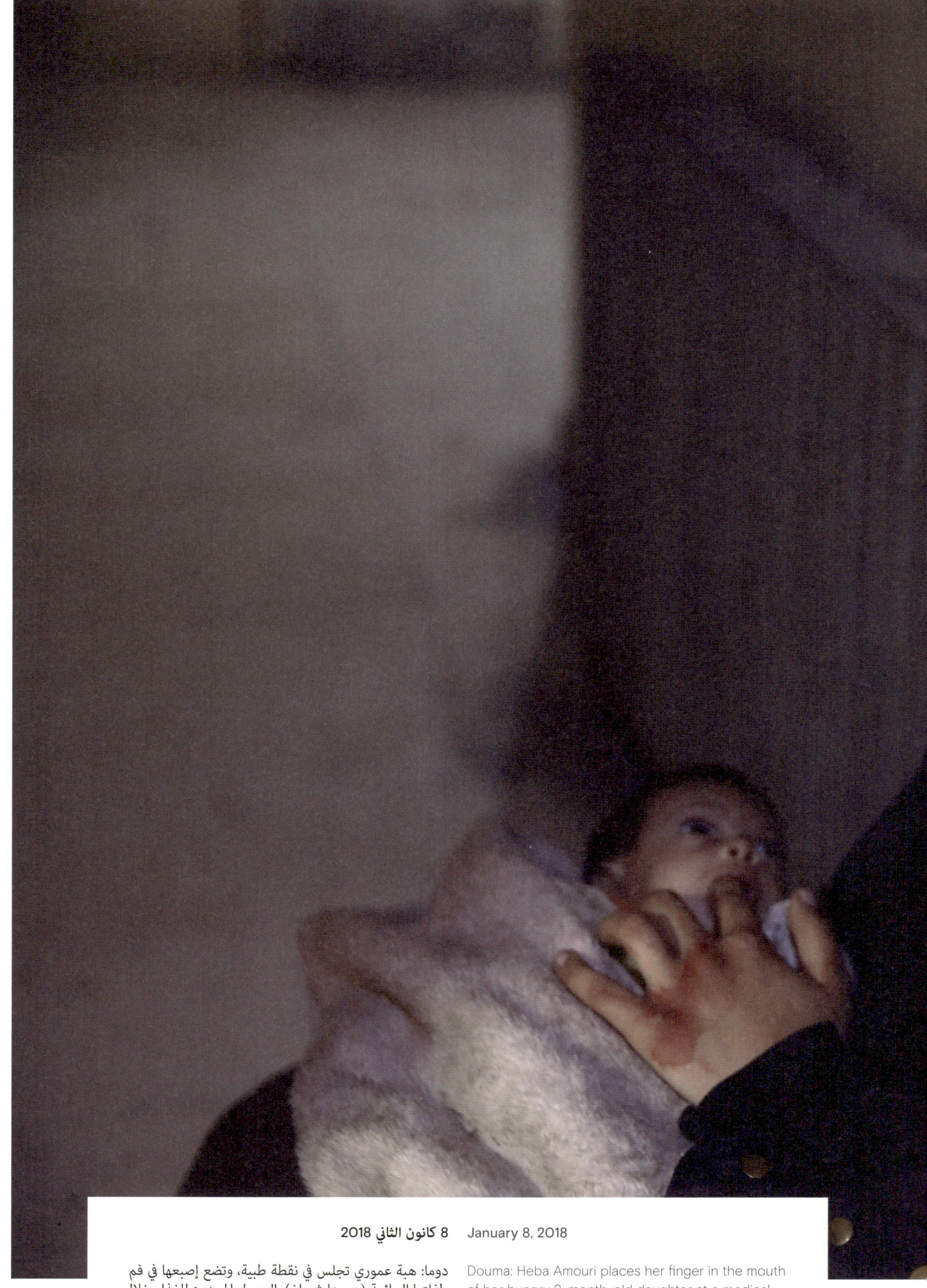

دوما: هبة عموري تجلس في نقطة طبية، وتضع إصبعها في فم طفلتها الجائعة (عمرها شهران). الوصول المحدود للغذاء خلال الحصار جعلها غير قادرة على الاستمرار في الرضاعة لتغذية طفلتها.

Douma: Heba Amouri places her finger in the mouth of her hungry 2-month-old daughter at a medical center. Limited access to food under the siege has left her unable to produce enough breast milk to feed her infant.

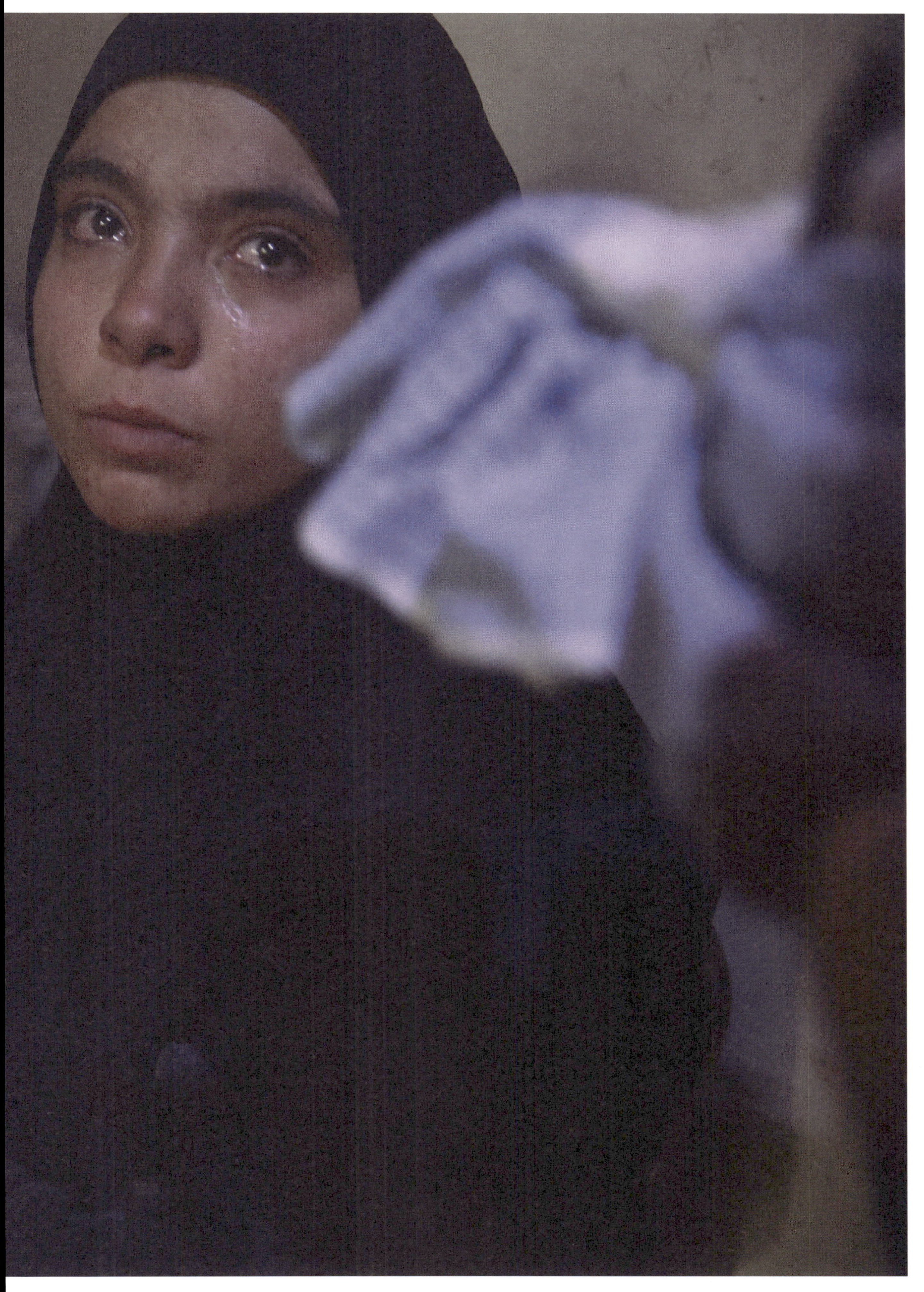

1 — January 8, 2018

Douma: Heba Amouri mourns as she holds the body of her 2-year-old son, Emir al-Bash, who was killed in an airstrike while his mother was searching for food.

2 — January 8, 2018

Kafar Batna: A friend of the al-Bash family holds Emir's body.

8 كانون الثاني 2018

دوما: هبة عموري تبكي وهي تحمل جثة ابنها أمير الباش (عمره عامان)، الذي قُتل في قصف استهدف سوق مدينة سقبا، بينما كانت والدته تبحث له عن الطعام.

8 كانون الثاني 2018

كفر بطنا: صديق لعائلة الباش يحمل جثة الطفل أمير استعداداً لدفنه في مقبرة المدينة.

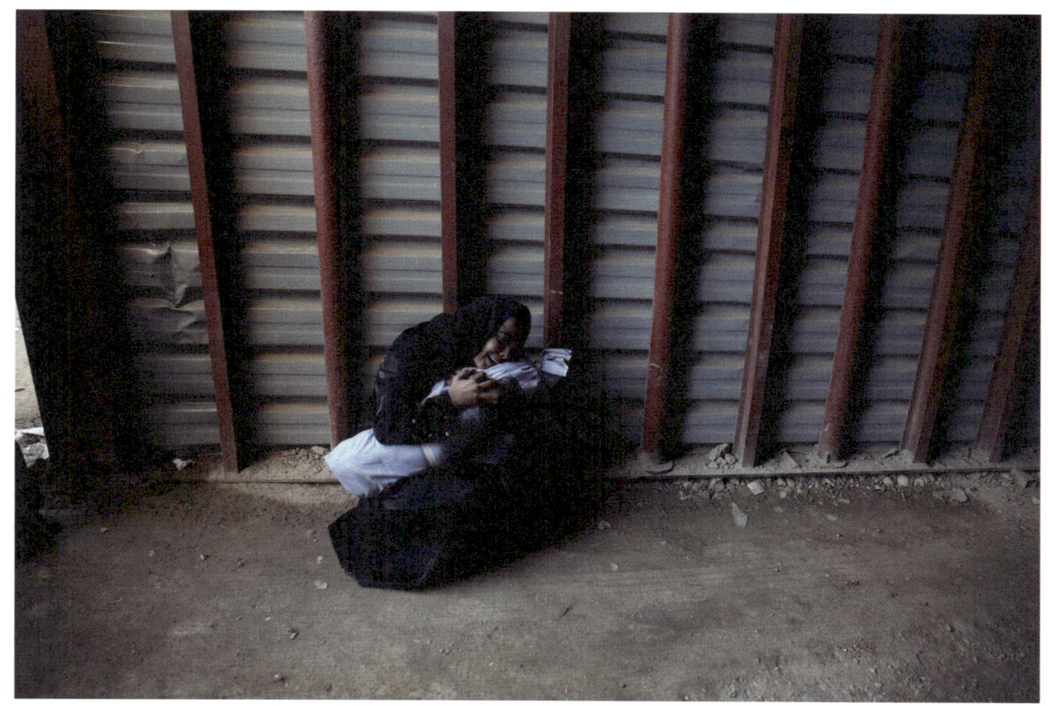

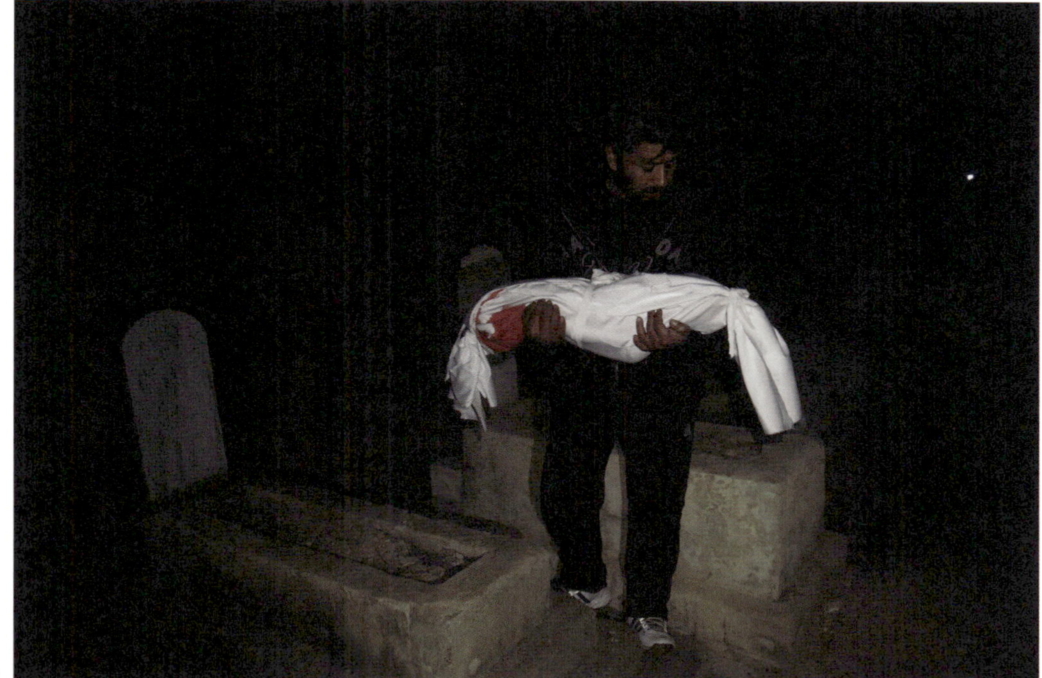

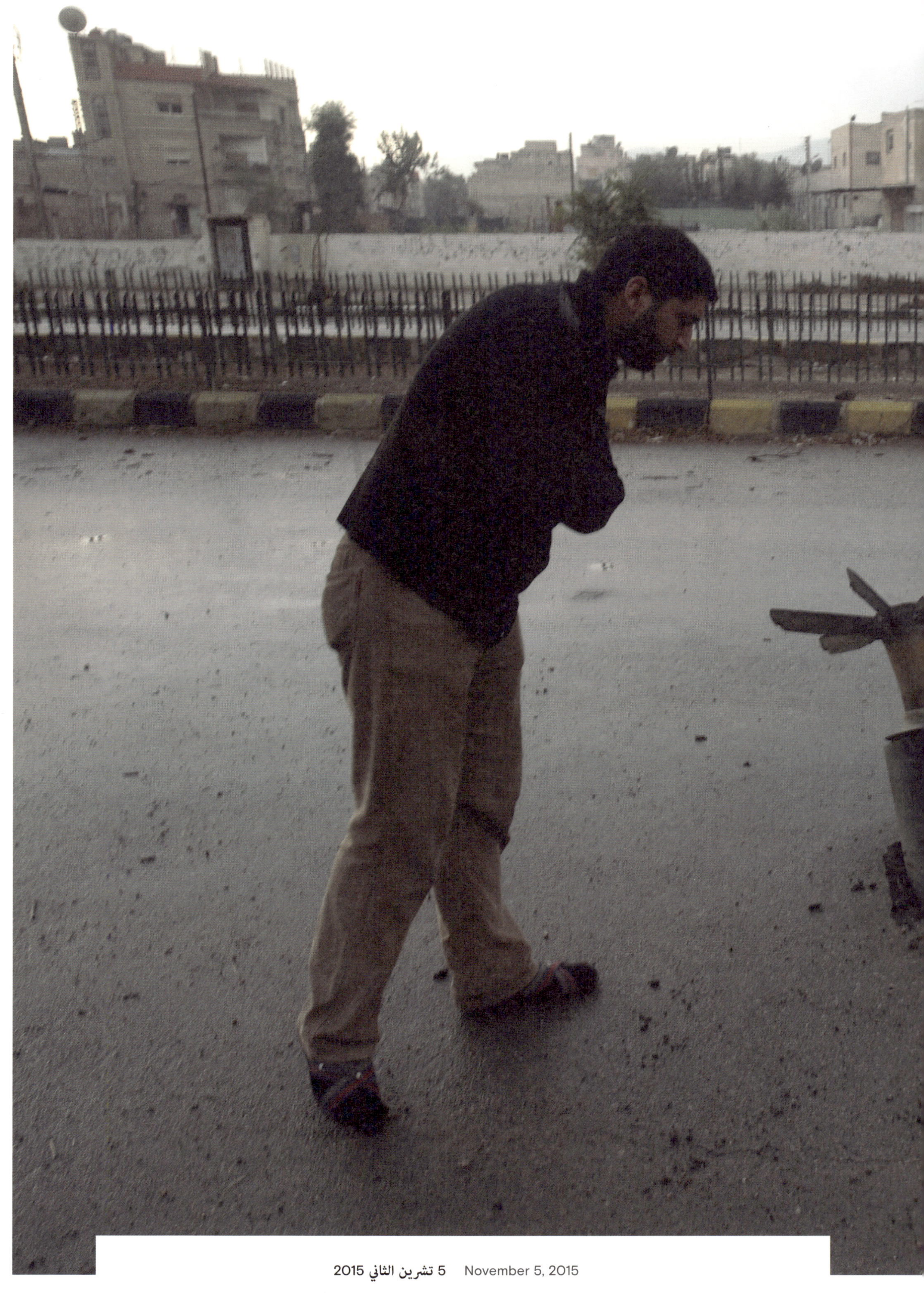

November 5, 2015   5 تشرين الثاني 2015

Douma: A man inspects remnants of
a cluster bomb.

دوما: رجل ينظر إلى بقايا قنبلة عنقودية استهدفت أحد أحياء
المدينة.

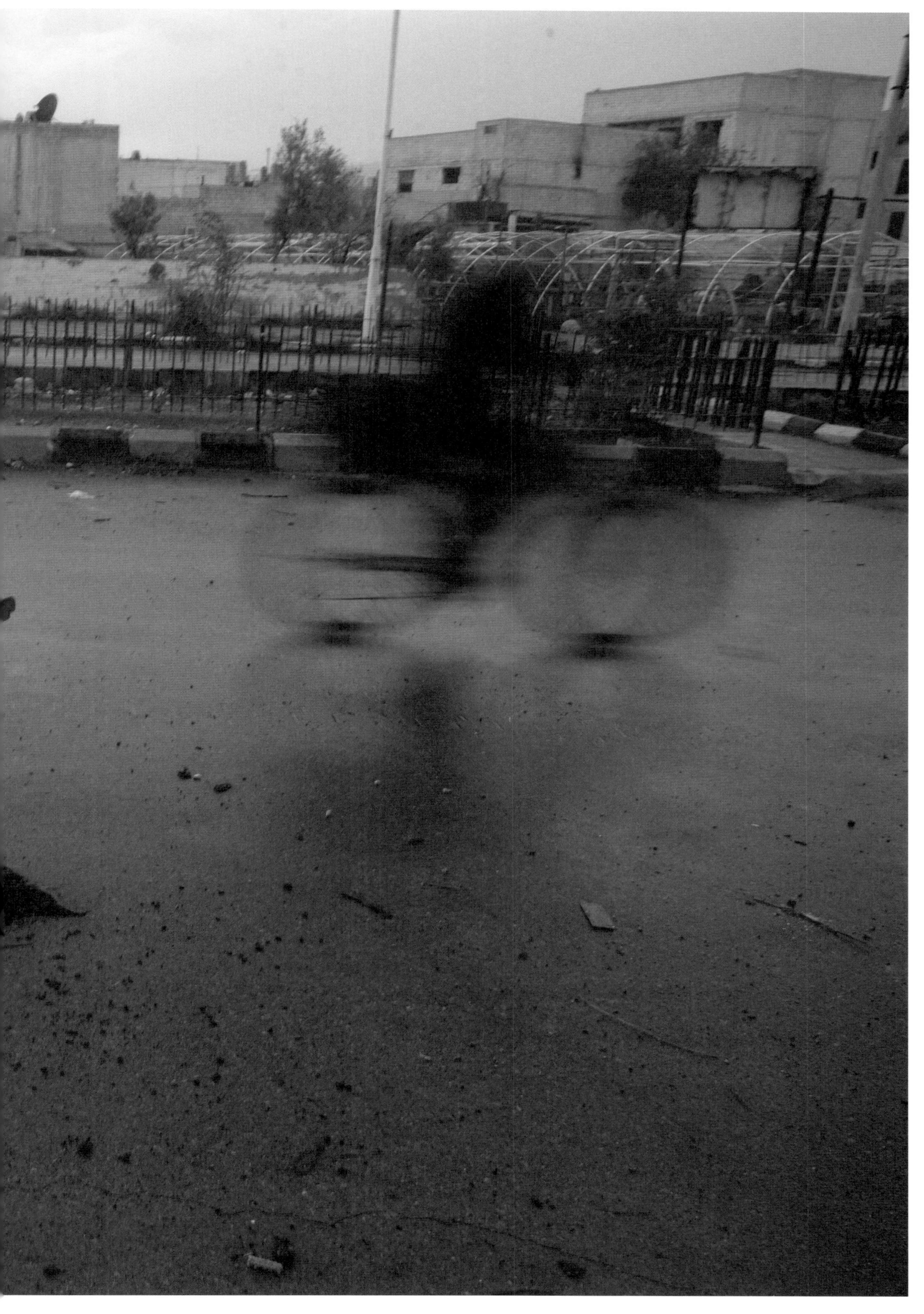

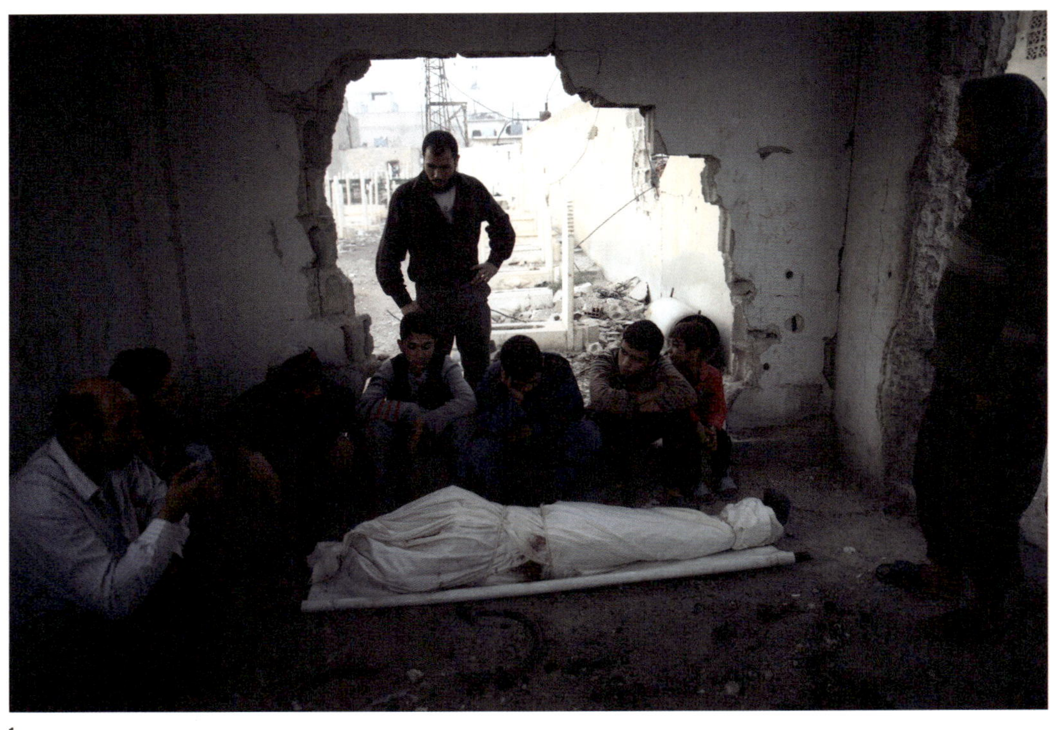

1

1 — November 14, 2016

Douma: Relatives mourn over the body of
15-year-old Ziad Rihan, killed in a shelling, before
his burial.

14 تشرين الثاني 2016

دوما: أفراد من عائلة زياد ريحان (15 عاماً)، يتجمعون حول
جثمانه استعداداً لدفنه. قُتل زياد في قصف على أطراف
المدينة.

2 — November 14, 2016

Douma: People gather at Ziad Rihan's grave after
his burial.

14 تشرين الثاني 2016

دوما: أفراد من عائلة زياد ريحان يتجمعون حول قبره بعد
دفنه في مقبرة المدينة.

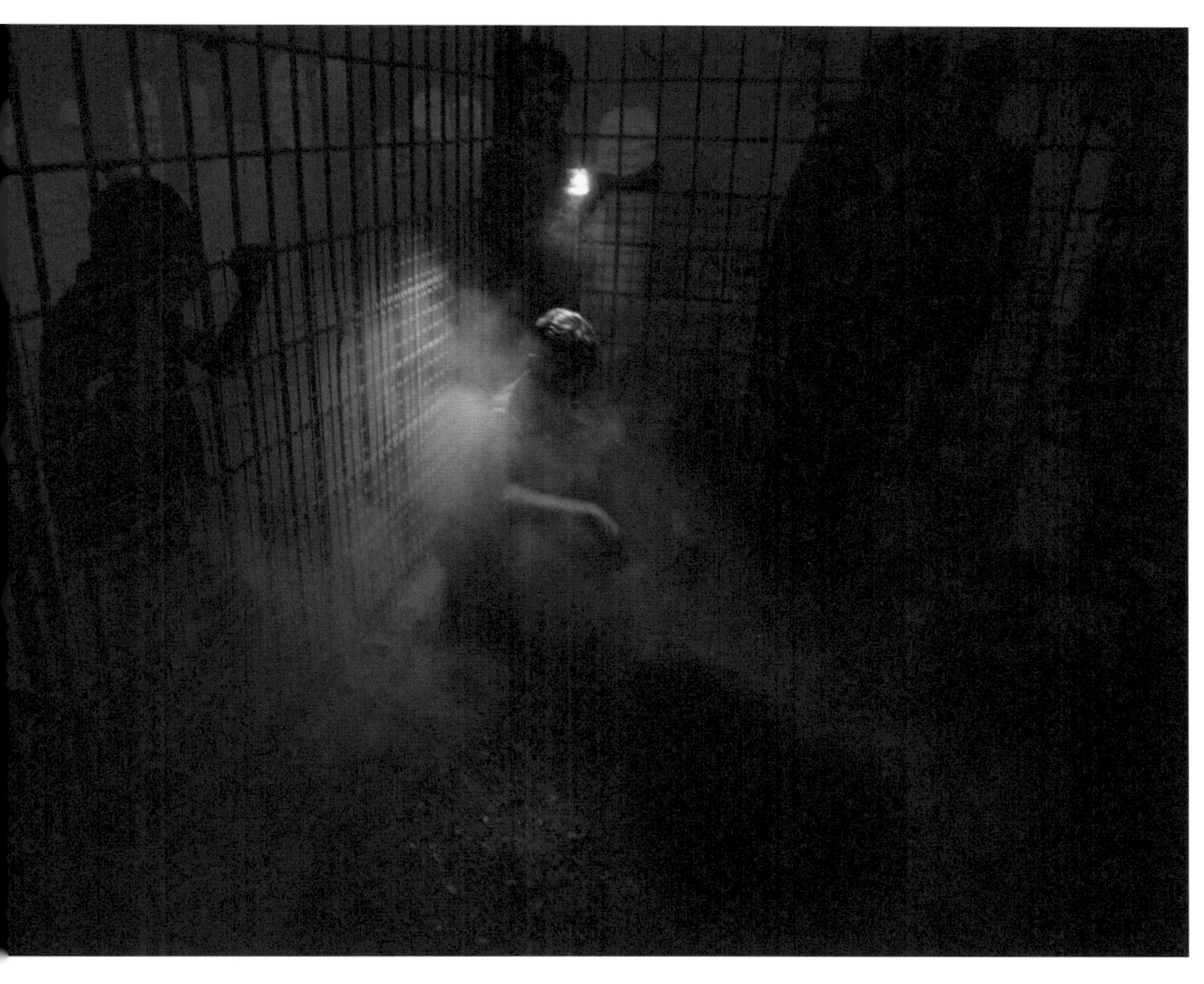

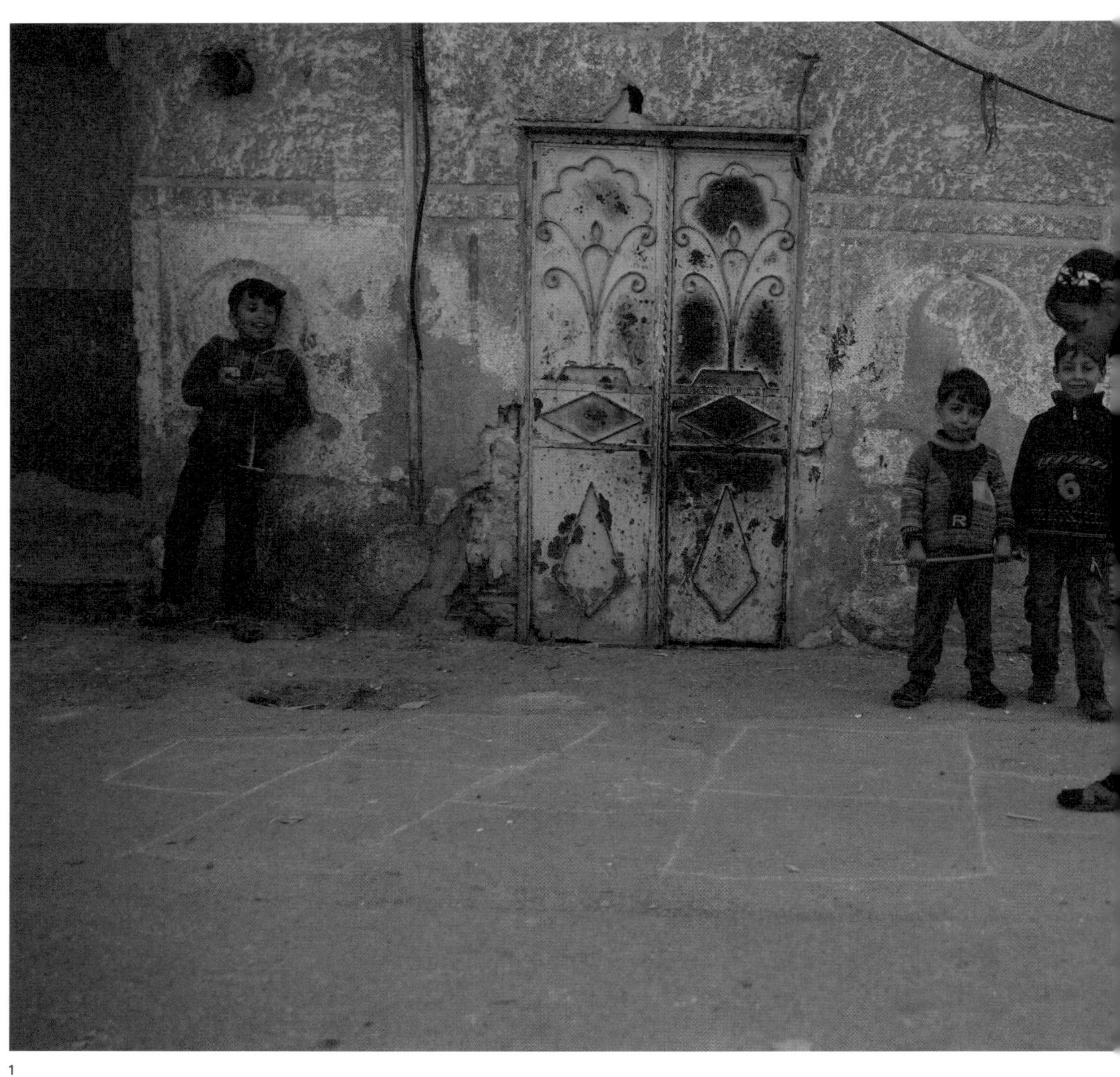

1

1 — November 26, 2015

Douma: Children play.

2 — January 11, 2015

Douma: Children dance around a snowman
decorated with an FSA flag.

26 تشرين الثاني 2015

دوما: أطفال يلعبون في أحد شوارع المدينة.

11 كانون الثاني 2015

دوما: أطفال يرقصون حول رجل ثلجي مُزين بعَلَم المعارضة
السورية في أحد شوارع المدينة.

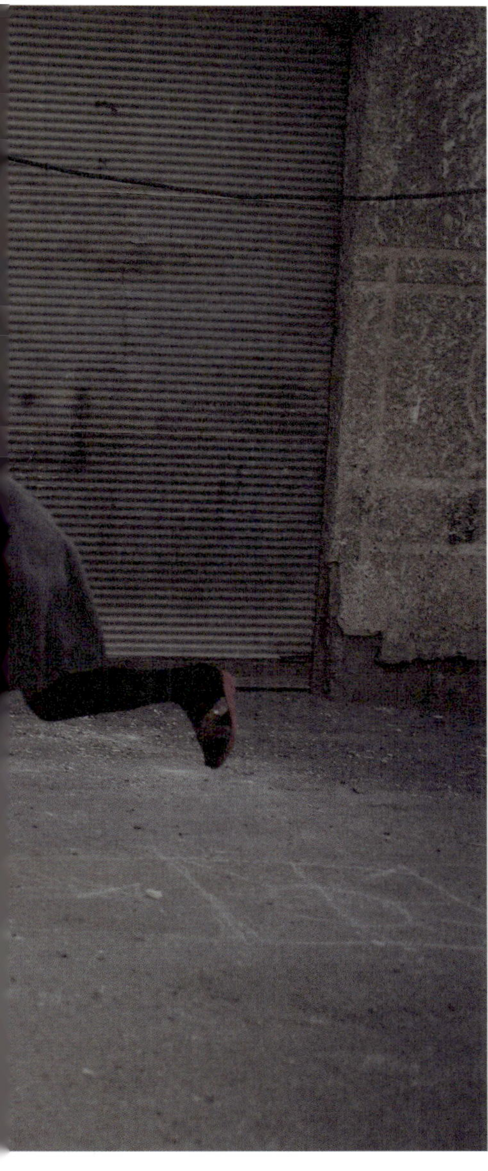

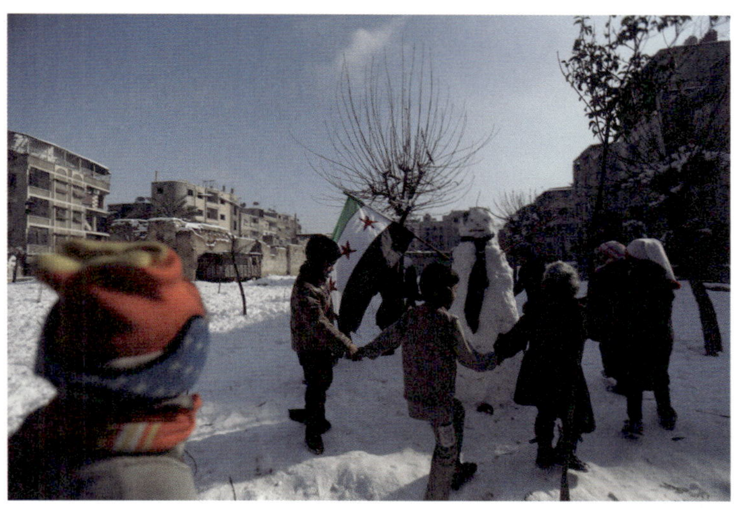

2

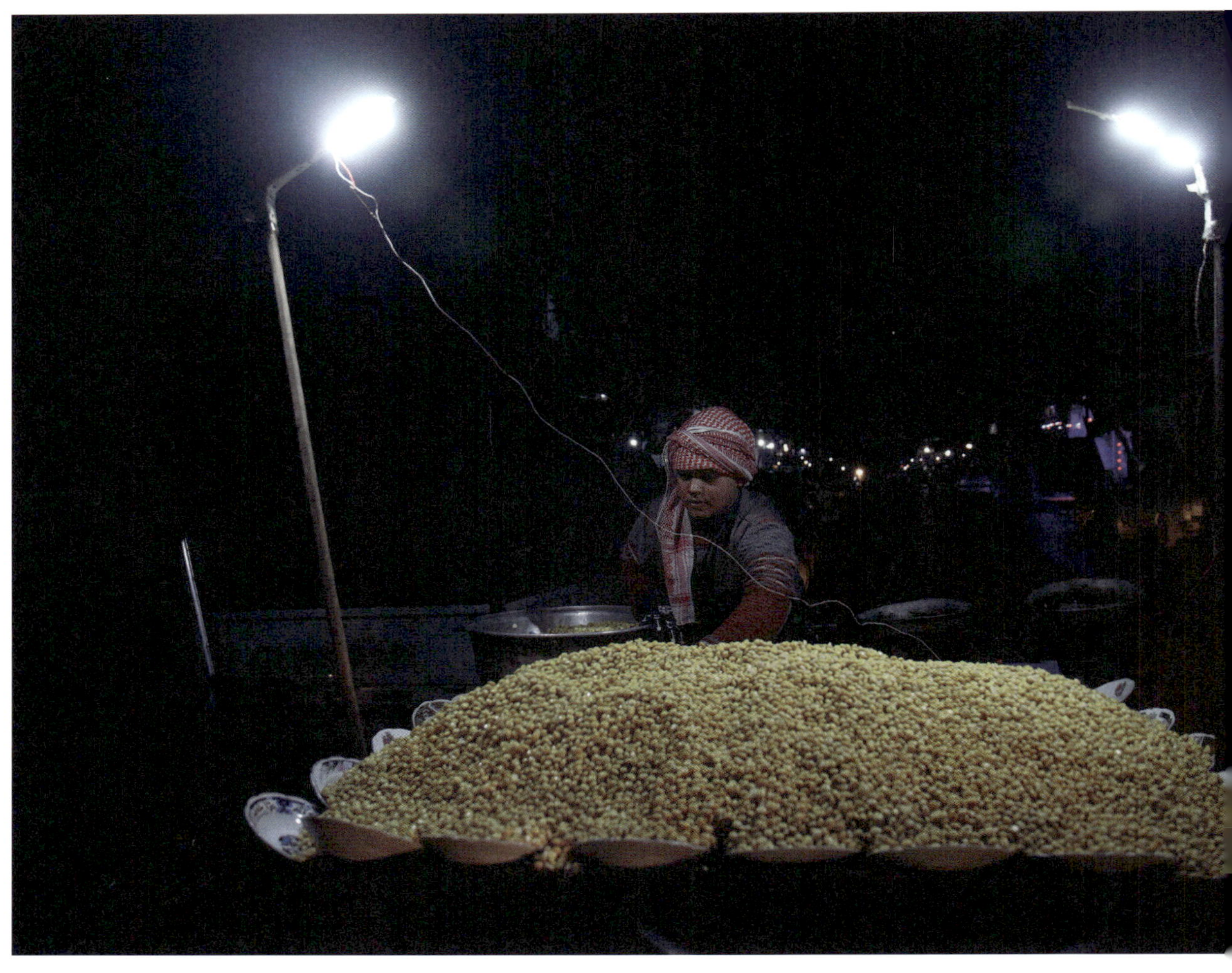

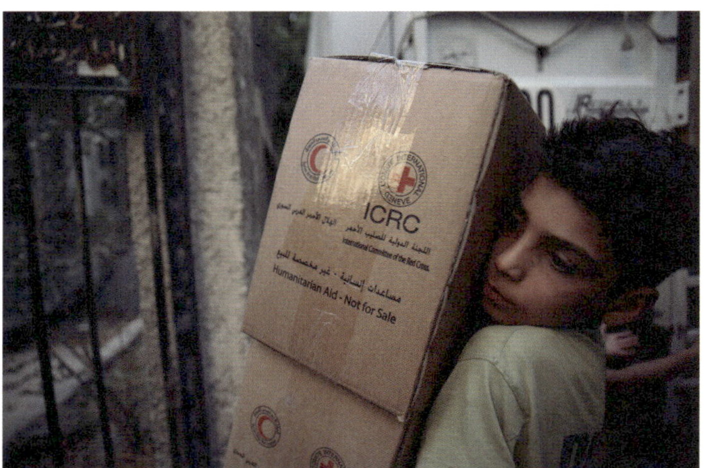

2

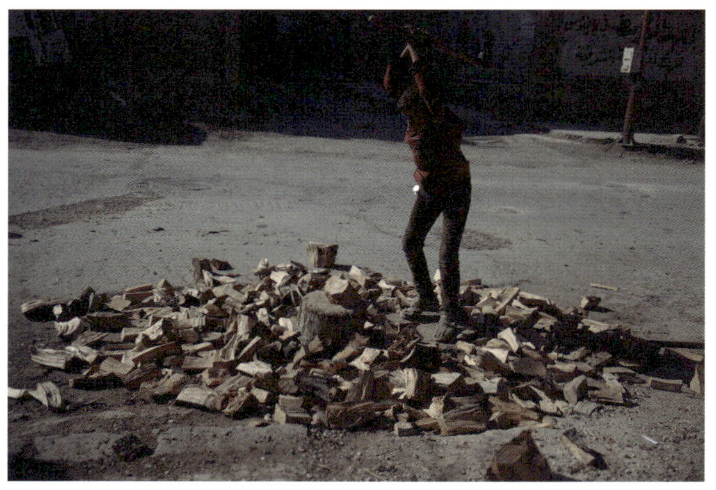

1

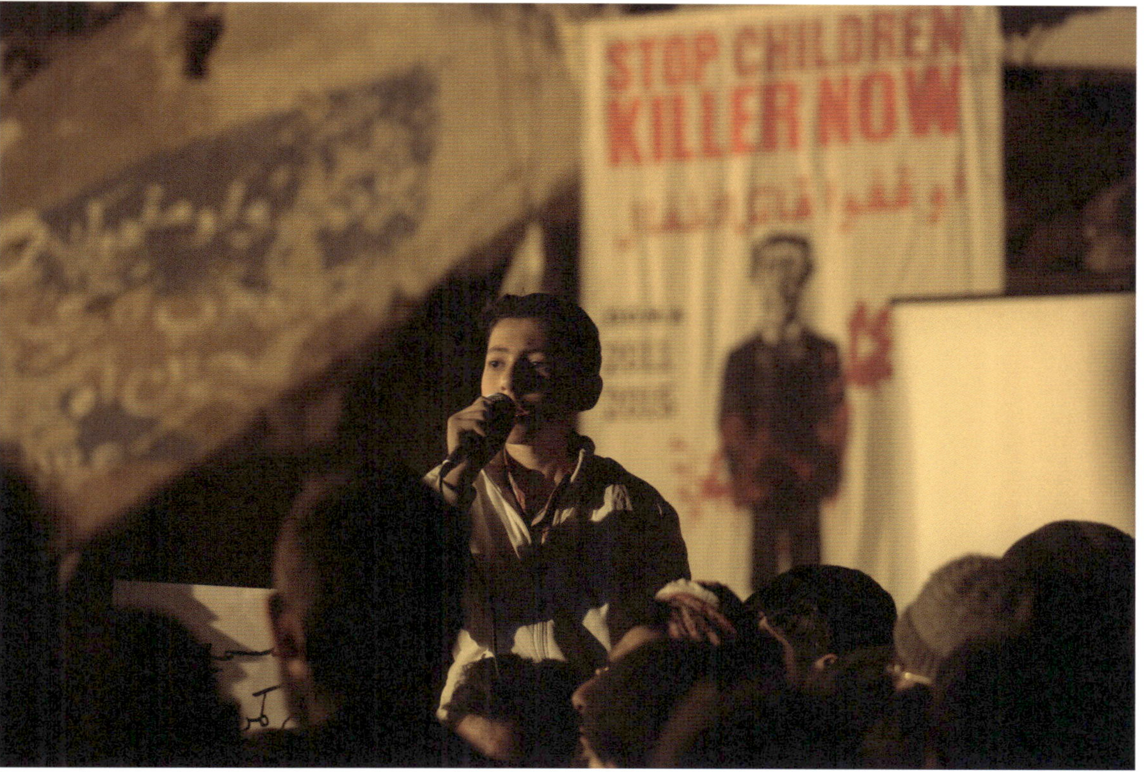

3

4

9 شباط 2016

1 — February 9, 2016

دوما: صبي يقطّع الحطب قبل بيعه في أحد شوارع المدينة.

Douma: A boy cuts firewood in the street.

29 حزيران 2016

2 — June 29, 2016

زملكا: صبي يحمل طرد مساعدات غذائية من شاحنة للهلال الأحمر. الحصار والقصف المتواصل من قِبَل قوات النظام السوري، جعل وصول المساعدات إلى المدنيين المحاصرين في المنطقة أمراً شبه مستحيل.

Zamalka: A boy unloads aid parcels. The blockade, combined with pro-government shelling, has made such aid almost impossible for trapped civilians to obtain.

9 كانون الثاني 2017

3 — January 9, 2017

دوما: صبي يبيع "الترمس" في الليل. ملايين الأطفال السوريين اضطروا إلى العمل لإعالة عائلاتهم، إبان الحرب والحصار، بدلاً من متابعة تعليمهم.

Douma: A boy sells beans at night. Millions of Syrian children have been forced to work in a wartime economy at the expense of their education.

18 آذار 2015

4 — March 18, 2015

دوما: صبي يهتف في مظاهرة ضد نظام الأسد.

Douma: A boy chants in a demonstration against Assad's regime.

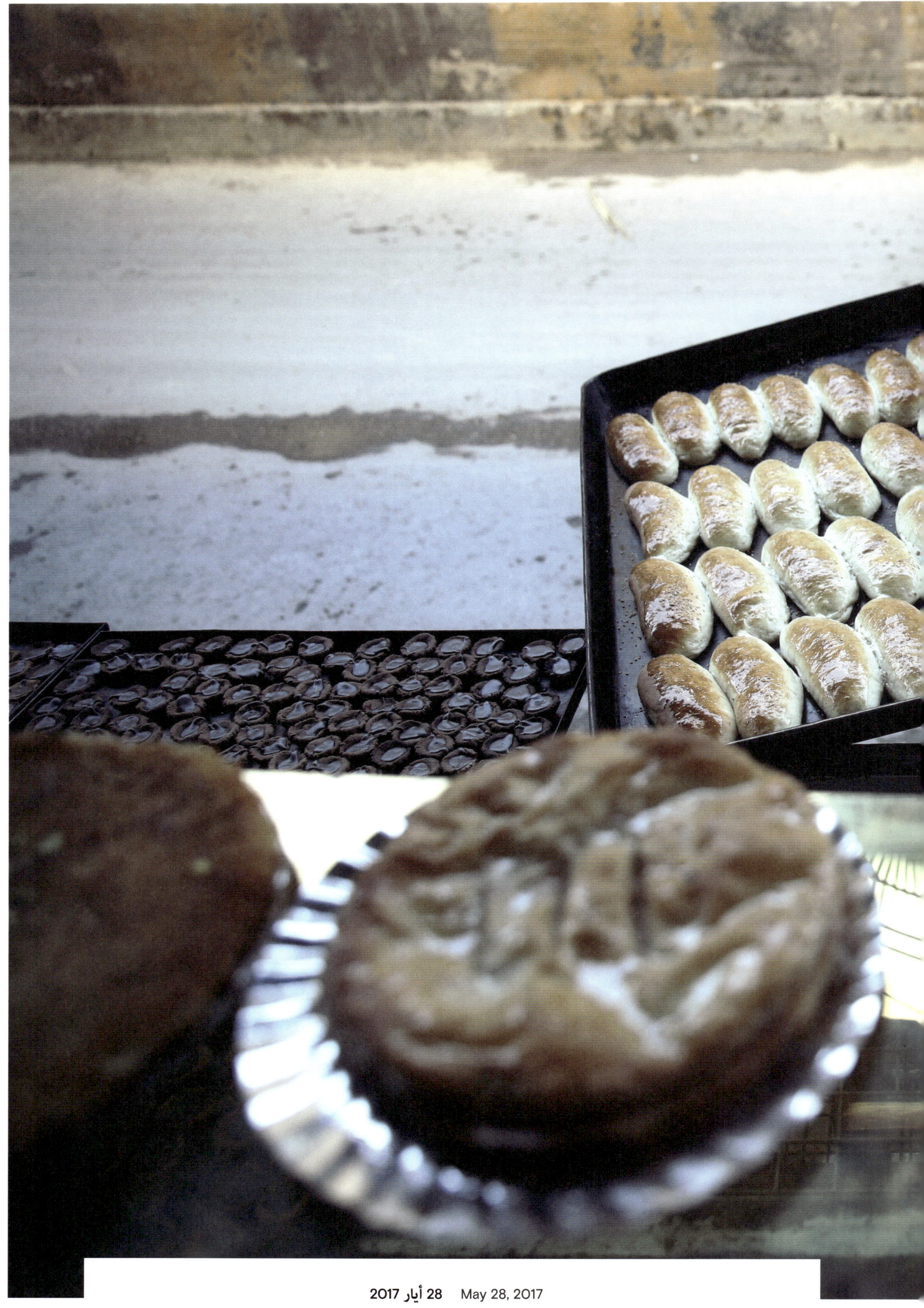

28 أيار 2017   May 28, 2017

حمورية: صبي يرتب المعجنات والحلويات في أحد المتاجر
استعداداً لبيعها في شهر رمضان.

Hamoria: A boy arranges pastries to sell during the holy
month of Ramadan.

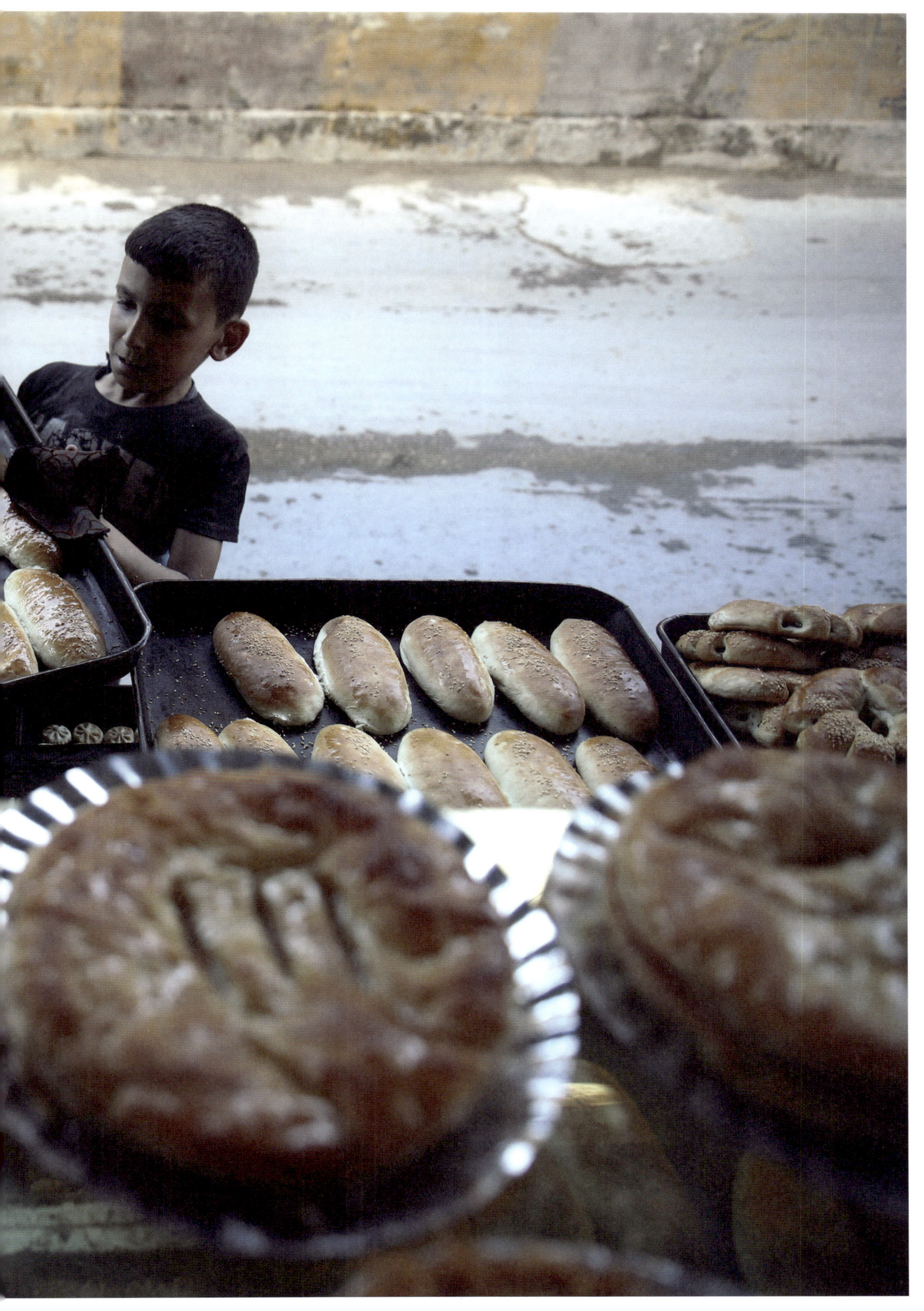

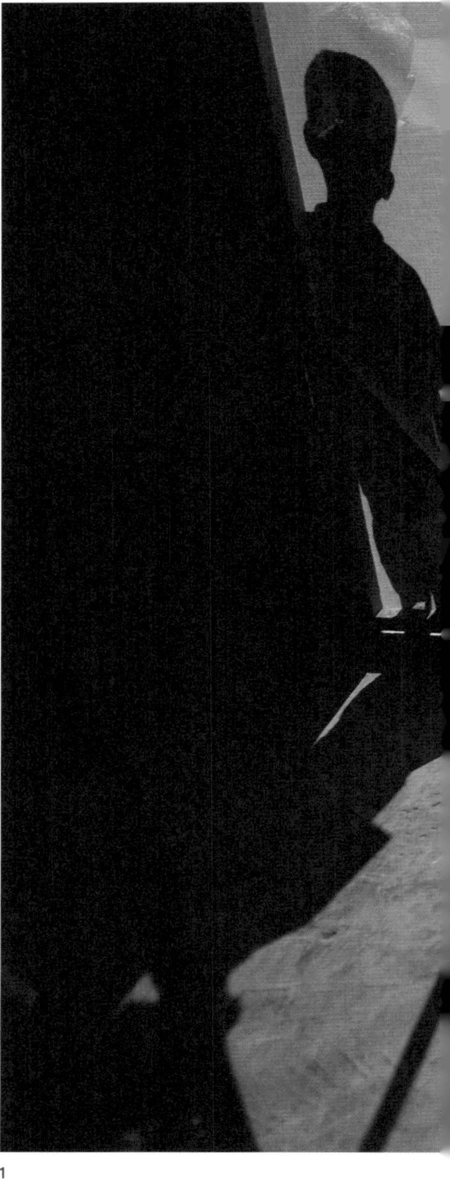

1

 1 — September 29, 2016

حمورية: ظلال لعكازات وأطفال من ذوي الاحتياجات الخاصة
يحضرون أحد أنشطة الدعم النفسي للأطفال المتأثرين بالحرب.

Hamoria: Crutches and children cast shadows during
a party for children affected by the conflict and in
need of psychological support.

17 كانون الثاني 2017   2 — January 17, 2017

دوما :صبي يدفِّئ نفسه بنار أشعلها بالقرب من منزله في أحد
أحياء المدينة.

Douma: A boy warms himself by a fire.

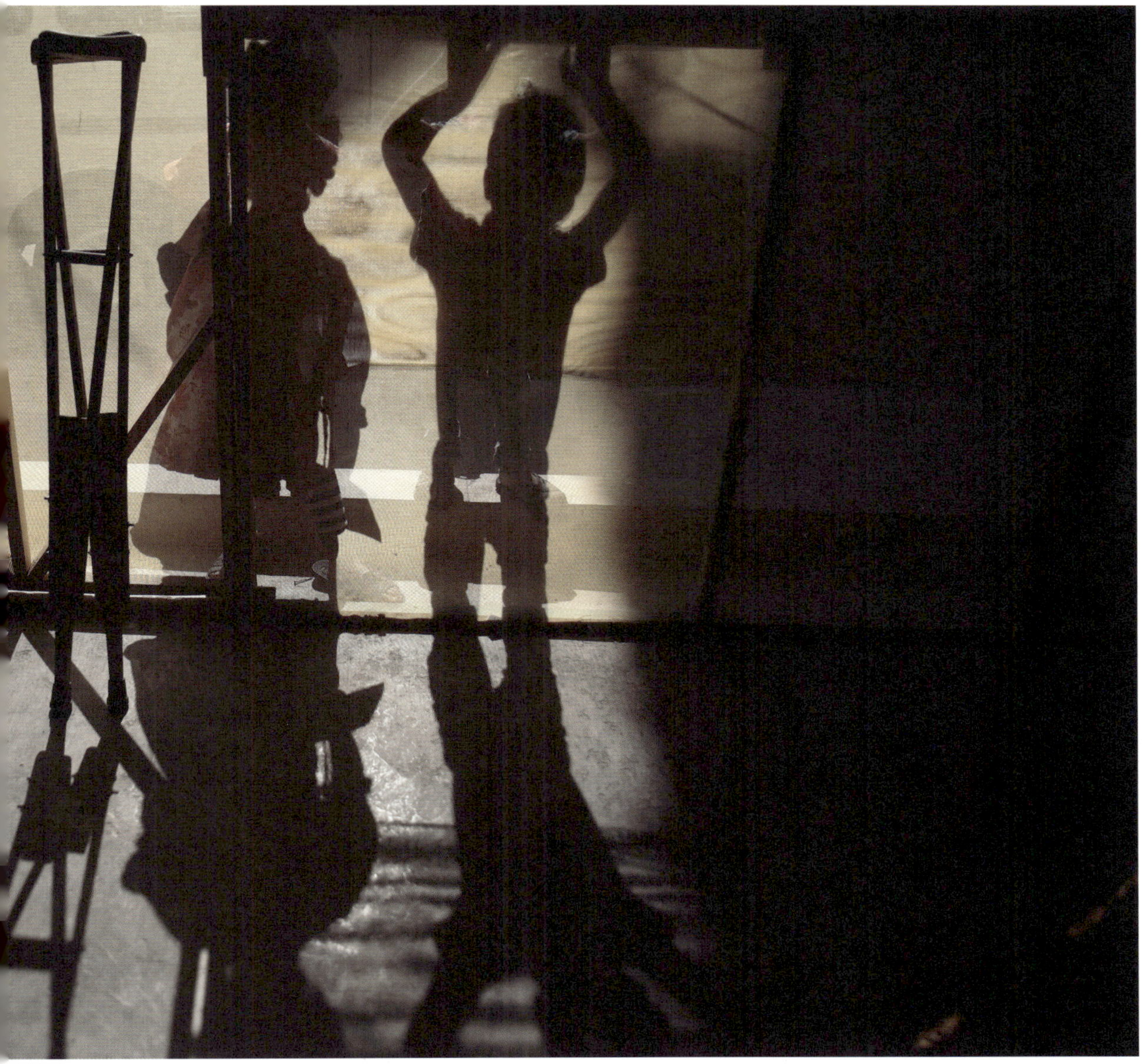

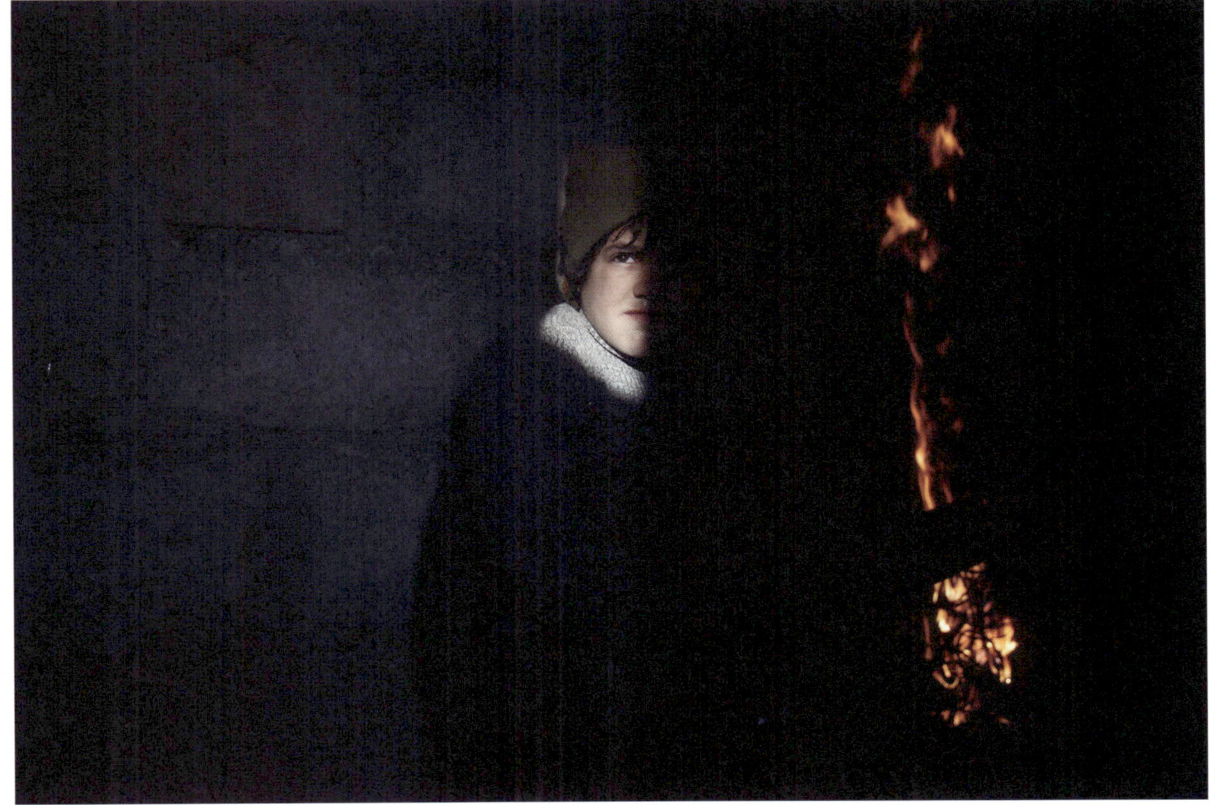

2

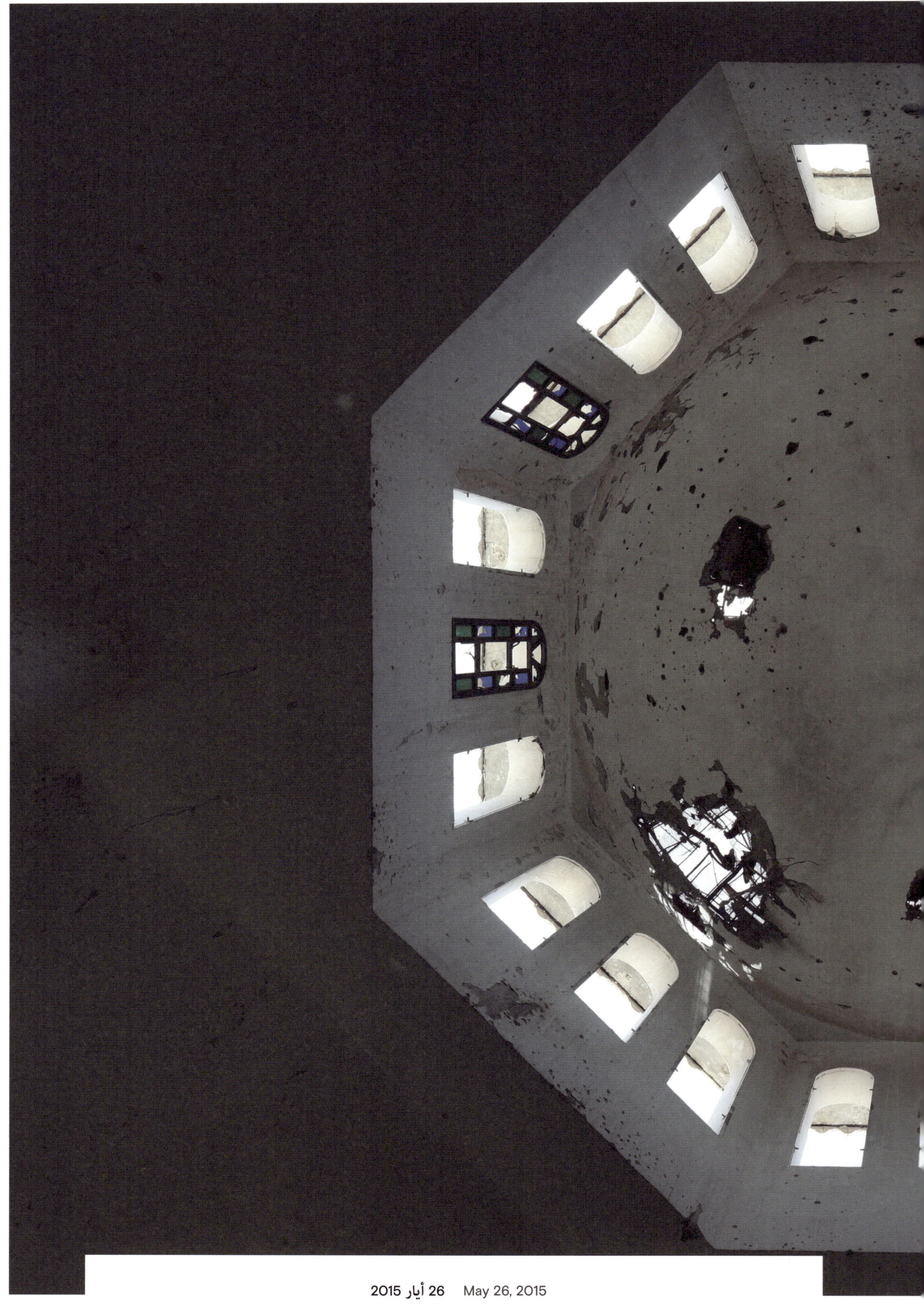

عربين: قبة مسجد تظهر عليها الأضرار بعد استهدافه بغارة جوية نفذتها قوات النظام السوري.

Erbeen: A recent airstrike damaged this mosque.

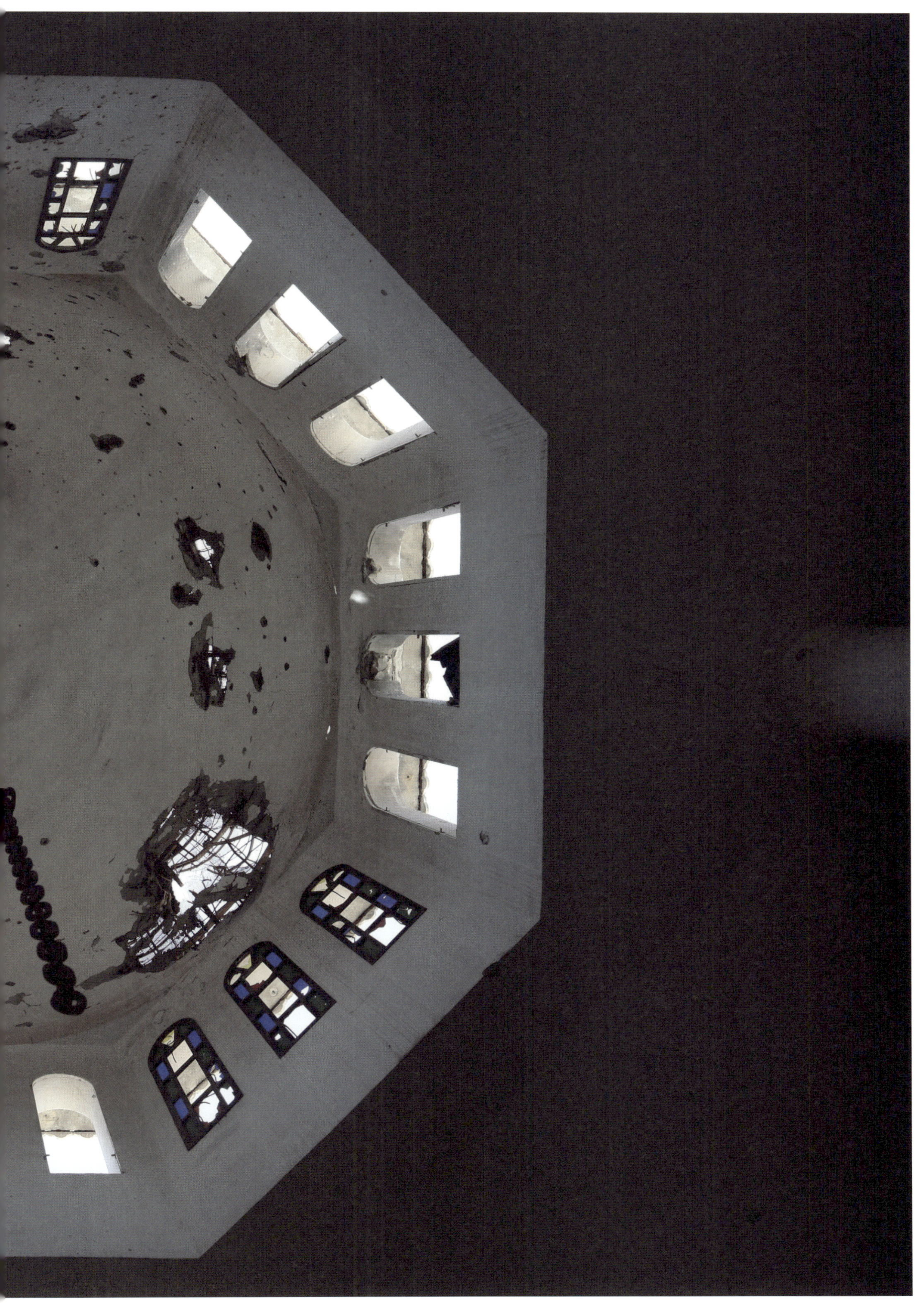

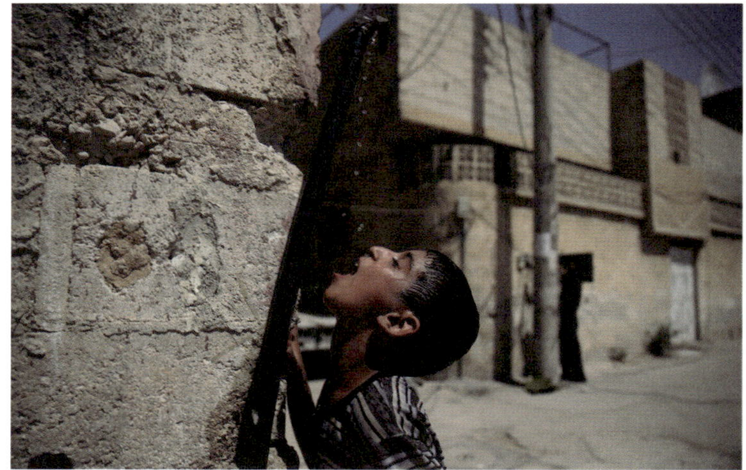

1

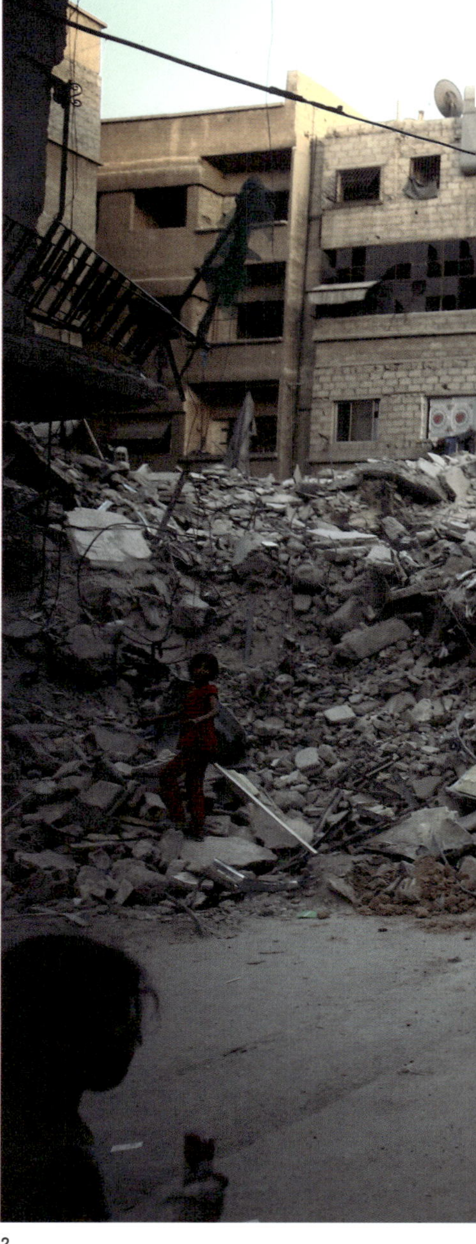

2

1 — June 23, 2016   **23 حزيران 2016**

Douma: A boy drinks water from a pipe.   **دوما:** صبي يشرب الماء من خرطوم معدّ لتزويد المنازل بالمياه.

2 — July 17, 2017   **17 تموز 2017**

Ain Tarma: Children play amid the rubble of damaged buildings.   **عين ترما:** أطفال يلعبون وسط أنقاض مبان متضررة نتيجة غارات استهدفت أحد أحياء المدينة.

3 — June 26, 2017   **26 حزيران 2017**

Douma: Children play inside an inflatable castle during the Eid al-Fitr celebration marking the end of the holy month of Ramadan.   **دوما:** أطفال يلعبون داخل قلعة بلاستيكية قابلة للنفخ في أحد أيام عيد الفطر.

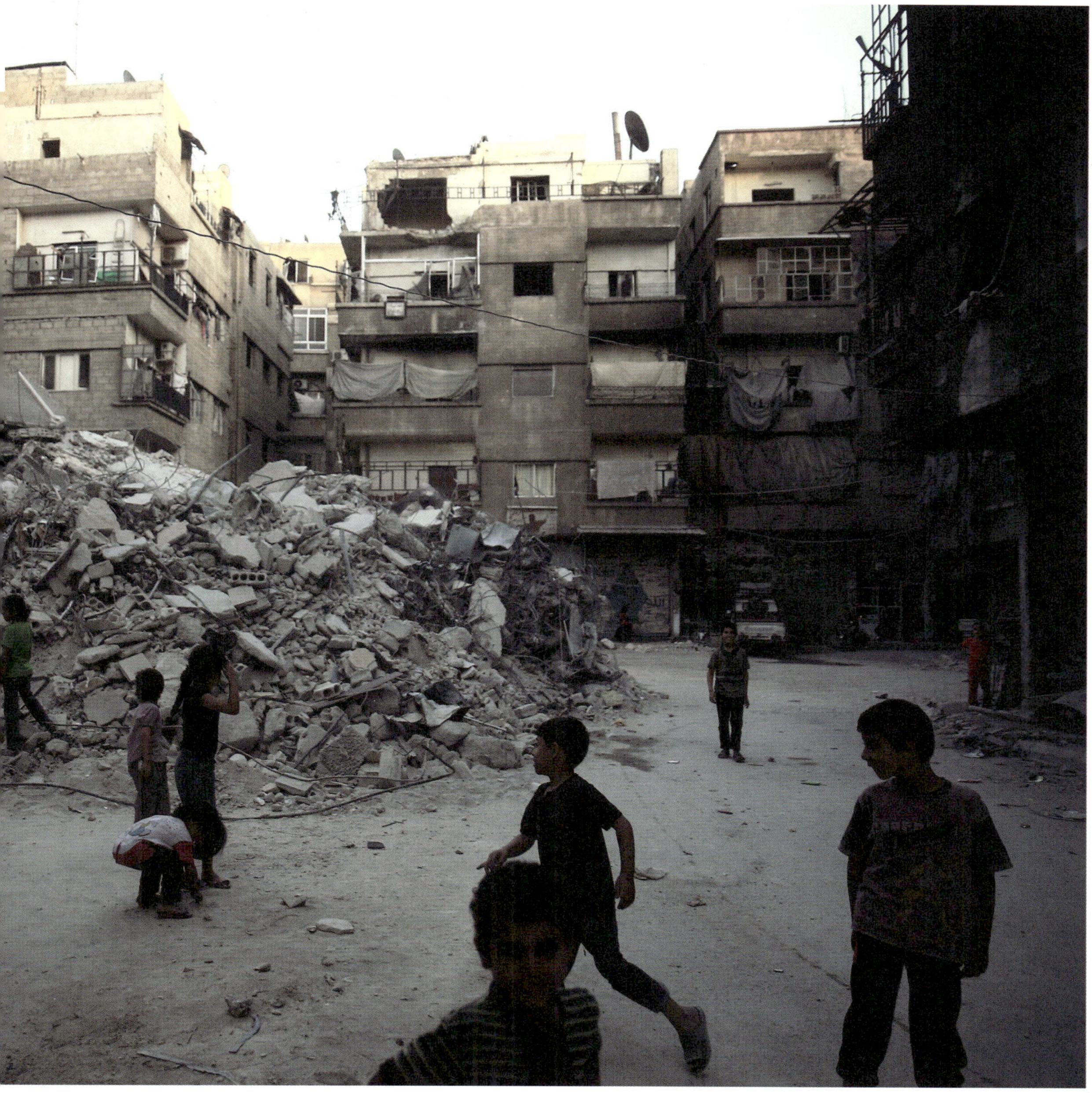

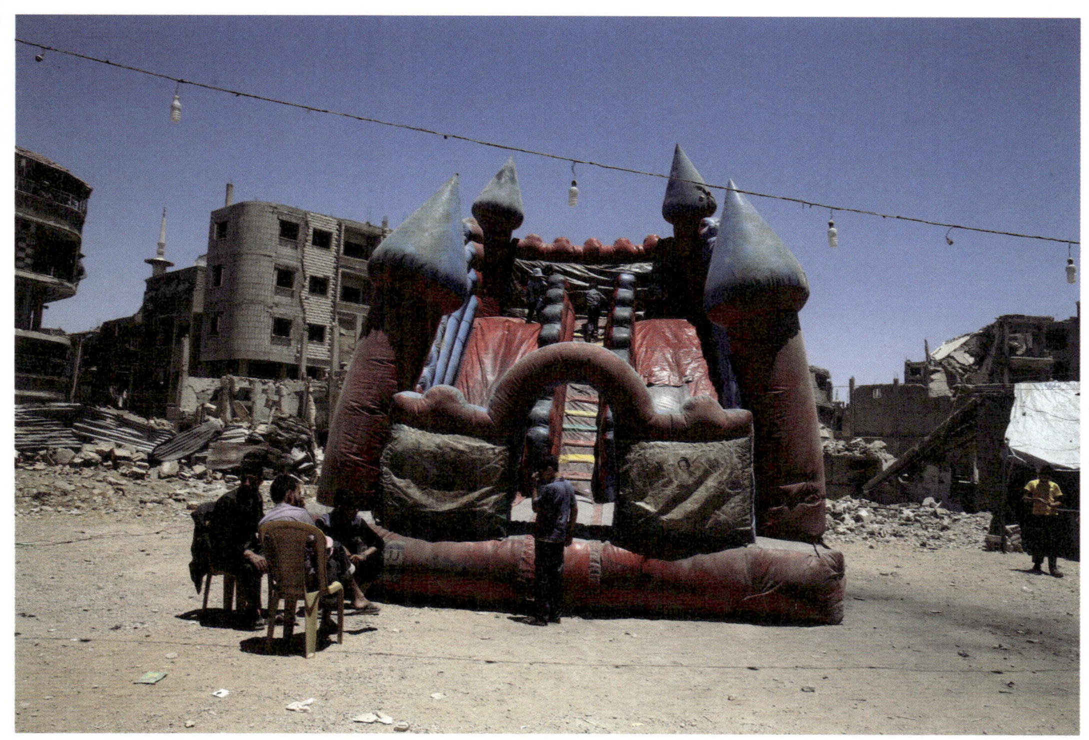

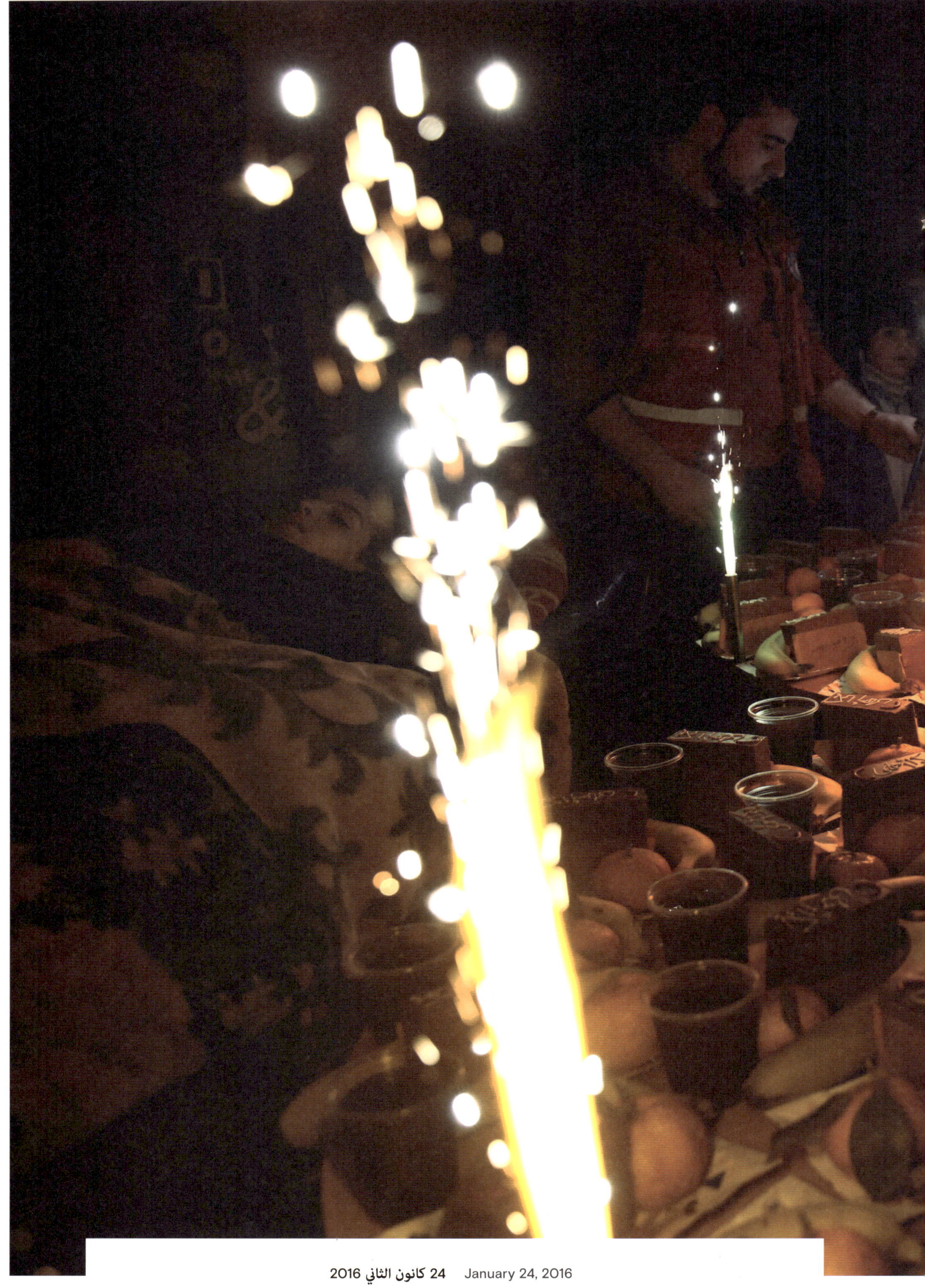

دوما: أطفال يحضرون أحد أنشطة الدعم النفسي التي نظَّمها
فريق الهلال الأحمر للأطفال المتأثرين بالحرب.

Douma: Children wait to be served at a party organized
by the Syrian Arab Red Crescent for young people
impacted by war and in need of psychological support.

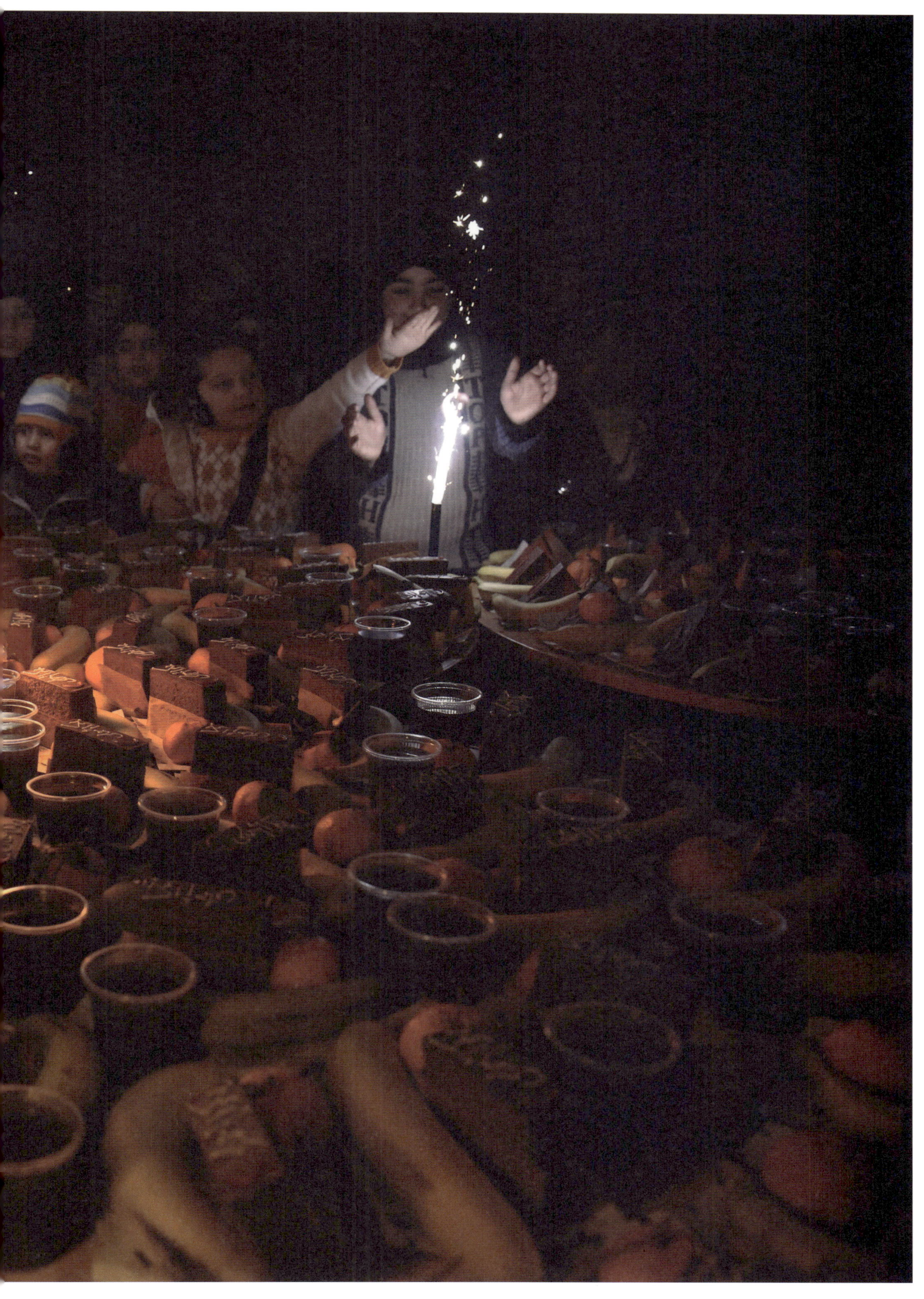

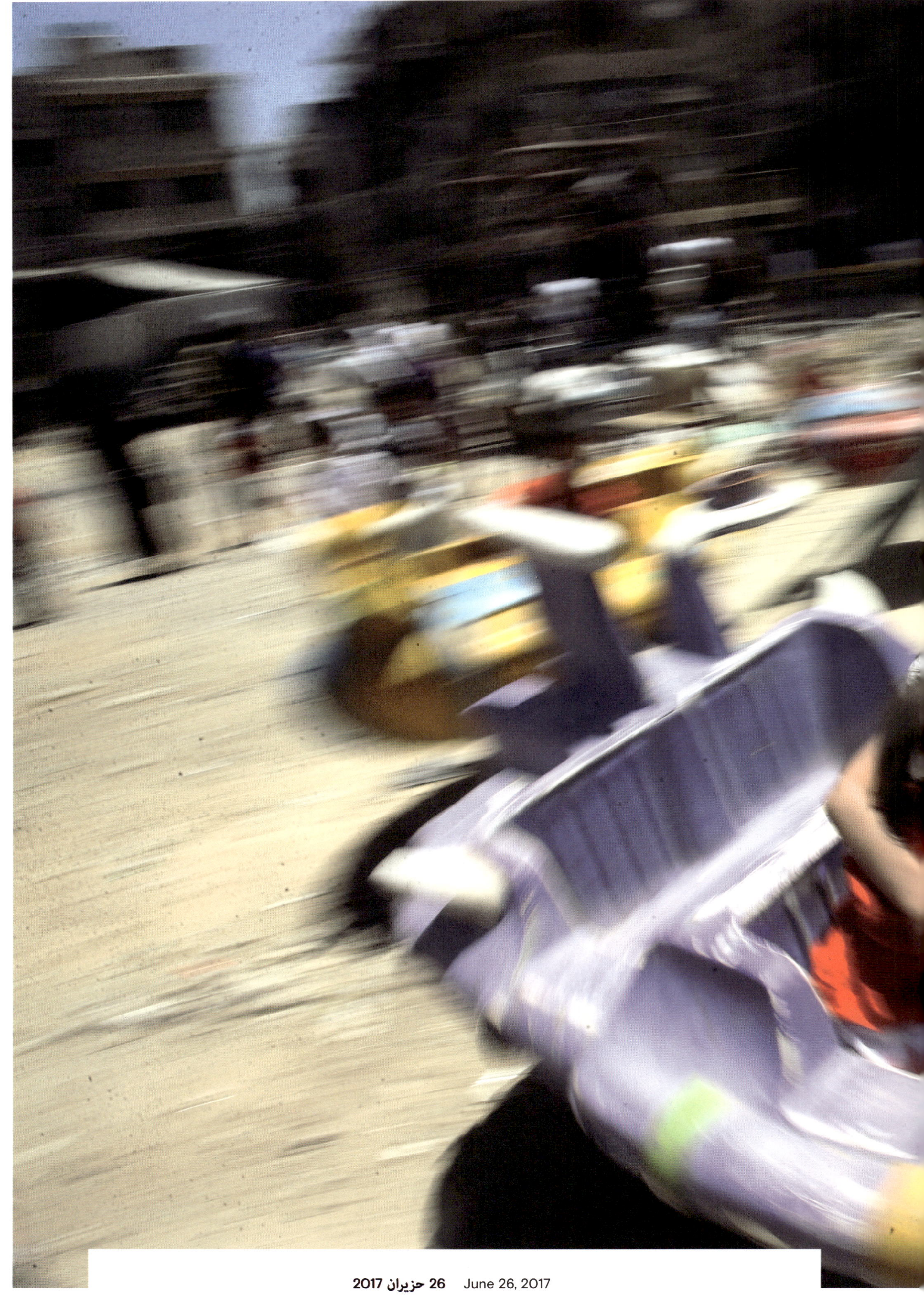

دوما: فتيات يلعبن في مدينة ألعاب مؤقتة في أحد أيام عيد الفطر.

Douma: Girls play at a makeshift amusement park during the Eid al-Fitr celebration.

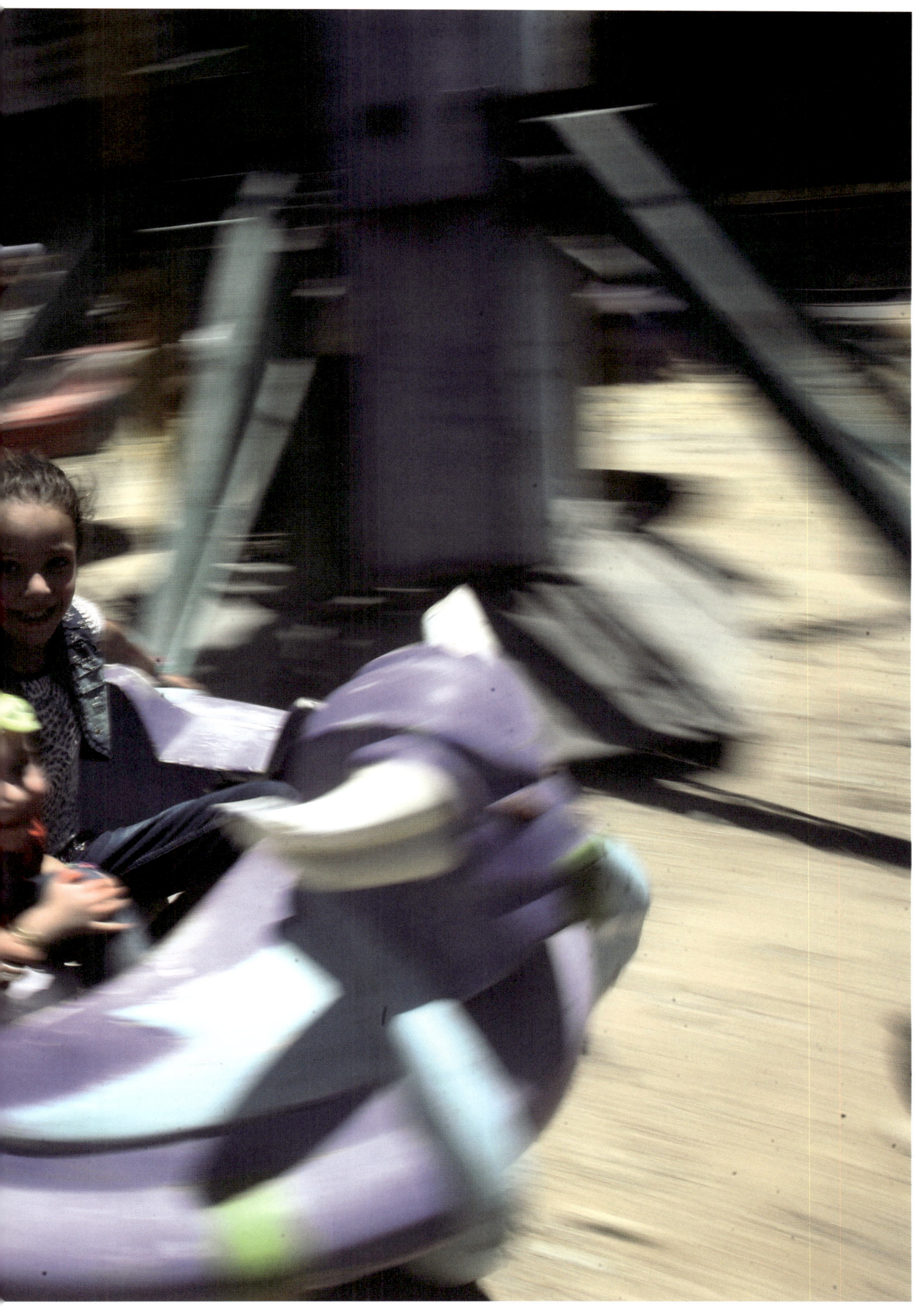

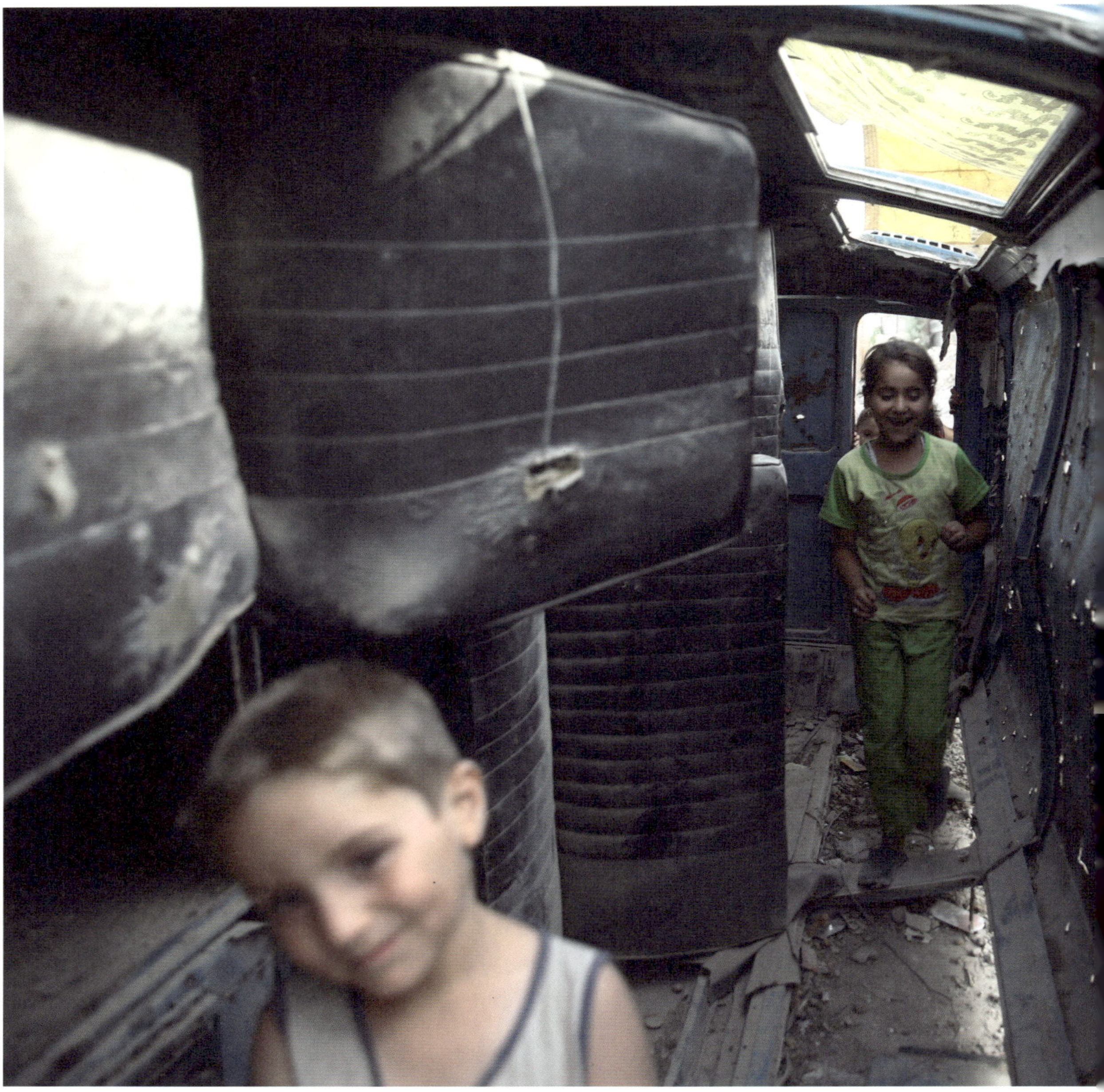

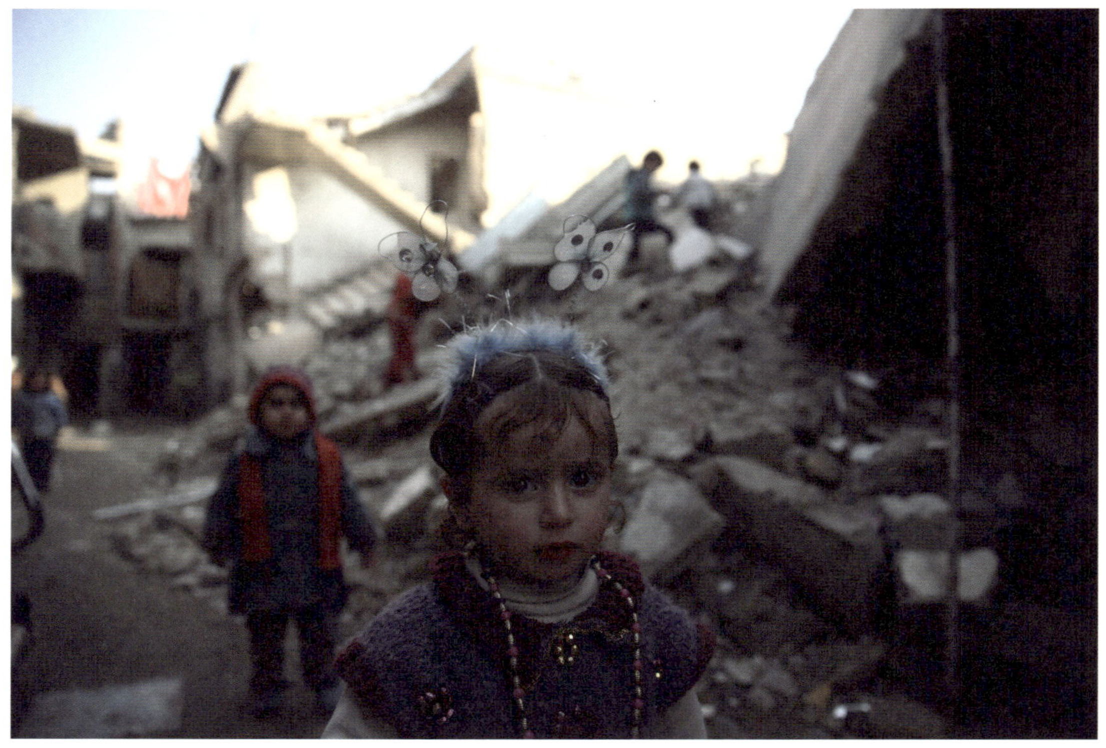

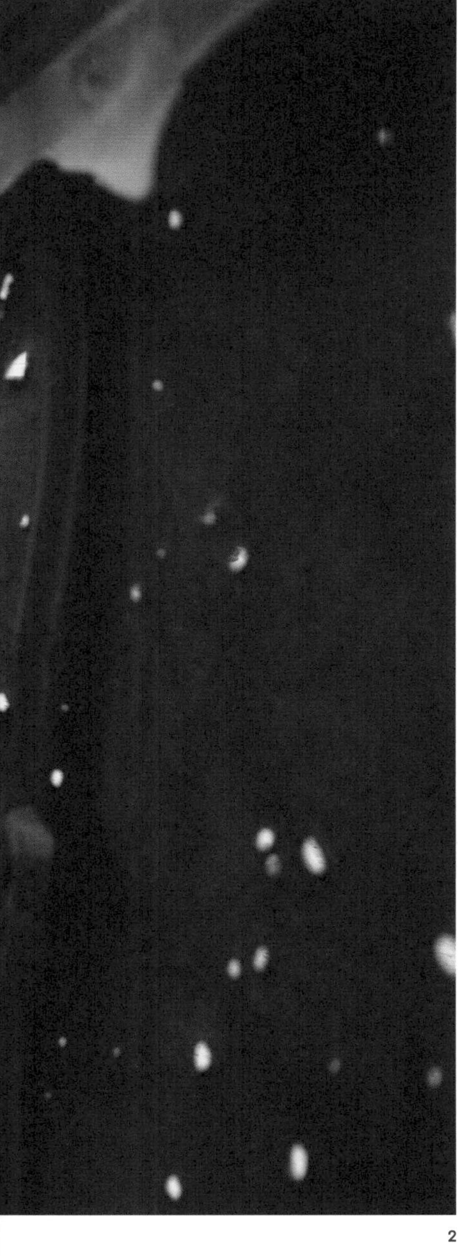

2

19 كانون الثاني 2017 1 — January 19, 2017

دوما: طفلة تزين شعرها بقوس على شكل فراشة، تقف جوار مبان متضررة بسبب القصف على أحد أحياء المدينة.

Douma: A girl wearing a butterfly headband stands near damaged buildings.

11 تموز 2017 2 — July 11, 2017

دوما: أطفال يلعبون داخل سيارة متضررة نتيجة القصف.

Douma: Children play inside a damaged bus.

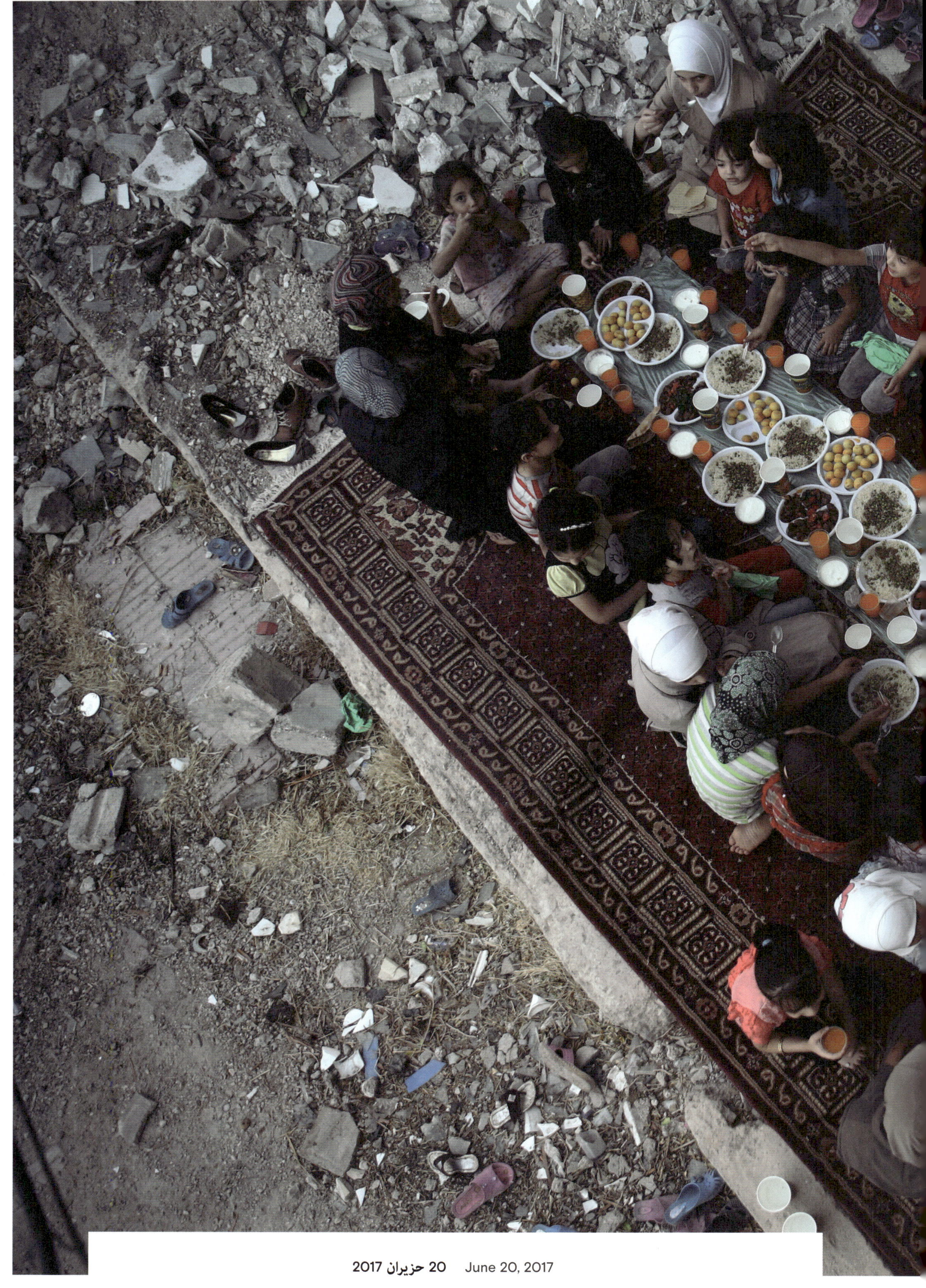

دوما: فتيات يفطرن وسط مبان متضررة في أحد أحياء المدينة، في أثناء إفطار نظّمته جمعية (عدالة) خلال شهر رمضان.

Douma: Girls break their daylight fast amid damaged buildings during a Ramadan iftar organized by the Adaleh Foundation.

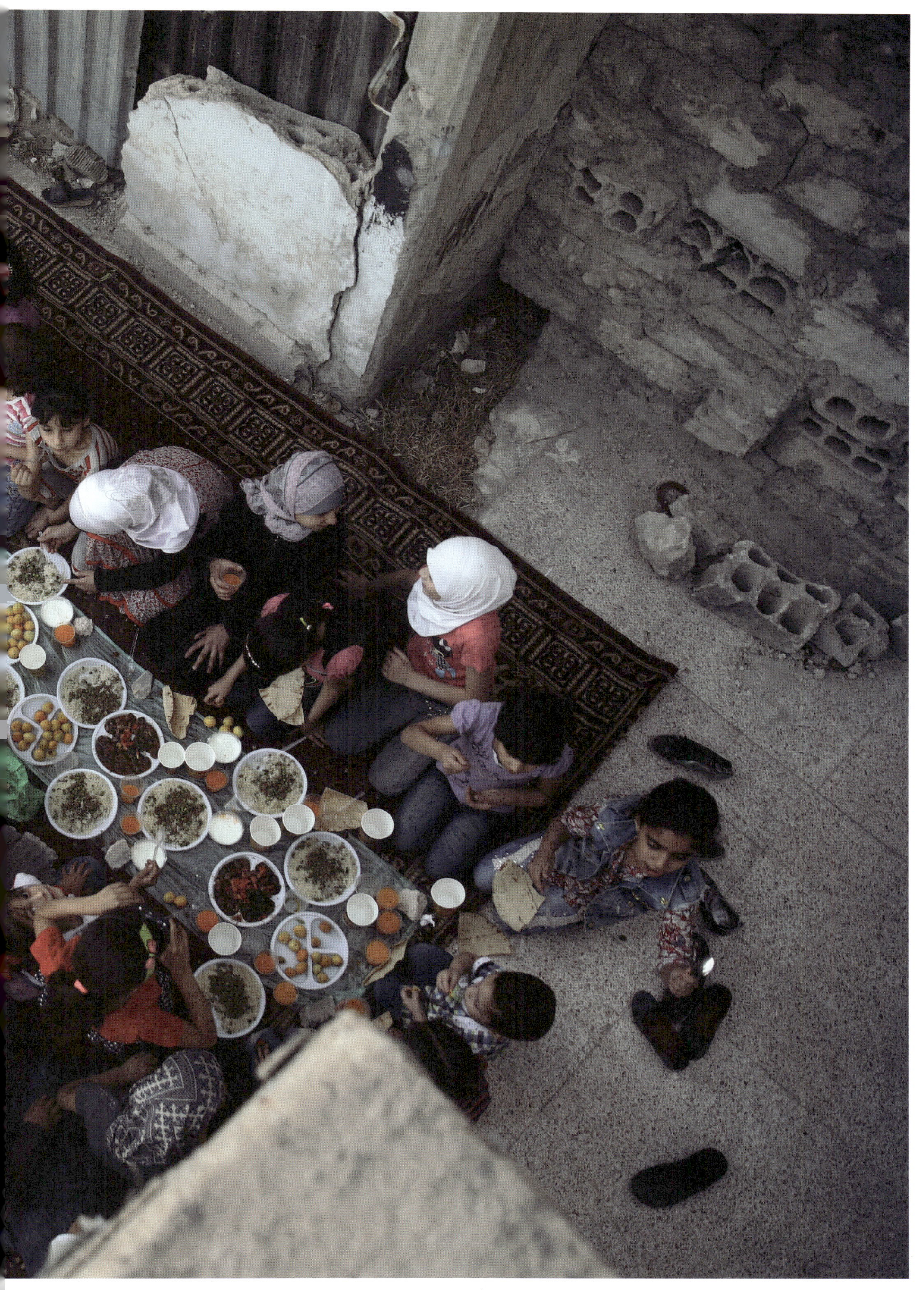

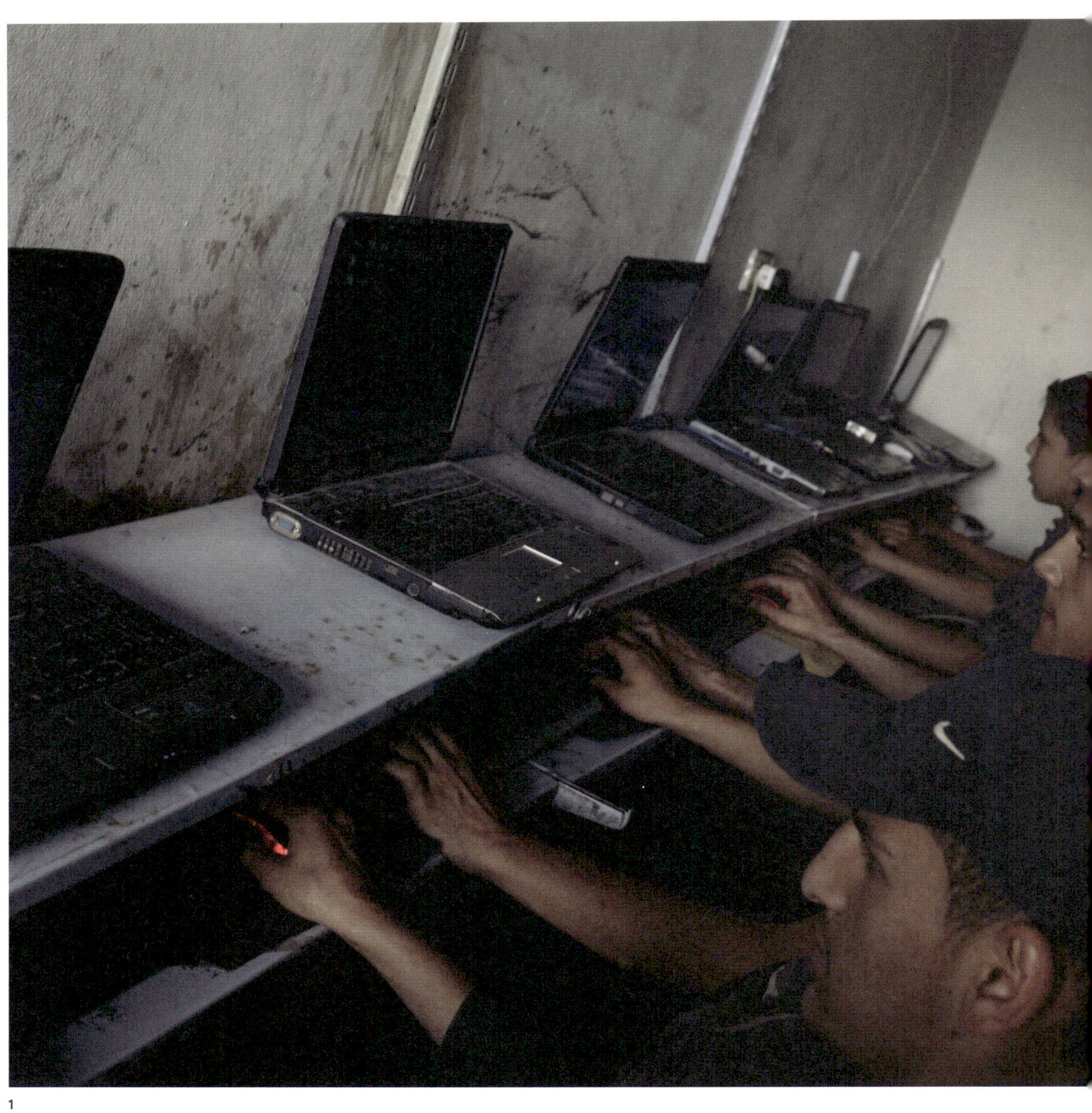

1

23 تموز 2015   1 — July 23, 2015

دوما: شباب يلعبون ألعاب الفيديو في مقهى إنترنت في المدينة.

Douma: Youth play games and use computers at an internet cafe.

18 أيلول 2017   2 — September 18, 2017

دوما: طالبة تتلقى لقاحاً طبياً في أحد مدارس المدينة في حملة نظمها مركز الهلال الأحمر في المدينة.

Douma: A girl waits for a vaccination at a Red Crescent center.

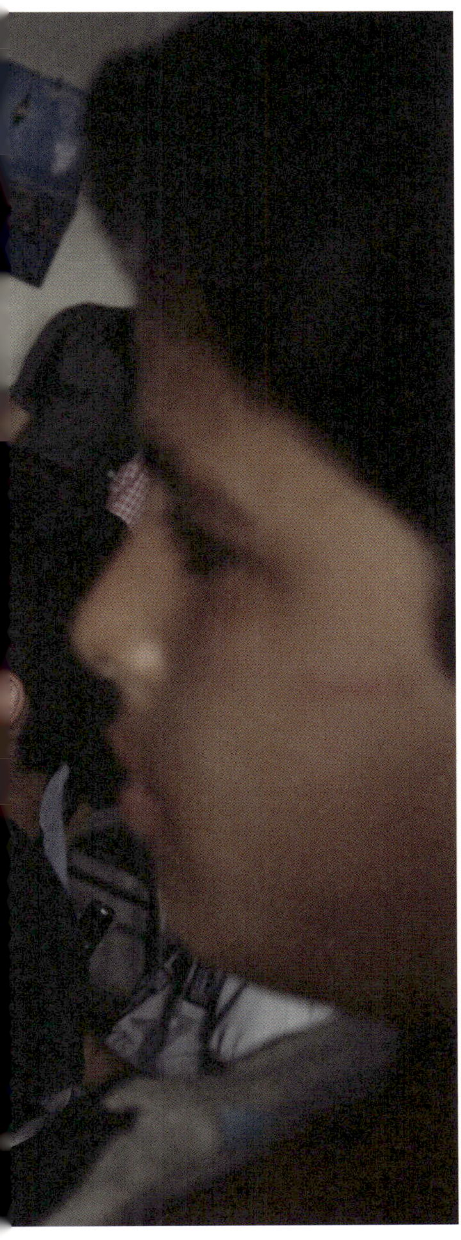

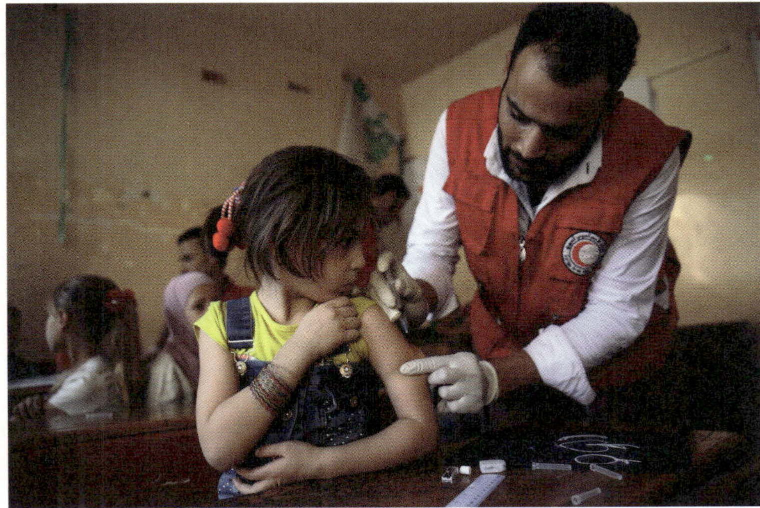

2

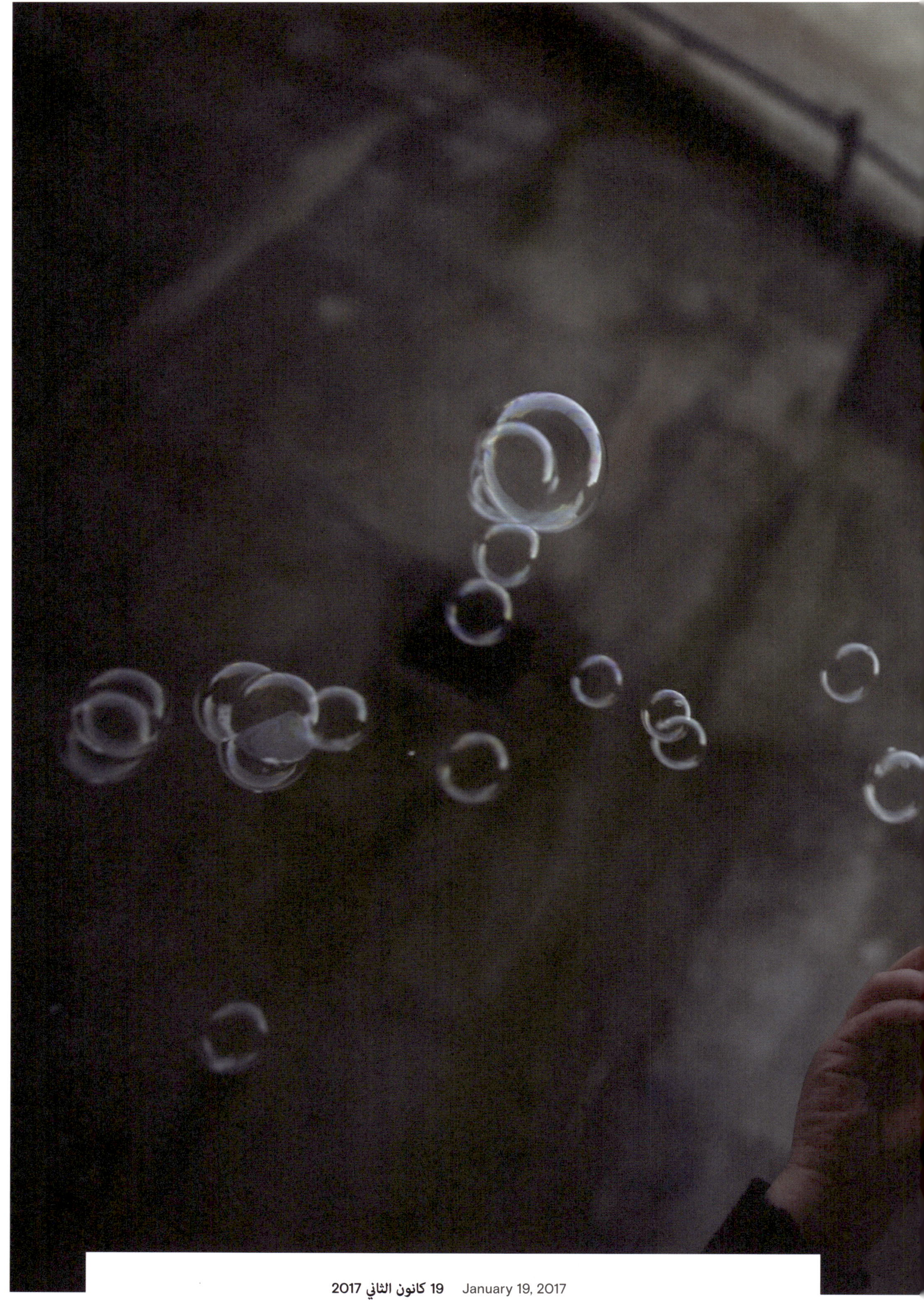

Douma: A young girl blows bubbles.   دوما: فتاة صغيرة تنفخ فقاعات الصابون في الهواء، في أحد أحياء المدينة.

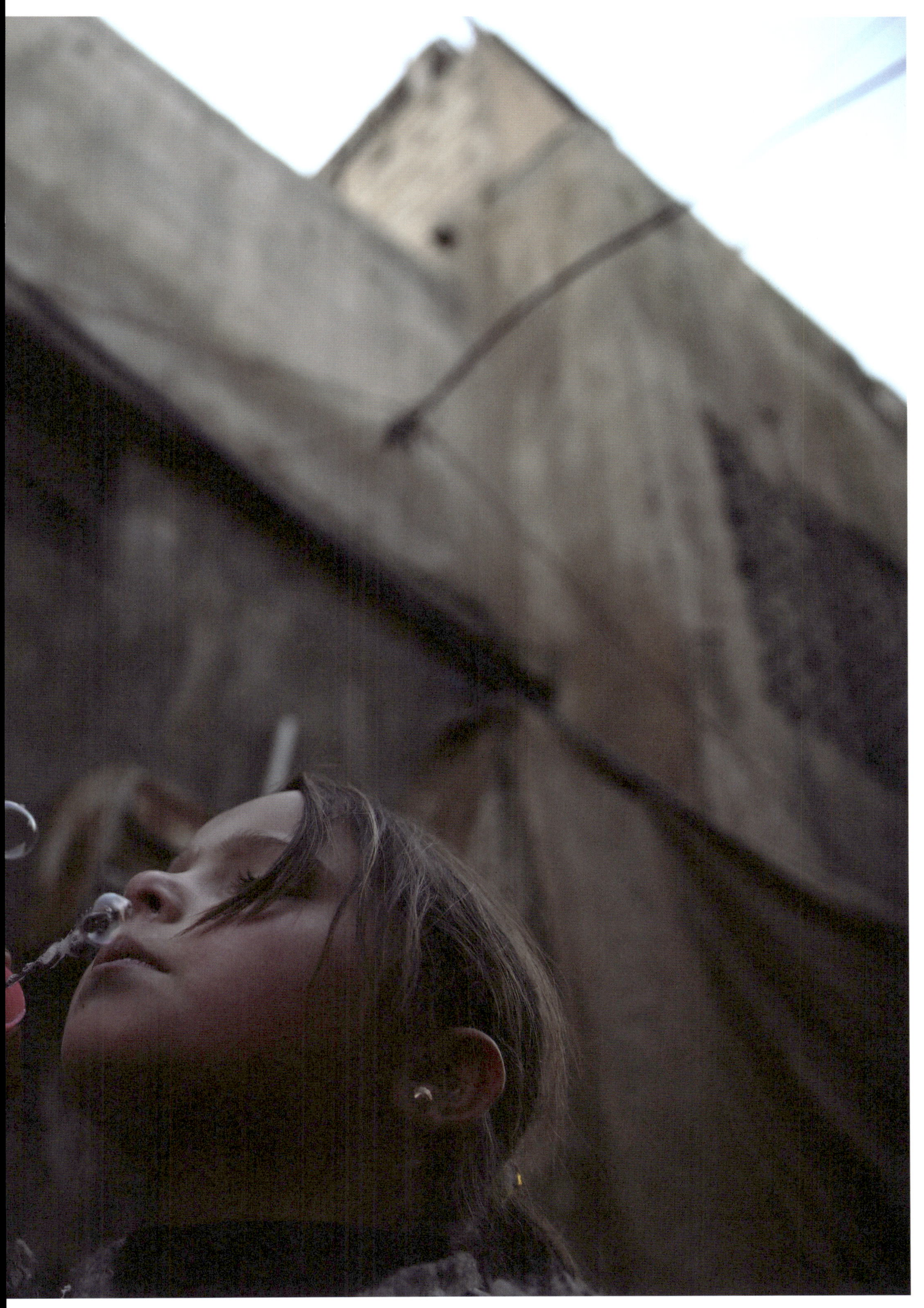

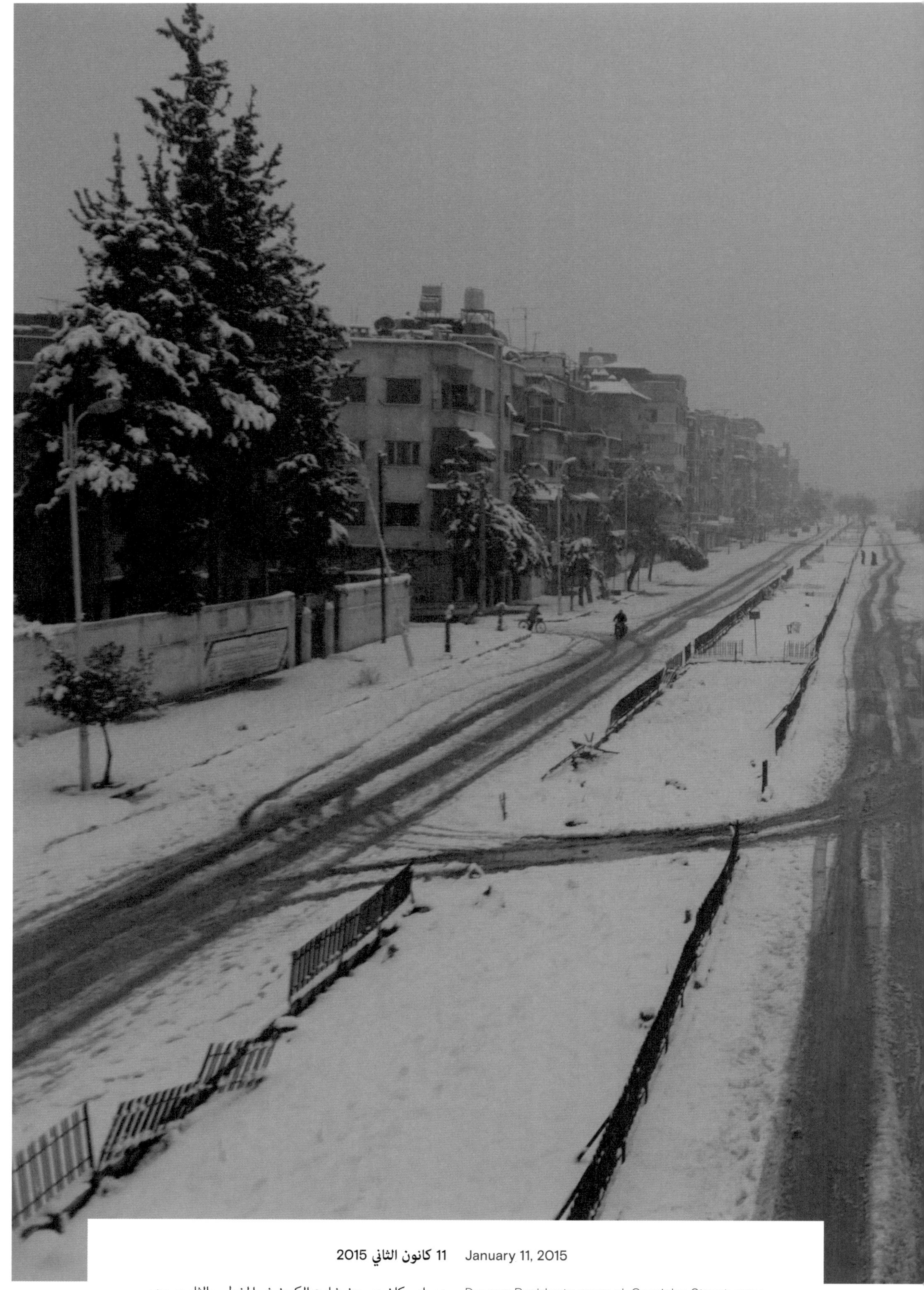

دوما: سكان يعبرون شارع الكورنيش المغطى بالثلوج، وهو الشارع الذي كان معروفاً بوفرة أشجاره، ولكن مع استمرار الحصار اضطر سكان المدينة إلى قطع الأشجار واستخدامها للتدفئة.

Douma: Residents cross al-Corniche Street, once famous for its many trees. Years of siege have blocked access to fuel, forcing residents to use the trees for firewood.

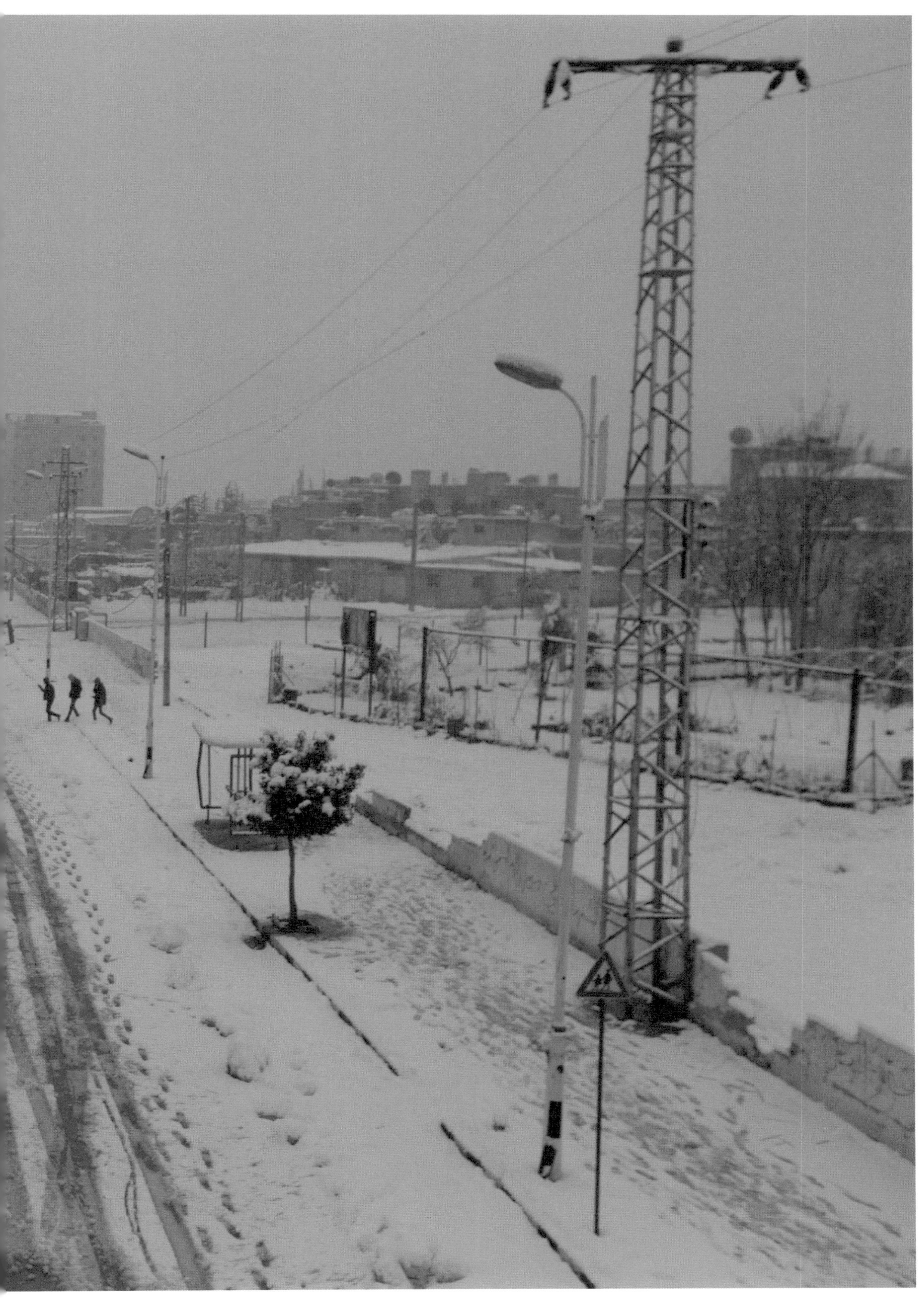

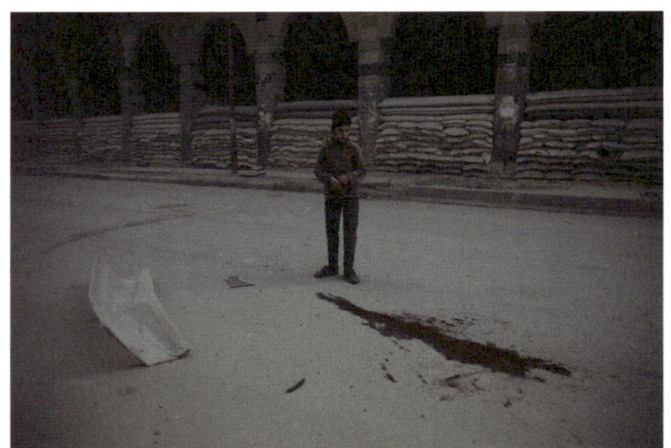

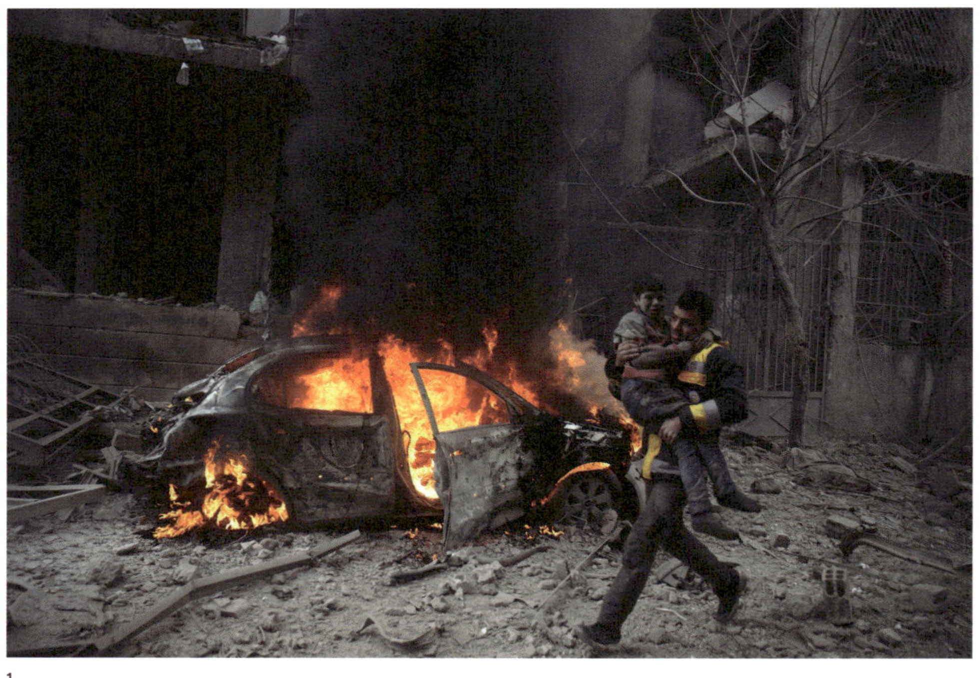

6 كانون الثاني 2018

حمورية: أحد أفراد الدفاع المدني السوري (الخوذ البيضاء) يحمل طفلاً مصاباً بعد غارة جوية استهدفت المدينة.

6 شباط 2018

دوما: صبي ينظر إلى بقعة دم من ضحايا غارة جوية استهدفت أحد أحياء المدينة.

23 آذار 2018

دوما: نابالم يضيء سماء المدينة بعد غارة جوية نفذها طيران الجيش الروسي.

8 شباط 2018

دوما: صبي يركض في أحد شوارع المدينة بعد غارة جوية ليلية نفذها طيران الجيش الروسي.

1 — January 6, 2018

Hamoria: A White Helmets member carries a wounded child after an attack.

2 — February 6, 2018

Douma: A boy inspects the residue of a victim's blood after an air raid.

3 — March 23, 2018

Douma: Napalm lights the sky after an airstrike led by the Russian military.

4 — February 8, 2018

Douma: A boy runs at the onset of an airstrike led by the Russian military.

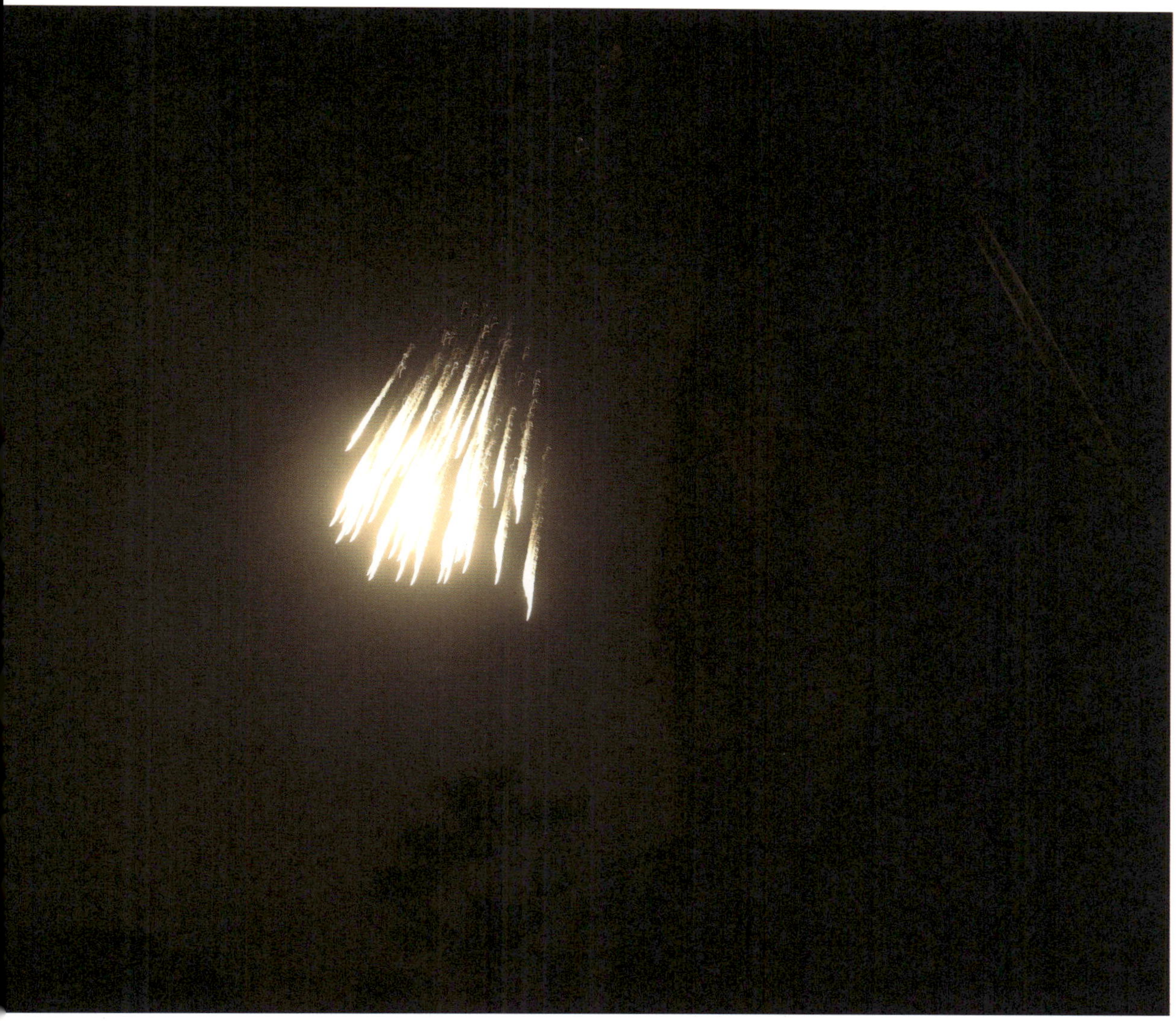

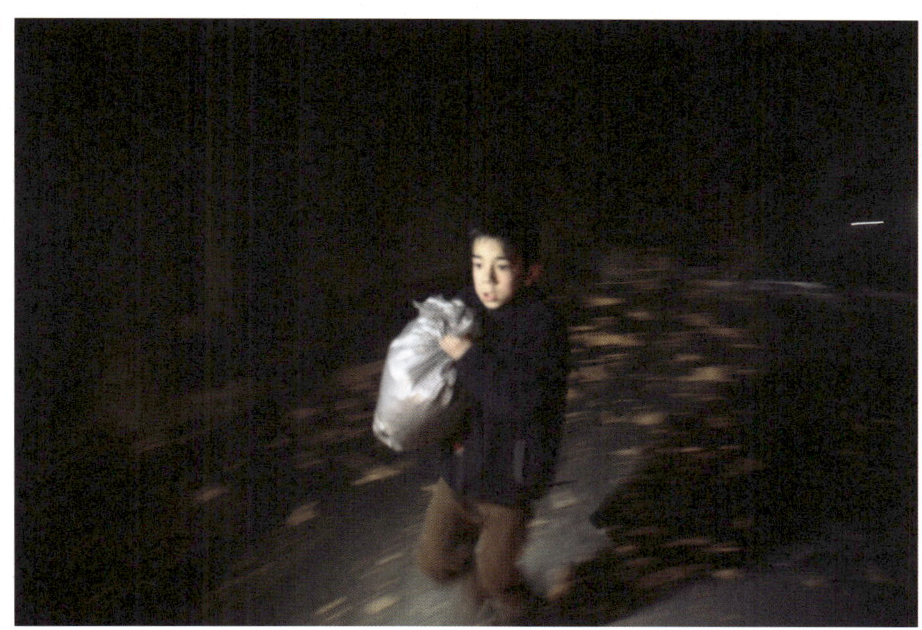

4

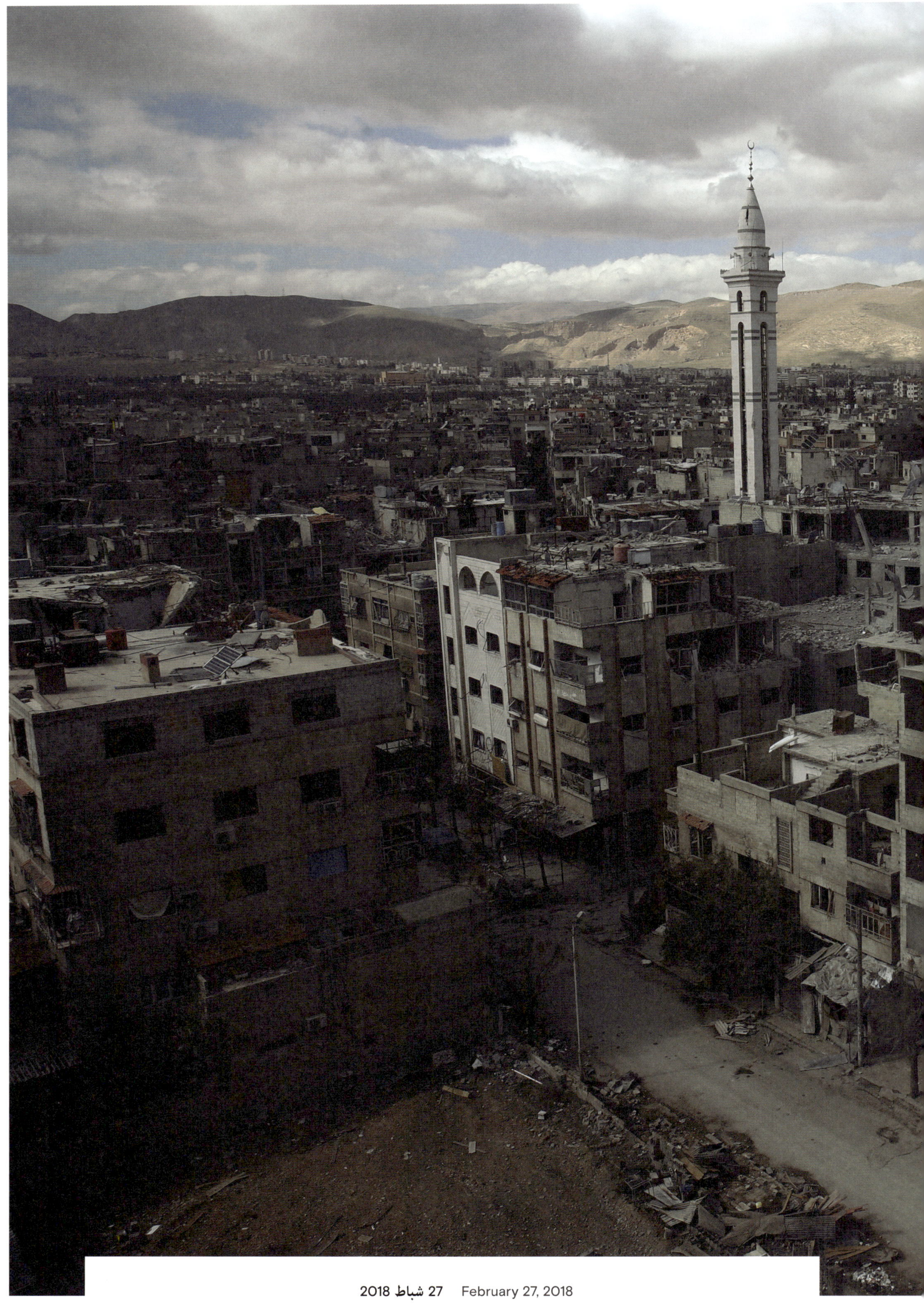

دوما: منظر عام للمدينة بعد أكثر من خمس سنوات على الحصار والحرب.

Douma: A view of the city after more than seven years of war.

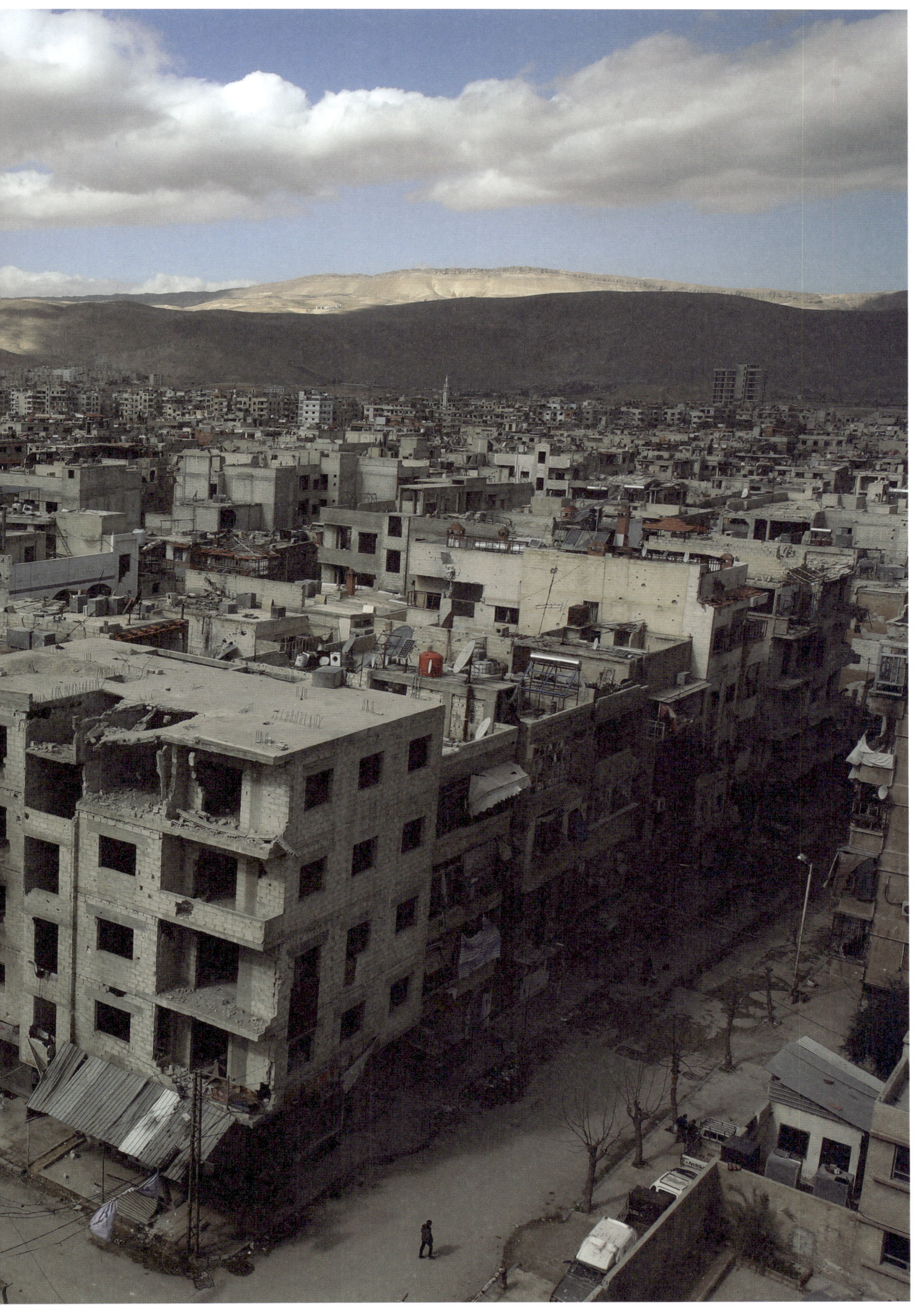

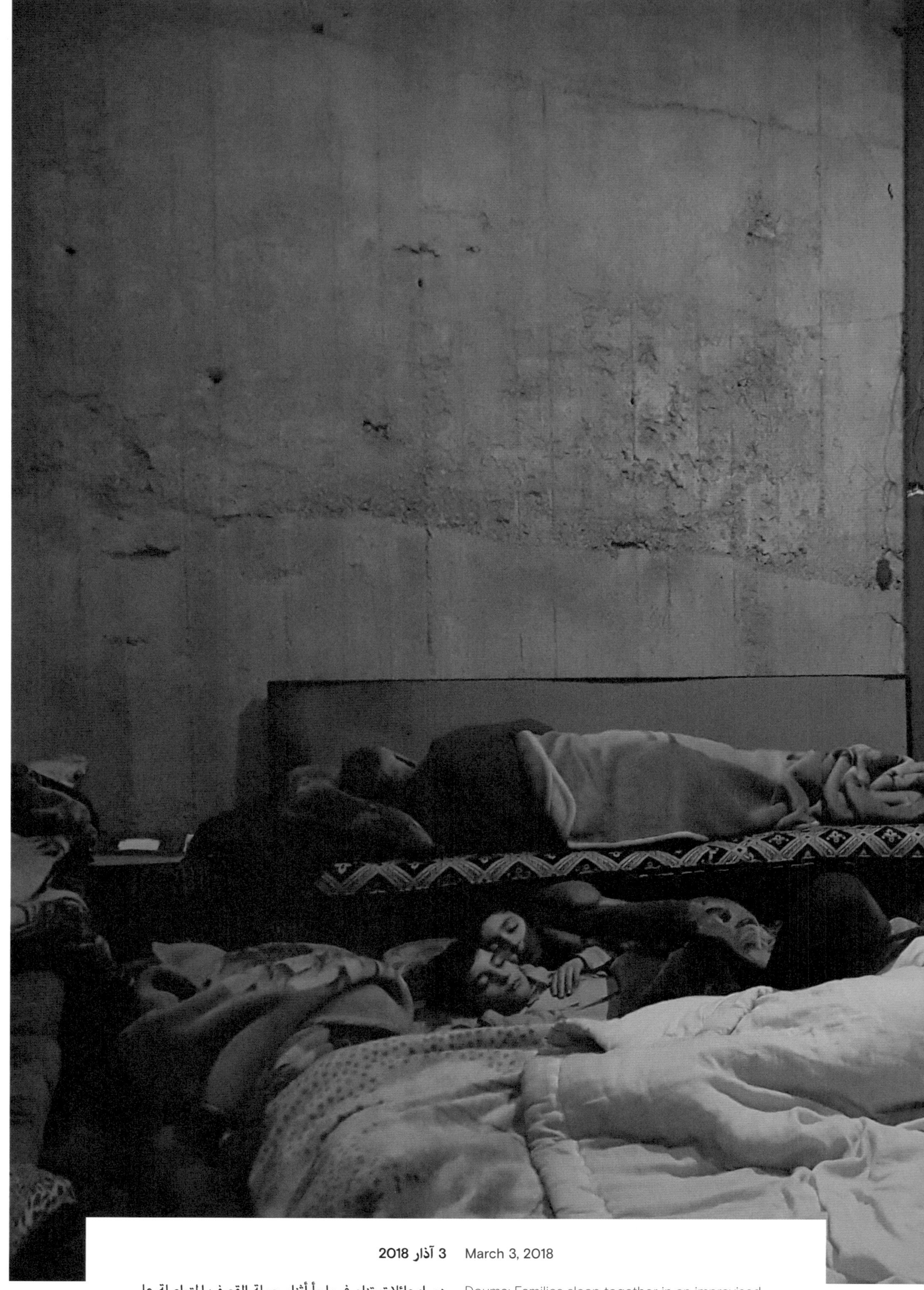

دوما: عائلات تنام في ملجأ أثناء حملة القصف المتواصلة على الغوطة الشرقية. الغوطة من آخر المناطق التي كان يسيطر عليها الثوار في محيط دمشق.

Douma: Families sleep together in an improvised shelter during a sustained bombing campaign against Eastern Ghouta, one of the last remaining rebel-held areas.

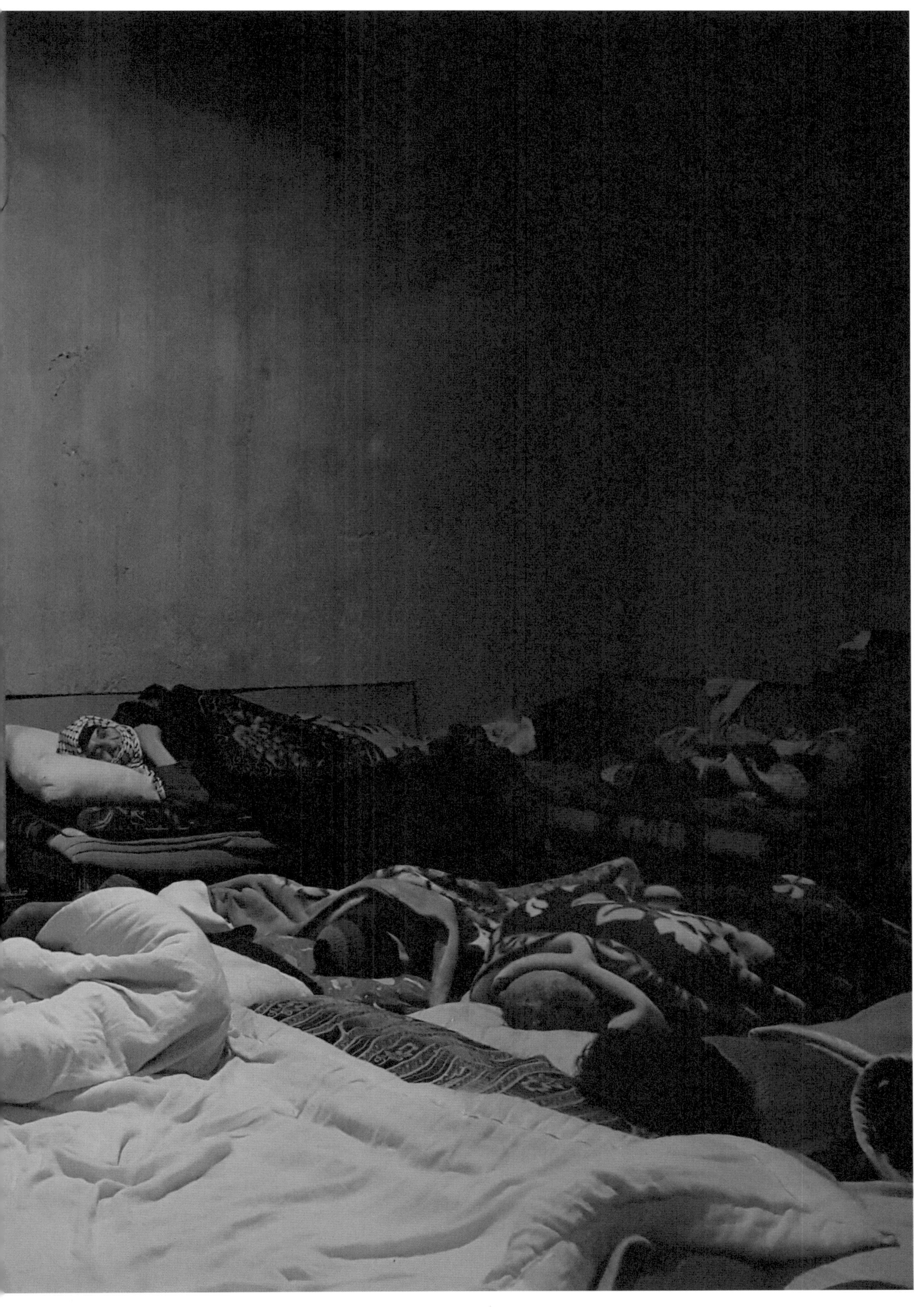

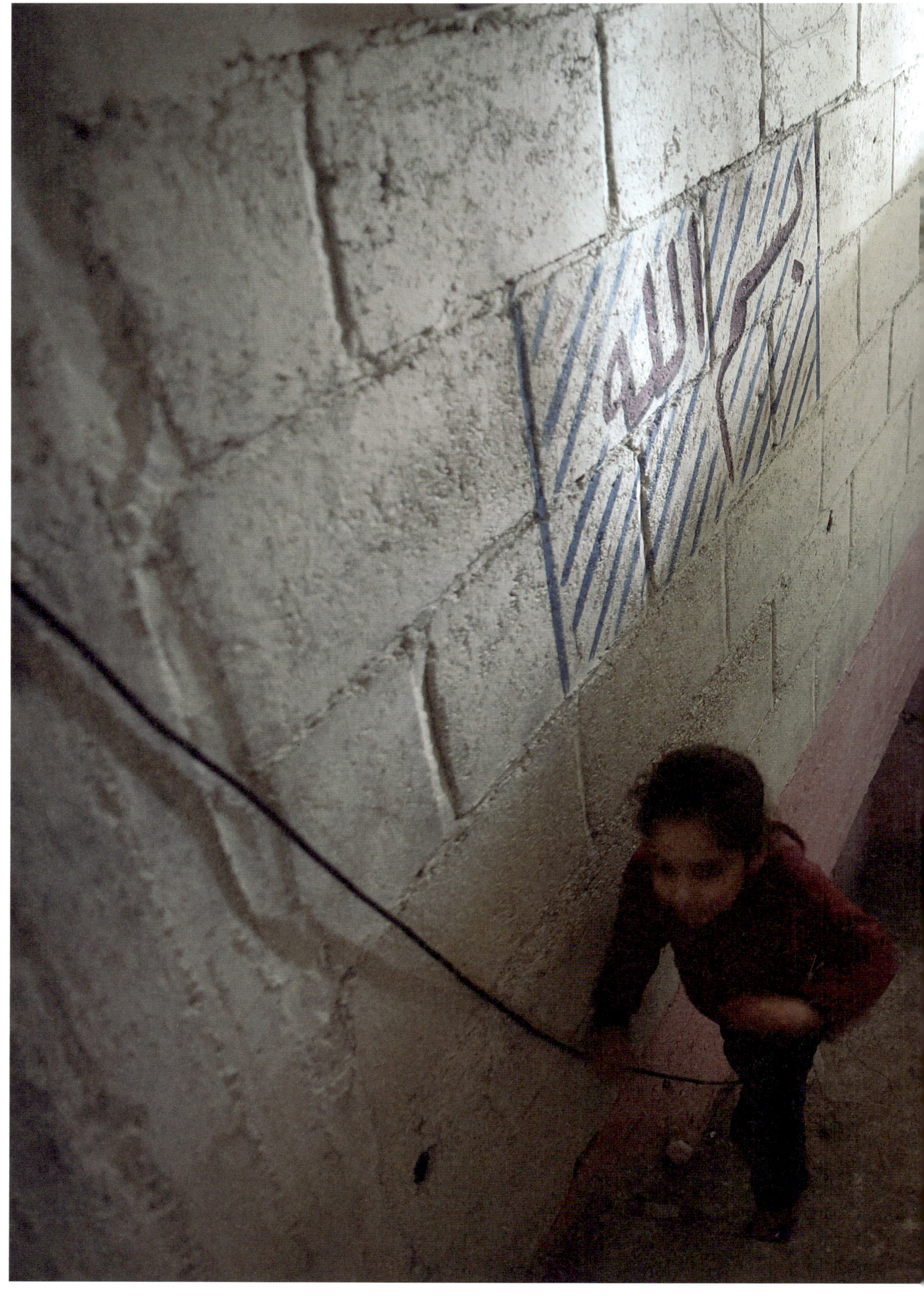

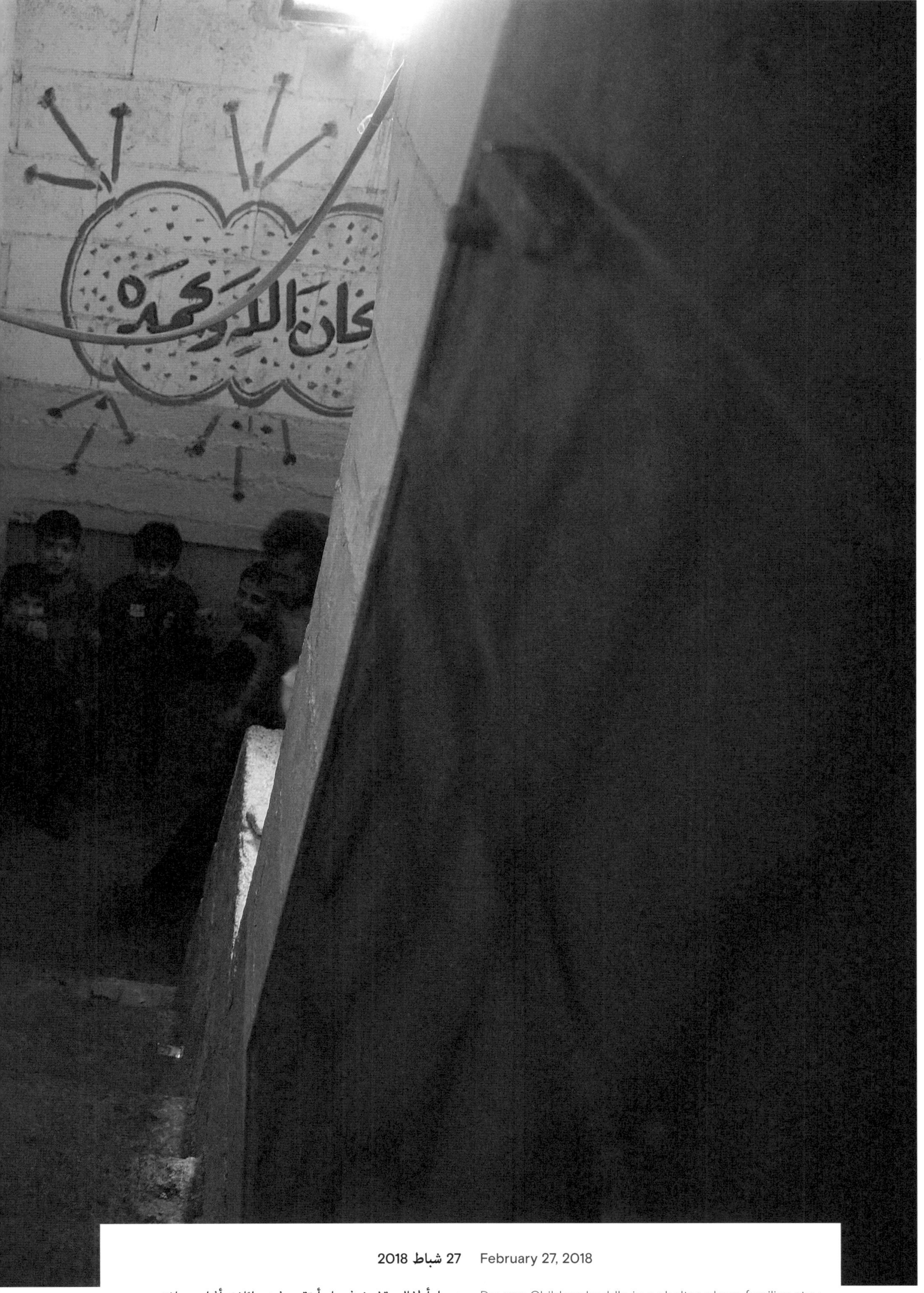

27 شباط 2018

دوما: أطفال يقفون في ملجأ تقيم فيه عائلات أثناء حملات القصف. العزلة والتزام الأقبية والملاجئ خلال هذه الهجمات أمور صعبة جداً، وخاصة للأطفال الذين يحتاجون إلى الحركة والنشاط البدني.

February 27, 2018

Douma: Children huddle in a shelter where families stay during bombing campaigns. Isolation during attacks is particularly difficult for young children, who need a lot of physical activity.

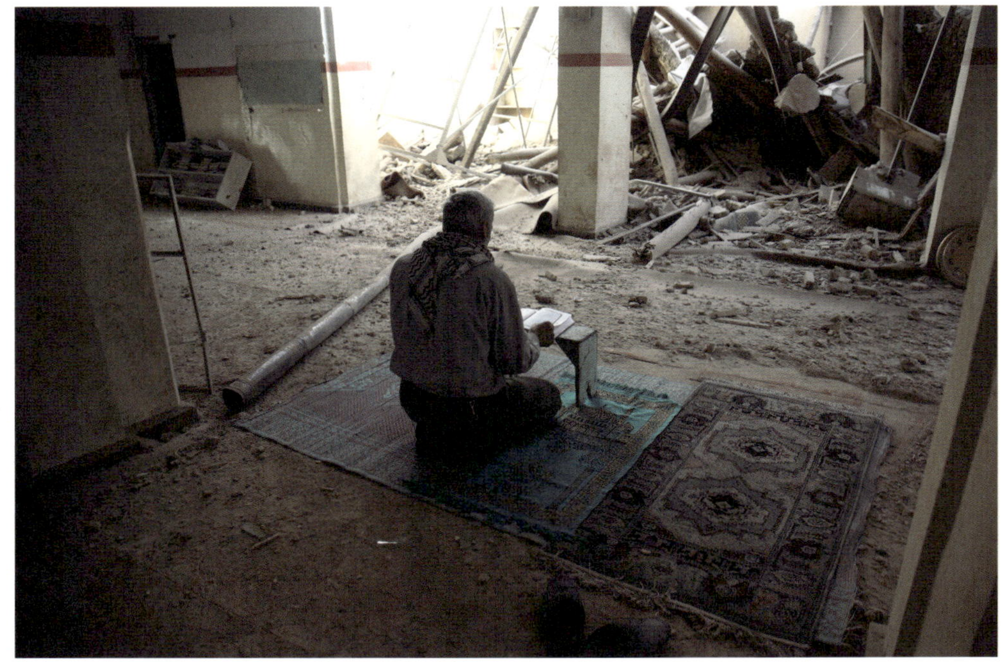

1

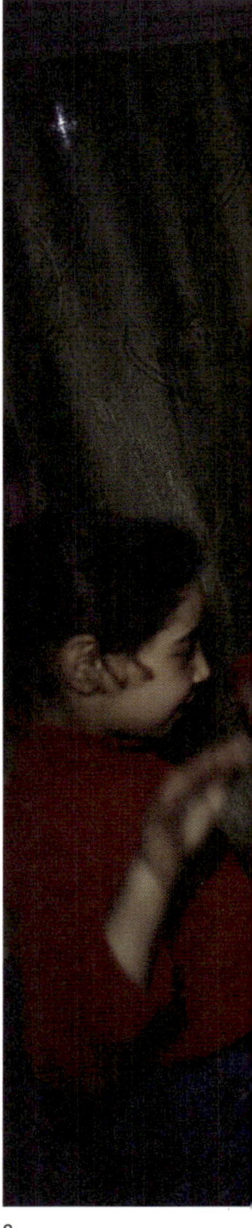

2

WITNESSES TO WAR

1 — March 1, 2018   1 آذار 2018

Douma: A man prays in a mosque damaged by Russian airstrikes.

دوما: رجل يصلي في مسجد متضرر استُهدف بغارة جوية نفذها سلاح الجو الروسي.

2 — March 11, 2018   11 آذار 2018

Douma: Children play in a shelter. Indiscriminate shelling prevents children from having normal outdoor experiences without fear of injury or death.

دوما: أطفال يلعبون في أحد الملاجئ. القصف العشوائي المستمر يمنع الأطفال من ممارسة حياة طبيعية في الهواء الطلق من دون خوف من الإصابة أو الموت.

3 — March 8, 2018   8 آذار 2018

Douma: Laundry hangs to dry in a shattered building.

دوما: ثياب معلقة في أحد الأبنية المتضررة نتيجة القصف المستمر على أحياء المدينة.

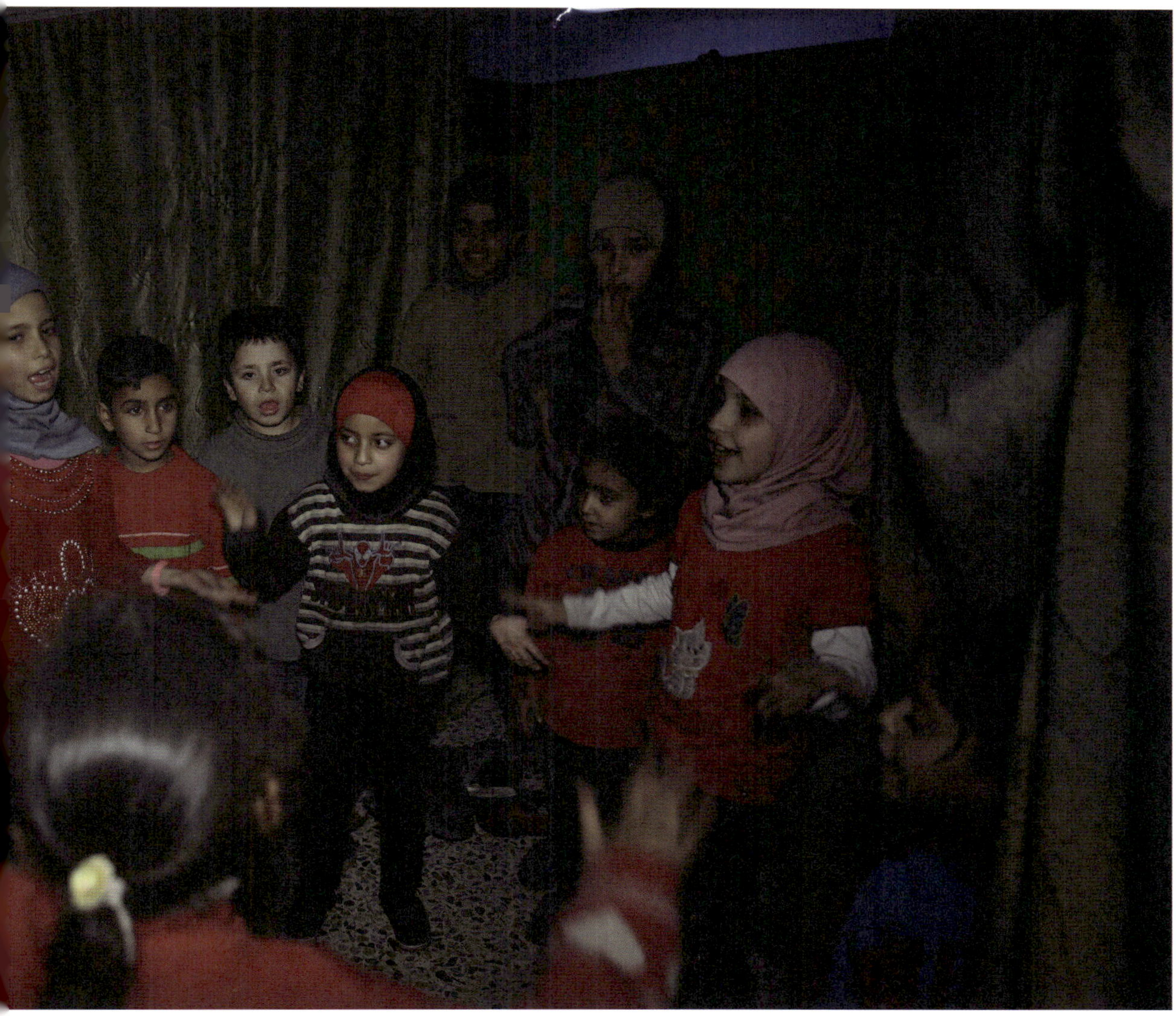

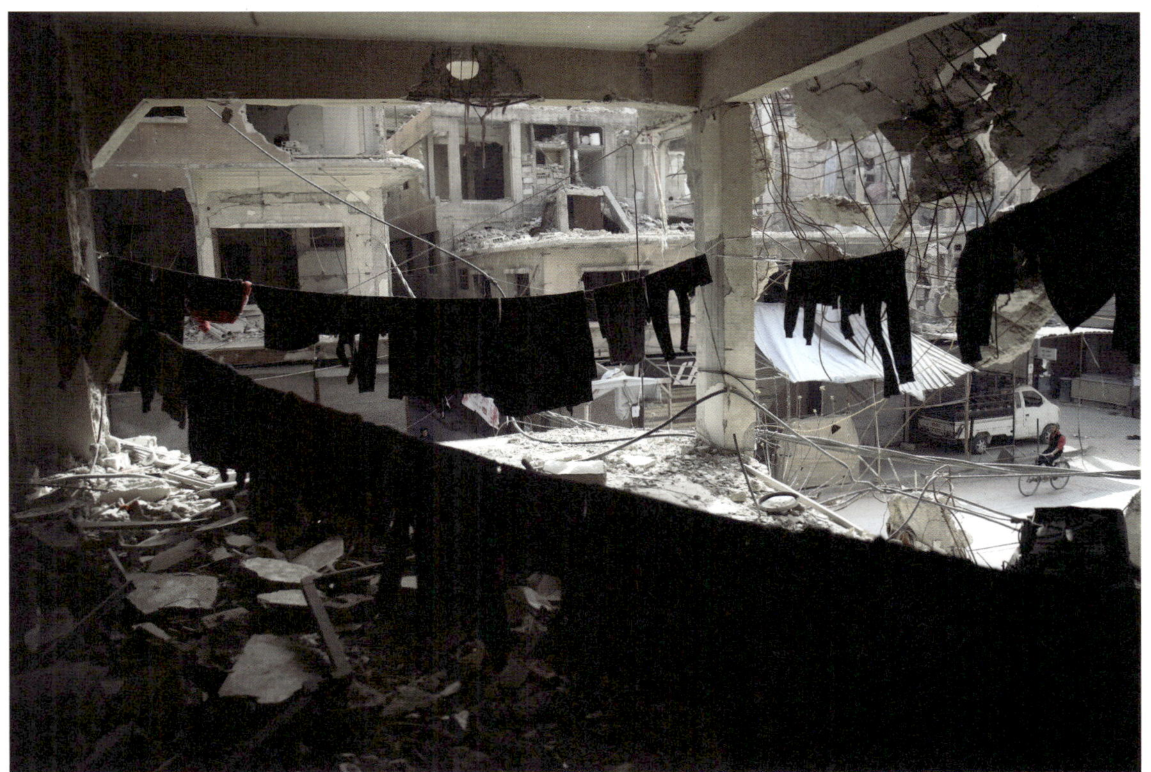

في آذار/ مارس 2018، تم التوصل إلى اتفاق بين القوات الروسية الداعمة للنظام السوري، وقوات المعارضة، لوقف المعارك مؤقتاً، بغية إخراج المرضى والجرحى من الغوطة الشرقية إلى مشافي دمشق. وقد التقطت هذه الصورة في أثناء عملية إخراج المرضى والمصابين من مدينة دوما، وتظهر هنا ردّةُ فعل أب يعانق أحد أطفاله مودّعاً إيّاه، حيث كان سيتم إخراج زوجته وأطفاله. كان الأب، مثله مثل جميع الرجال في الغوطة، يخشى من الاعتقال والتصفية في فروع الأمن السورية، ولذلك لم يستطع المغادرة مع أسرته، وطلب من زوجته أن تعتني بالأطفال، وأخبرها أنه يأملُ أن يجتمع بهم عمّا قريب.

في ذلك الحين، لم نكن نظن أن الحرب في الغوطة الشرقية سوف تنتهي قريباً، انقسمت العائلات مجبرة، من دون أنْ يعرفوا ماذا سيحدث لاحقاً. كان على هذا الرجل، مثل كثيرين غيره، أن يضع عائلته على متن حافلة الإجلاء، وأن يودعهم من دون أن يعرف هل سيراهم مرة أخرى أم لا.

عندما التقطت هذه الصورة شعرت بأنني أيضاً سأودّع عائلتي قريباً، من غير أن أعلم هل سأراهم مرة أخرى أم لا.

8

—

March 19
2018

Russian forces supporting the Syrian regime and the opposition agreed to temporarily halt fighting to evacuate the sick and injured from Eastern Ghouta to hospitals in Damascus. I took this picture during the evacuation of Douma, showing a father's reaction as he hugs one of his children and says goodbye. His wife and other children were also evacuated. The father feared Syrian security branches would arrest him, just as they had all the men coming from Eastern Ghouta, so he could not leave with his family. He told his wife to take care of the children and said he hoped they would meet again one day. At the time, people had little belief that a solution would come for the war in the short or long term. Many families were forced to separate without knowing what would happen.

This man, like so many others, had to just put his family on a bus and say goodbye without knowing if they would ever see each other again. When I took this picture, I knew the time was coming soon when I would say goodbye to my family without knowing if I would ever see them again.

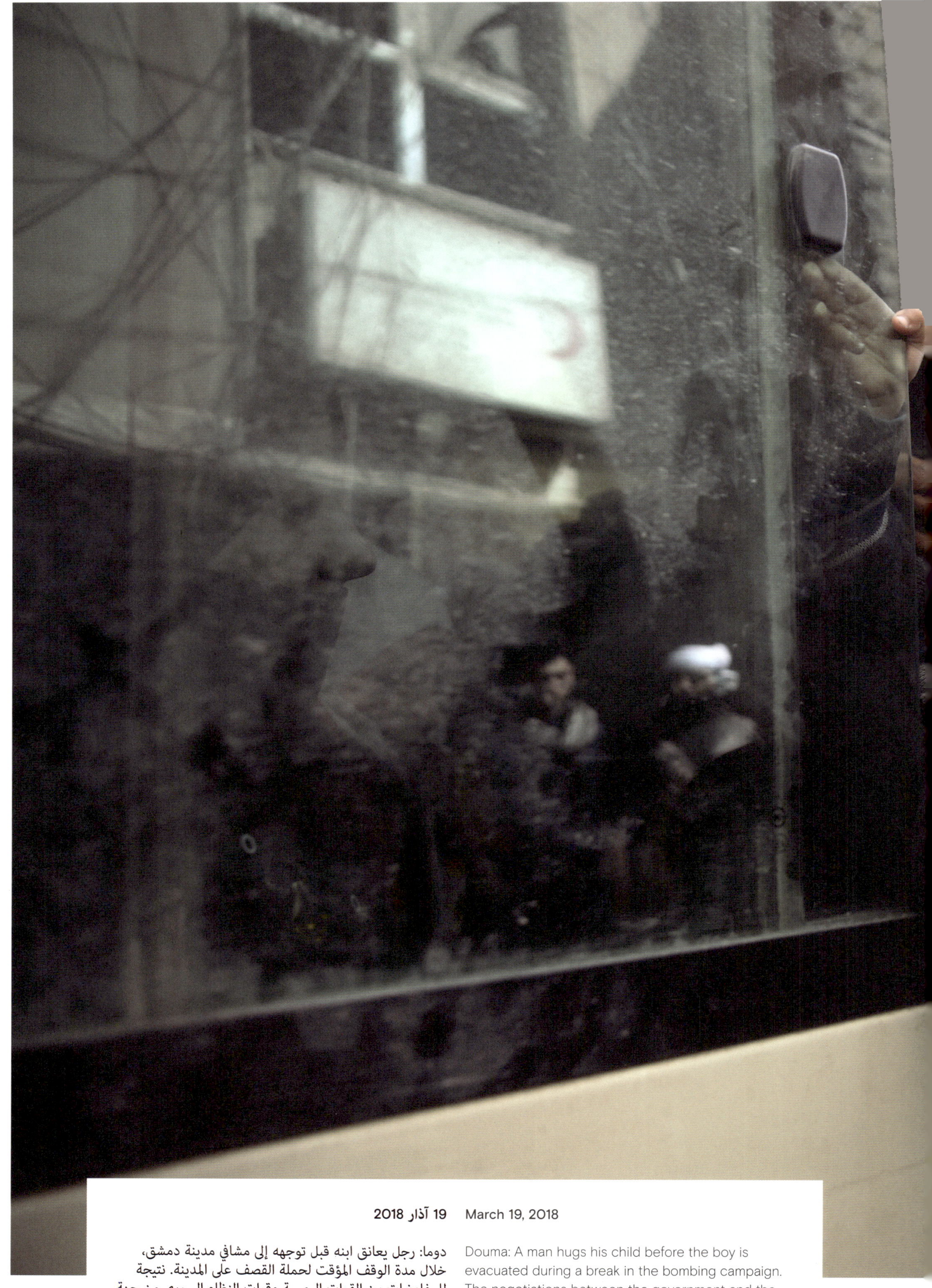

دوما: رجل يعانق ابنه قبل توجهه إلى مشافي مدينة دمشق،
خلال مدة الوقف المؤقت لحملة القصف على المدينة. نتيجة
للمفاوضات بين القوات الروسية وقوات النظام السوري من جهة،
والثوار الذين يسيطرون على الغوطة الشرقية من جهة أخرى،
تم التوصل إلى اتفاق لإجلاء المصابين والمرضى إلى مدينة دمشق،
فاضطر العديد من الآباء إلى مفارقة أطفالهم وعائلاتهم.

Douma: A man hugs his child before the boy is
evacuated during a break in the bombing campaign.
The negotiations between the government and the
rebels holding Eastern Ghouta forced many men to
separate from their children and families.

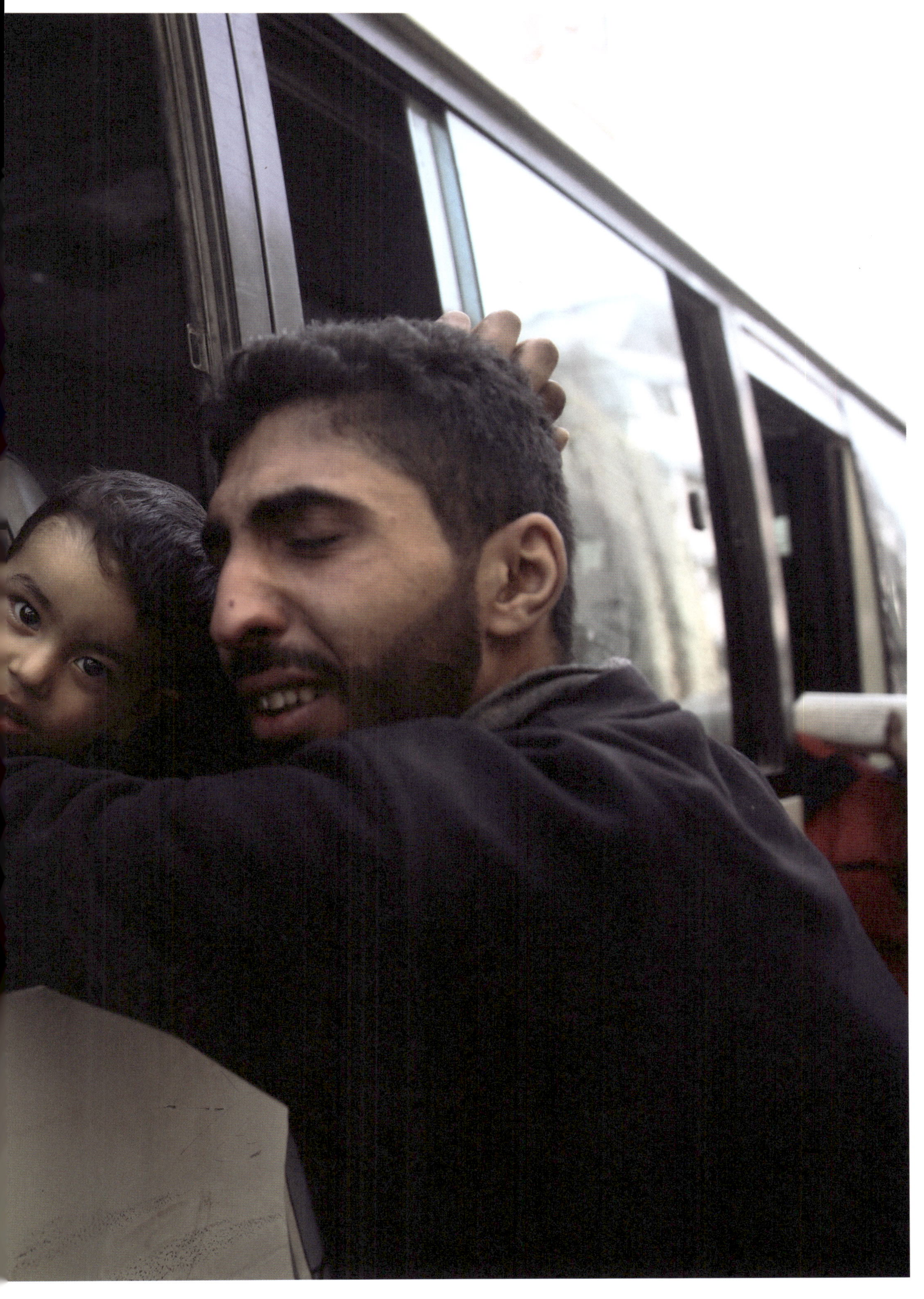

12 تشرين الثاني
2013

تُظهر هذه الصورة أطفالاً يلعبون أمام مبان متضررة في حيّهم الذي تعرض للقصف في مدينة دوما. بعد أن اشتدّت وتيرة القصف والحصار، وانقطعت إمدادات الكهرباء عن المدينة، ولم يعد هناك وفرة في الألعاب أو في أيّ شيء آخر يمكن أن يسلّي الأطفال ويرفّه عنهم، فترك الآباء -مع كلّ مخاوفهم من عواقب القصف- أطفالهم يلعبون خارجاً. في تلك المرحلة العصيبة، ومع تفاقم أوضاع الحرب، استمرت العائلات في الإنجاب، ربّما لأنّ الجميع كان يظنّ أنّ الحرب لن تدوم طويلاً، حيث كان وجود الأطفال في حياة أي أسرة أمراً يبعث الأمل في النفوس.

أثناء تجوالي في مدن الغوطة الشّرقيّة، كنت أرى دائماً مجموعات من الأطفال يلعبون، غير عابئين بالخراب الذي خلّفته الحرب، كانوا يتجاهلون الدّمار من حولهم، يريدون الترفيه عن أنفسهم، مثل غيرهم من الأطفال. كانوا يشكلون فرق كرة القدم، وينقسمون إلى مجموعات، ويتحدى بعضهم بعضاً بألعاب أخرى، وعندما يسمعون هدير الطائرات وأصوات القذائف، يركضون نحو مداخل الأبنية للاختباء، ثم يعودون إلى لعبتهم بعد توقف القصف، كحال أيّ طفل عندما تسنح له فرصة للعب.

9

—

**November 12
2013**

This picture shows children playing in their destroyed neighborhood, in front of damaged buildings in Douma.

Before the war, children played in small side streets in the city. Once the war started, there was no electricity, toys were in short supply, and the children inside had nothing to occupy or entertain them. Still, parents let their children go outside and be children, despite fear, despite the risk of injury or death.

And even though a war was raging, people continued to have children. Maybe we thought we would win the war. But even when the war got worse and things were not going as we had hoped, we still had children. We needed something normal and joyful in our lives. So groups of children trying to play were always wandering around the city.

Children growing up in war zones try to ignore the destruction around them and play like ordinary children, whatever else is happening. They form football teams and play sports and games. When the bombing comes, they run inside and take shelter. When it stops, they go outside again to play. Playing is what children are supposed to do.

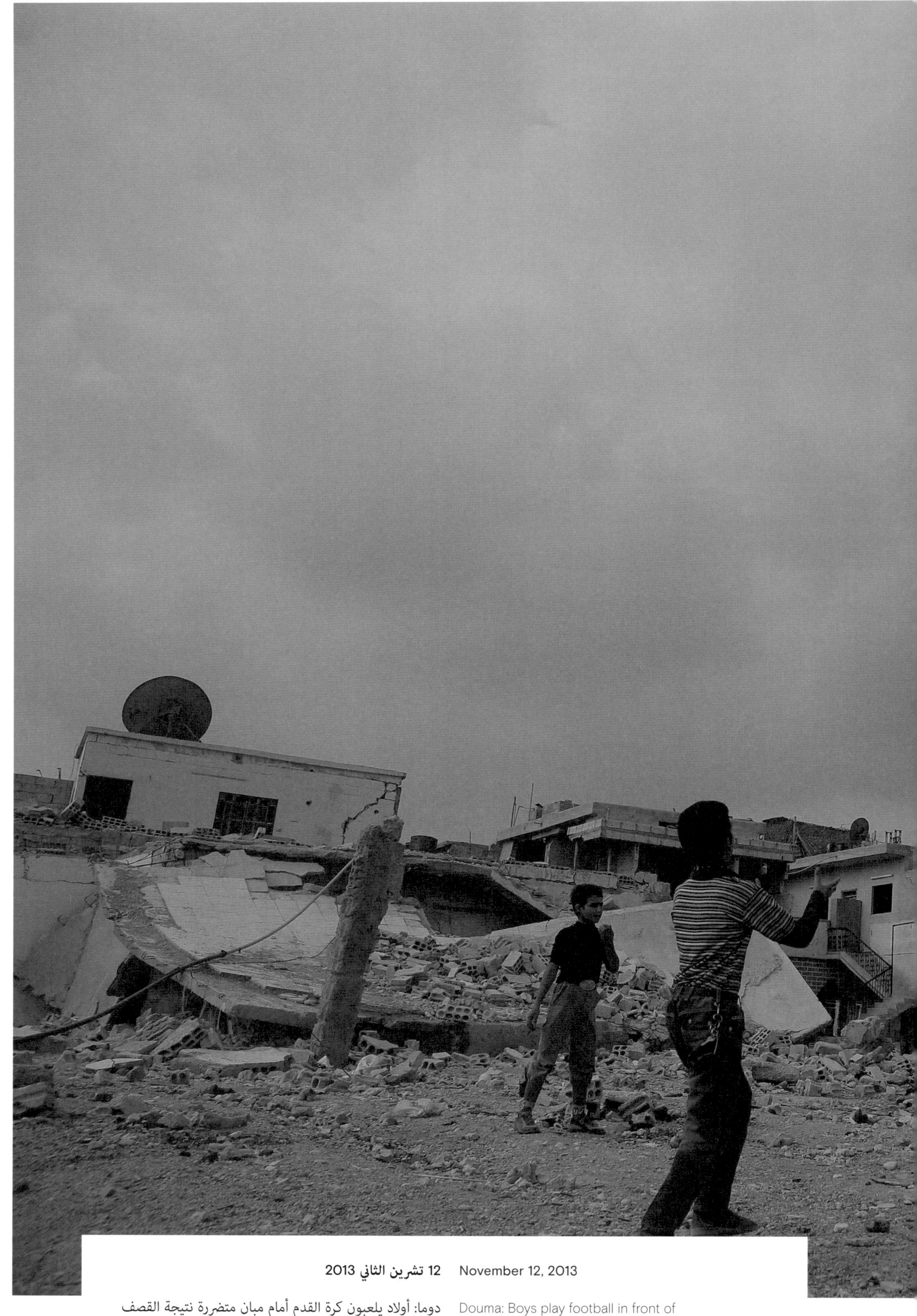

١٢ تشرين الثاني 2013   November 12, 2013

دوما: أولاد يلعبون كرة القدم أمام مبانٍ متضررة نتيجة القصف على أحياء المدينة.

Douma: Boys play football in front of damaged buildings.

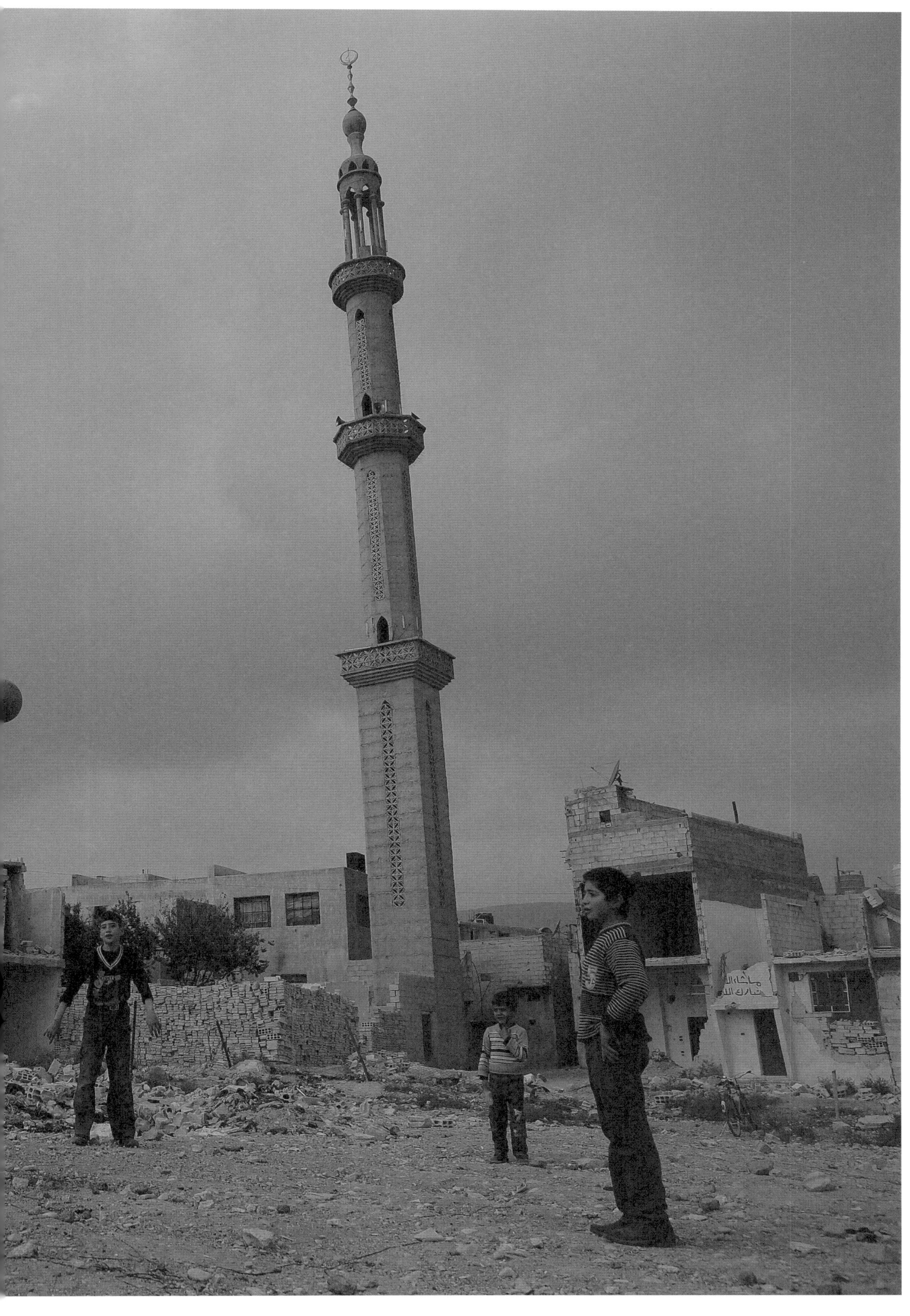

عندما يكبر الشهود على الحرب

في عام 2015، كنت في مهمة تعليمية، مع فريق مؤسسة كرم، في مدرسة للأطفال اللاجئين السوريين في الريحانية، وهي بلدة تركية صغيرة تقع على الحدود مع سوريا. في ذاك اليوم، كنت في فصل دراسي مليء بطلاب المرحلة الثانوية، وأخذوا يذكرون تجاربهم المروعة عن العنف والحرب والنزوح، تحدثوا عن صعوبات النشأة، كلاجئين مراهقين. (علي) البالغ من العمر أربعة عشر عاماً، قال شيئاً لا أنساه أبداً: "إن أربع سنوات بالنسبة إلى شخص مثلك ليست شيئاً يُذكر. أما أربع سنوات بالنسبة إلينا فهي عمر بأكمله" .

كان إحباط عليّ واضحاً. فقد كان على جيله أن يتعلّم كيف يتأقلم من دون أي دعم، مع صدمات نفسية هائلة، في الوقت الذي تحيط بهم مخاوف حقيقية وعملية: ما الذي يحمله المستقبل لهم؟ ما الذي سيُسمح لهم القيام به في بقية حياتهم؟ هل سيكونون قادرين على بناء حياة ناجحة لأنفسهم وعائلاتهم المستقبلية؟ هناك مخاوف أخرى قد تكون أقل عملية، ولكنها ليست أقل واقعية، ماذا عن أحلامهم؟! على مرّ السنوات، أخبرني مئات الأطفال السوريون عن أحلامهم، إن مجرد امتلاك مساحة للحديث عن الأحلام أصبح ترفاً بالنسبة إلى السوريين.

عندما تكون طفلاً لاجئاً، تتضافر الاحتمالات والظروف بشكل غير عادل ضدك مدى الحياة. حتى عندما تنتهي الحرب، ماذا يعني ذلك بالنسبة إلى أطفال مثل عليّ، فقدوا أكثر سنوات حياتهم حيوية، وهم يعانون من دون فرص؟

بلدي في حالة حرب منذ ما يقارب ثمانية أعوام. وبينما يستمر حجم الأزمة في النمو، يعيش ملايين السوريين حياة بلا مستقبل في الأفق، بعد أن تحطمت حياتهم، بسبب وحشية لا معنى لها. ولكن في الريحانية وإسطنبول، هناك مساحات جديدة للشباب، مثل علي، ليتمكنوا من تحقيق الحلم. هذه المساحات هي بيوت كرم.

في بيوت كرم، يمكن للمراهقين اللاجئين أن يكونوا على سجيتهم. هناك يقضي هؤلاء المراهقون وقتهم في بناء أجسام آلية، وتصميم أطراف صناعية، وابتكار منتجات جديدة، وكتابة القصص ولعب الشطرنج. يتحدث الفتيان والفتيات الأذكياء في بيوت كرم بثقة عن رغباتهم في أن يصبحوا مهندسين في مجال الذكاء الاصطناعي، وممثلين ومهندسين معماريين وصيادلة وأطباء وطهاة وكتّاباً ورجال أعمال، حتى روّاد فضاء. وكما تقول بتول البالغة من العمر 15 عاماً: "بيت كرم هو كل أحلامنا في مكان واحد".

ومع ذلك، تحت التطلعات المفعمة بالأمل والثقة بأن يبدؤوا إعادة بناء حياواتهم داخل الملاذ الآمن في بيت كرم، يعيش هؤلاء الشبان -وجميع الشبان اللاجئين السوريين- حقيقة لا يمكن محوها، إنها حقيقة نرغب في نسيانها مع مرور السنين: لقد عاشوا وهربوا من مشاهد مماثلة لتلك التي وثّقها بسام في هذا الكتاب. تلتقط صور بسام المؤثرة والإنسانية لأطفال سوريا لحظات غير اعتيادية للانتصار والمعاناة: الولد الصغير الجالس على إطار عجلة مطاطية والغارق في أحلام اليقظة أمام جدار مليء بثقوب الرصاص؛ الفتاة الصغيرة الجالسة على حافة سجادة محاطة بالأنقاض وهي تنظر إلى أعلى بشقاوة، فتلحظها عدسة بسام (وأعيننا). هؤلاء الأطفال وملايين آخرون يكبرون في مكان ما، ويحملون معهم آلامهم. ولكن على الرغم من اليأس، يمكننا إعادة الفرح والثقة والأمل إلى حياتهم.

في بيوت كرم، يفيض الأطفال والشباب بالحياة. إنهم ممتلئون بالإمكانات، تماماً مثل جميع الأطفال الآخرين في العالم. لذا يجب علينا أن نمنحهم الفرصة لإظهار ما لديهم من إمكانات. نحن في كرم ملتزمون بتحقيق ذلك حتى وصولهم إلى مستقبل مشرق. وذلك أيضاً يجب أن يكون مسؤوليتنا جميعاً، للعمل من أجل مستقبل أفضل لأطفال سوريا.

لينا سيرجيه عطار
مؤسسة كرم

When the Witnesses to War Grow Up

In 2015, I was on an innovative education mission with the Karam Foundation team at a school for Syrian refugee children in Reyhanli, Turkey, a small town on the Syrian border. That day, I was in a classroom filled with high school refugee boys recollecting their harrowing experiences of violence, war, and displacement. A tall 14-year-old, Ali, said something I will never forget: "Four years for someone like you is nothing. Four years for us is a lifetime."

Ali's frustration was clear. His generation was suffering collective trauma while facing real and practical concerns. What will the future hold for them? Will they be able to build a successful life for themselves and their future families? And what about their dreams? This remains an important question even though merely having the space to talk about dreams has become a luxury.

When you're a refugee kid, the odds are unfairly stacked against you for life. What does the end of war even mean to youth like Ali if they have lost the most vital years of their lives, languishing without opportunity or education?

My country has been at war for almost nine years now. As the scale of the crisis grows, there is no future in sight for the millions of Syrians whose lives this senseless brutality has shattered. But in Reyhanli and Istanbul, new spaces called Karam Houses exist where youth like Ali can dream.

At the Karam House in each city, refugee teens spend their time building robots, designing prosthetics, writing stories, playing chess, and just being themselves. These bright girls and boys speak with confidence of becoming artificial intelligence engineers, actors, architects, pharmacists, doctors, chefs, writers, entrepreneurs, and even astronauts. As 15-year-old Batoul says, "Karam House is all of our dreams in one place."

However, beneath the hopeful and confident outlooks they begin to reconstruct within this safe haven, these youth—and all young Syrian refugees—have lived a reality that cannot be erased, whose horror Bassam has documented in this book.

Bassam's powerful photographs, dedicated to the children of Syria, bear witness to their extraordinary humanity in moments of triumph and suffering: The young boy, perched in a tire, daydreams in front of a wall riddled with bullet holes. The little girl, sitting at the edge of a carpet surrounded by rubble, looks up and mischievously catches Bassam's lens (and our eye). These children, and millions of others, are growing up somewhere. They carry their pain with them. Despite the despair they face, we can restore joy, confidence, and hope to their lives.

At the Karam Houses, refugee children and teens are unstoppable. They are filled with potential, just like all other kids in the world. They deserve every opportunity to reach their potential. We are committed to investing in their bright futures.

This is our collective responsibility to the children of Syria.

Lina Sergie Attar
Founder, Karam Foundation

المساهمون

بسام خبيه، مصور فوتوغرافي

تخصص بسام سابقاً في مجال تكنولوجيا المعلومات، وخلال ثمانية أعوام من المأساة السورية المستمرة، انتقل إلى ميدان توثيق جرائم الحرب وانتهاكات حقوق الإنسان، باستخدام التصوير الفوتوغرافي. عمل بسام في تلك المرحلة، خمس سنوات، كمصور صحفي يغطي قصص الحرب والحصار مع وكالة (رويترز) للأنباء، وقد نُشرت صوره في أهم الصحف ومنصات الأخبار حول العالم، مثل (الغارديان والتايمز البريطانيتين، ونيويورك تايمز وواشنطن بوست ومجلة التايم الأمريكية). كما عمل بسام أيضاً على تغطية قصص الوضع الإنساني لصالح (يونيسف) ومنظمة الصحة العالمية. في عام 2015، حصل بسام على الميدالية الذهبية في جائزة Robert Capa المخصصة للمصورين في مناطق الحروب حول العالم. وفي عام 2018، حصل على زمالة لدى معهد أووك لحقوق الإنسان في Colby College في الولايات المتحدة الأمريكية، حيث قام بمشاركة خبرته في مجال التصوير الفوتوغرافي وحقوق الإنسان، مع طلاب المعهد هناك. ثم عاد بسام إلى تركيا لمتابعة عمله في الشأن السوري.

ليزلي توماس، محررة مشاركة

أسست ليزلي مجموعة ART WORKS Projects لدعم مشاريع حقوق الإنسان، وساهمت في تأسيس MIRA Production Studio للإنتاج الإعلامي، ومجموعة LARC للعمارة والتصميم، وهي أيضاً مخرجة حائزة على جائزة إيمي.

آيمي ينكين، محررة مشاركة

محررة ومنتجة مستقلة، ساهمت في تأسيس وإدارة مشروع We, Women وهي مؤسِسة ومديرة سابقة لمشروع التوثيق الفوتوغرافي في مؤسسة Open Society Foundations.

جورجيو بارافاللي

مصمم ومخرج فني، عمل في مجال واسع التخصصات، وكرّس نشاطه وخبرته في مشاريع ركزت على مجالات حقوق الإنسان وتحديات العدالة الاجتماعية.

عليا مالك، كاتبة

صحفية ومحامية سابقة في مجال حقوق الإنسان، في عام 2017 نشرت كتابها عن سوريا: "The Home That Was Our Country: A Memoir of Syria".

de.MO

شركة تصميم ونشر متعددة الاختصاصات، حائزة على العديد من الجوائز، أسسها جورجيو بارافاللي وإليزابيث لوجان-بارافيللي في ميلانو، إيطاليا.

مؤسسة كرم، شريك تنظيمي

تُعنى بتطوير برامج تعليمية مبتكرة للشباب اللاجئين السوريين، وتوزيع المساعدات الذكية على الأسر السورية، وتمويل مشاريع التنمية المستدامة التي تدعم السوريين.

Contributors

Bassam Khabieh, Photographer
Bassam, formerly an information technology specialist, is an internationally recognized Syrian photographer who for eight years documented war crimes and other ongoing human rights violations in the Syrian war while working for Reuters. His images have been published in the *Guardian*, the *Atlantic*, the *New York Times*, the *Washington Post*, and *Time* magazine. Khabieh has also consulted for UNICEF and the World Health Organization. He was awarded the Robert Capa Gold Medal in 2015 and in 2018 was named a fellow at the Oak Institute for Human Rights at Colby College, where he taught photography and human rights. Bassam returned to Turkey after finishing his fellowship, where he continues to cover Syrian news and works with journalists and researchers reporting on Syrian refugees in Turkey.

Leslie Thomas, Co-Editor
Leslie is the founder of ART WORKS Projects, a co-founder of the MIRA production studio and LARC Architecture and Design, and an Emmy Award–winning art director.

Amy Yenkin, Co-Editor
Amy is an independent producer and editor. She is a co-founder and director of We, Women and founded the Documentary Photography Project at the Open Society Foundations.

Giorgio Baravalle, Art Director
Giorgio is a designer and art director who works across a broad range of disciplines. His practice has long included projects with a focus on human rights and social justice challenges.

Alia Malek, Writer
Alia, journalist and former civil rights lawyer, is the author of the 2017 nonfiction book *The Home That Was Our Country: A Memoir of Syria*.

de.MO, Publisher
de.MO is an award-winning multidisciplinary design and publishing firm founded in Milan, Italy, by Giorgio Baravalle and Elizabeth Logan-Baravalle.

Karam Foundation, Organizational Partner
A foundation for the future of Syria, Karam Foundation invests in young Syrian refugees so they can build a better future for themselves and their communities. Visit www.karamfoundation.org.

Gratitude

Dave Aakhus / Saif Aijaz / Michelle Ajami / Ayham Alboushi / Stephanie Allen / Mohamad Almeshkawi /
Mohammed Alhuraimel Alshamsi / Felicia Anastasia / David Angel / Karine Ardault / Lina Sergie Attar /
Uzma Atcha / Asbjørn Aursjø / Barbara Ayotte / Noah Bachata / Elke Barbara Bachler / Ayat Basma /
Dagmar Baumann / Melissa Bender / Hannah Benninger and Scott Savran / Nina Berman / Yassar Bittar /
Diana Black / Elizabeth Bohart / Benjamin Böhme / Gretchen Boise / Irving Boudville / Amanda Boyajian /
Russell Boyce / Michael Bullington / Melissa Chedid / Claire Chen / Natasha Chisdes / Erin Choplin /
Howard R. Conant, Jr. / Elizabeth Conn / Methal Dabaj / Tudor Damian / Matthew Davis /
Adhemar Dellagiustina, Jr. / Luc Delneste / Abdullah Diab / Betsy Dietel / Valérie Dionne / Greg Doench /
Ted Drozdowski / Michael Duffy / Jen and Rashid Durham / Rasha El Masry / David Ells / Rasha Elmasry /
Apryl Eshelman / Richard Eyers / Dib Faïz / Murhaf Fares / Corey Farwell / Ivan Faute / Alexandra Favre /
Alexander Fischer / Andrea Fishman / Rateb Flaitani / Barbara Fox / Diane Fox / David Fraga / Marlene
Free / Vicki Gold Levi / Tara Slone-Goldstein and Wayne Goldstein / Alexandra Gonzalez-Mendoza /
Farrah Gray / Georgia Guhin / Alan Gurbutt / Windy Halim / Amy Welsh Hanning / Nada Hashem /
Anissa Helou / Jeffrey Henry / Diana Dessery Hensley / Kellie Higginbottom / Judith Hiniker / Lee Hongwoo /
Timothy Hyde / Chloe Imus / Ángela Joyce / Victoria Jozef / Mona Aboelnaga Kanaan / Sergei Karazy /
Allison and Anatoly Katsev / Faith Kenney / Erica and Jeffery Keswin / Kashif Khan / Ibrahim Khulani /
Karl King / Michael Klasfeld / Jeffrey T. Lange / Eowyn Levene / Julie Lichtstein and Lisa Sherman /
Sharon Lomofsky / Marius Markevicius / Colin McDermott / Leonard McGee / Jason J. Miller /
Greg Minshall / Regina Monfort / Joan Morgenstern / Sarah Morsheimer / Jessica Murray / Irene Nam /
Karen Neko / Gail Nelson-Bonebrake / Laura Beatrix Newmark / Arne Norris / Zorina Ohanian /
Jessica Olson / Violet Olszyk / Thomas Papazov / Jane Paradise / David and Linda Purcell / Laurie Ravetz /
Kylie Rees / Ayman Rezzou / Laura Roumanos and Sam Barzilay / Leslie Richartz / Jaclyn Robbins /
Lynne Rogers/ David Rohde / Danielle Roma / Ernest Rubenstein / Glenn Ruga / Natalie Rusk / Paul Ryan/
Anita Gray Saito / Naomi Schegloff / Risa Schessel / Stephanie Serra / Mohamad Shaker / Deborah Shriver /
Sheila Simmons / Musa Simon and Myriam Baddaoui / Michal Stanek / Cody Stephens / Fran Sterling /
Rhiannon Stinnette / Carol Tegen / Sara Terry / Becky Tolson / Kathleen Tracy /Julia Tranchina / Tim Trott /
Robert Usdan / Tova Usdan / Aquilah Vilcassim / Vladimir / Cheng Wai Ho / Katherine and Andrew Weber /
Nicole Wiesner / Ross Williams / Ellen Wilner / Alex Winter / April Wisebaker / Jevon Wolfe /
Yukiko Yamagata / Dean Yates / Leslie Yenkin and Jonathan Petuchowski / Jonathan Yenkin and Susan Fisher /
Miriam and Bernard Yenkin / Nancy Youman / Fotios Zemenides / The Creative Fund / Printlab Chicago

Published in 2021 by
de.MO design
123 Nine Partners Lane
Millbrook NY 12545

Copyright © 2021 \ de.MO Design

Art Direction:
Giorgio Baravalle / de.MO

Graphic Design:
de.MO branding and design

Photos edited by: Bassam Khabieh, Leslie Thomas,
Amy Yenkin

Text edited by: Gail Nelson-Bonebrake

First Edition.
Isbn 978-0-9791800-3-3

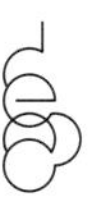